# DOCUMENTS INÉDITS

POUR SERVIR A

# L'HISTOIRE DE L'AGENAIS

**PUBLIÉS & ANNOTÉS**

PAR

## PHILIPPE TAMIZEY DE LARROQUE

PARIS
AUG. AUBRY, Libraire
18, Rue Séguier, 18

BORDEAUX
CH. LEFEBVRE, Libraire
6, Allées de Tourny, 6

M. DCCC. LXXV

**EXTRAIT ( à cent Exemplaires )**

du Tome IV de la deuxième série

DU RECUEIL DES TRAVAUX DE LA SOCIÉTÉ D'AGRICULTURE

SCIENCES ET ARTS D'AGEN

DOCUMENTS INÉDITS

RELATIFS

A L'HISTOIRE DE L'AGENAIS

Donné à la Bibliothèque Nationale

par Ph. Tamizey de Larroque

# DOCUMENTS INÉDITS

POUR SERVIR A

# L'HISTOIRE DE L'AGENAIS

**PUBLIÉS & ANNOTÉS**

PAR

## PHILIPPE TAMIZEY DE LARROQUE

PARIS | BORDEAUX
AUG. AUBRY, Libraire | CH. LEFEBVRE, Libraire
18, Rue Séguier, 18 | 6, Allées de Tourny, 6

1874

Un érudit justement estimé, M. E. de Certain, disait, il y a plus de vingt ans : « Ne craignons pas de le répéter, les Sociétés savantes de province ne sauraient mettre en lumière trop de textes et de documents originaux dans leurs recueils.¹ » Notre Société, qui avait déjà, dès 1850, publié un texte inédit fort important, *les coutumes, privilèges et franchises de la ville d'Agen*,² semble avoir voulu suivre de plus en plus

---

¹ *Bibliothèque de l'Ecole des Chartes*, 3ᵉ série, t. V, 1853, p. 290.

² Première série, t. V, p. 235-343. L'éditeur, M. Amédée Moullié, qui, depuis cette époque, n'a guère cessé de s'occuper de l'étude du droit coutumier, devrait bien consigner dans un mémoire spécial le résultat définitif de ses recherches. Je lui ai souvent demandé de vive voix, et je le prie de

l'excellent conseil de M. de Certain. Grâce surtout à l'heureuse influence de son secrétaire perpétuel,[1] les pièces originales ont, dans chaque volume, pendant ces dernières années, disputé le terrain avec un succès toujours croissant aux morceaux purement littéraires.[2] Pour ma part, j'ai de mon mieux secondé les efforts de ceux de nos confrères qui préfèrent ce qui est *solide* à ce qui est *brillant* ( puissent les autres me pardonner cette antithèse ! ) —, et aujourd'hui, je viens ajouter aux documents que j'ai eu le plaisir d'insérer ici, de 1863 à 1873,[3] une masse de documents à laquelle de frivoles appréciateurs appliqueront peut-être le mot d'Ovide : *Rudis indigestaque moles*.[4] J'en sourirai, si les lecteurs me permettront de lui demander publiquement ici ce travail où il analyserait et comparerait les chartes locales du Sud-Ouest dans la pleine autorité de sa longue expérience et de son profond savoir.

[1] M. Adolphe Magen, prêchant aussi bien d'exemple que de parole, nous a donné, à diverses reprises, de précieux documents inédits relatifs surtout à l'histoire de la ville d'Agen, et je citerai non sans une vive reconnaissance l'abondante série de *Documents sur Jules César Scaliger et sa famille*, dont il a enrichi notre volume de 1873 ( p. 160-276 ).

[2] La porte doit rester naturellement entr'ouverte pour les exceptions, et personne ne songe à proscrire, par exemple, d'aussi beaux vers que ceux de M. J.-B. Goux, l'auteur vraiment inspiré de *Jeanne d'Arc*.

[3] *Quelques pages inédites de Blaise de Monluc* ( 2me série, t. I, p. 317-338 ). — *Notes pour servir à la biographie de Mascaron, évêque d'Agen, écrites par lui-même et publiées pour la première fois* ( Ibid. p. 435-447 ). — *Inventaire des meubles du château de Nérac en 1598*. ( t. II, p. 92-118 ). — *Vies des poètes Agenais : Antoine de La Pujade, Guillaume du Sable* ( Ibid. p. 303-346 ). — *Lettres inédites de Janus Frégose, évêque d'Agen* ( t. III, p. 68-99 ).

[4] L'avalanche aurait paru bien plus formidable aux adversaires de la paléographie, si j'avais publié tout ce que j'avais trouvé. Mais, pendant que j'amassais peu à peu mes provisions, M. Bertrandy et M. J. Noulens en ont offert une partie à leurs convives, le premier ( pour ce qui regarde les extraits de la collection Bréquigny ) dans son *Etude sur la Chronique de*

sérieux, les seuls dont le témoignage compte, daignent reconnaître que je n'ai perdu ni mon temps, ni ma peine, en recueillant un peu partout plus de cent pièces inédites qui sont, sans doute, d'inégal intérêt, mais qui toutes, du moins, depuis le milieu du xiii° siècle jusqu'à la fin du xvii°, ajoutent quelque chose à ce que nous savions de l'histoire de l'Agenais.

Le moment, d'ailleurs, est opportun. A la sinistre lueur de l'incendie des archives de la mairie de Bordeaux, et des collections de la bibliothèque de Saintes, à la lueur bien autrement sinistre encore de l'incendie des bibliothèques de Strasbourg, du Louvre et de l'Hôtel-de-Ville de Paris, on a compris la nécessité de mettre pour toujours les plus fragiles des trésors à l'abri du danger. De toutes parts surgissent des projets de publication de nos vieux manuscrits. Pendant que près de nous, les villes d'Auch et de Bordeaux, représentées par deux hommes dont la noble ardeur est la moindre qualité, le rédacteur en chef de la *Revue de Gascogne*, M. Léonce Couture, et le secrétaire général de la Société des archives historiques du département de la Gironde, M. Jules Delpit, continuent à entasser matériaux sur matériaux dans deux recueils qui feront la joie des savants de l'avenir,[1] deux

---

*Froissart. Guerre de Guienne* ( Paris, 1870, grand in 8° ), le second ( pour ce qui regarde les extraits de la collection Doat ) dans les splendides tomes I et II des *Documents historiques sur la maison de Galard* ( Paris 1871-1873, in-4° ). Je dois rendre justice à mes deux rivaux : ils ont l'un et l'autre parfaitement publié les textes que je venais de transcrire, et cela me console de n'avoir pas touché le but avant eux.

[1] *La Revue de Gascogne* renferme dans ses quatorze volumes grand in 8° (1860-1874) plusieurs centaines de documents, et j'y adressais récemment ( Livraison de mai, p. 229 ) un énergique appel à mes collaborateurs, pour qu'ils voulussent bien en publier davantage. Ce n'est pas par centaines, c'est par milliers qu'il faut compter les documents mis au jour dans les quatorze volumes in 4° des *Archives historiques* (1859-1873). A

Sociétés s'établissent dans les meilleures conditions, l'une à Périgueux, l'autre à Saintes,[1] et elles vont travailler avec une admirable émulation, comme deux sœurs qui auraient à la fois le même âge et le même zèle, à placer entre nos mains les titres de l'histoire du Périgord et de la Saintonge. Enfin, dans cette ville qui, malgré les plus néfastes événements, reste à divers points de vue la première ville du monde, s'organise, sous la présidence de celui de tous les érudits de notre temps qui a rendu le plus de services aux études historiques — j'ai nommé M. Léopold Delisle —, une Société à laquelle, semble-t-il, on peut prédire de bien favorables destinées, *la Société de l'histoire de Paris et de l'Ile-de-France*.[2] De son programme je détache ces lignes pleines de sédui-

---

côté de la publication qui fait tant d'honneur à l'initiative de M. J. Delpit, il convient de mentionner avec les plus grands éloges une autre collection bordelaise à laquelle, entre tous, M. H. Barckhausen consacre les plus habiles soins et le plus infatigable dévouement, la collection des *Archives municipales de Bordeaux* (3 vol. in-4°, 1867-1874).

[1] *La Société historique et archéologique du Périgord* est présidée par M. le docteur Galy, qu'entourent MM. de Froidefond, de Gourgues, de Verneilh, de Fourtou, de Bosredon, Eugène Massoubre, etc. Avec de tels noms, on est assuré de la victoire. — M. Louis Audiat, le sympathique biographe de Bernard Palissy, est l'âme de la *Société des Archives historiques de la Saintonge et de l'Aunis*, et l'on peut tout attendre de son entraînante activité.

[2] La Société, un mois à peine après la tenue de sa première assemblée générale, se glorifiait déjà de 250 adhésions. Avant un an, nous serons plus de mille. — Je lis à l'instant (*Revue des autographes* de juin 1874) une note d'où il résulte qu'il s'agirait de fonder, dans chaque département, une Société spécialement chargée de recueillir des documents historiques. « Les Sociétés dont nous parlons, en se donnant uniquement pour mission de réunir des matériaux, » dit M. Gabriel Charavay, « rendraient plus de services à l'histoire que ces académies qui publient de volumineux mémoires, hâtivement rédigés et qui, à peine parus, tombent dans un juste oubli. Elles seraient la providence de tous les érudits sérieux. »

santes promesses : « Nous comptons publier une collection de documents qui mettra à la portée de tous les travailleurs des trésors inestimables, et préservera à jamais ces richesses de toutes les chances de destruction qui peuvent nous les ravir. »

Encouragés par tant de beaux projets, redoublons d'efforts pour sauver, nous aussi, le plus grand nombre possible de monuments du passé ; et souvenons-nous que, si nous avons eu le mérite de devancer la plupart des Sociétés savantes de notre pays dans la bonne voie, nous nous devons maintenant d'y marcher plus résolument que jamais !

Gontaud, juin 1874.

## 1

Mandement par lequel Henri III, roi d'Angleterre, accorde cinq cents livres sterling à Anissant de Caumont et à Isard de Boville, seigneurs de Sainte-Bazeille, et aux habitants de cette ville, en compensation des pertes par eux subies dans un incendie; les sommes à distribuer devant être proportionnées au préjudice que chacun a éprouvé.[1]

18 Février 1254.

Rex in recompensationem dampnorum que Anisanxeus de Cavomonte[2] et Isard de Bovilla, domini de Sancta Basilia, et alii homines ejusdem ville, sustinuerunt de incendio in eadem villa, dedit eis quingentas libras sterling ad distribuendum inter eos pro æqua porcione secundum quantitatem dampnorum que sustinuerunt ab incendio predicto. De qua quidem pecunia Rex eis solvet unam medietatem a die Pasche in unum mensem, cum thesaurarius Regis venerit ab Anglia, et aliam medietatem a die Sancti Michaelis proximo sequenti in unum mensem. In cujus, etc.

---

[1] Collection Bréquigny, t. XI, p. 21.

[2] Cet Anissant appartenait à une branche de la famille de Caumont, branche détachée, on ne sait trop à quelle époque, de l'arbre vigoureux implanté depuis un temps immémorial, dans le lieu même auquel il avait emprunté son nom. Le 20 avril 1254, Henri III, étant alors à Meilhan, donna l'ordre à Anissant de Caumont de cesser de percevoir à Sainte-Bazeille le péage qu'il y avait jusqu'à ce jour perçu, au nom du roi, par les mains d'un certain Bernard de Tirannis, ledit péage devant désormais être transporté à Meilhan. (Collection Bréquigny, t. XI, p. 53.)

Teste ut supra (apud Vasatum decimo octavo die februarii anno regni nostri xxxviii).[1]

[1] Voyez les *Fœdera, conventiones, litteræ*, etc. de RYMER, pour diverses pièces qui concernent Sainte-Bazeille. Dans la collection Bréquigny, j'indiquerai (t. XV, p. 63) des lettres d'Edouard Ier, du 20 mai 1289, par lesquelles il déclare consentir à la vente faite par Pierre Bagenal, bourgeois de Sainte-Bazeille, de la 70e partie du port de Thouars, sur la Garonne, à Raymond Furti de Lados, chevalier, pour la somme de 175 livres en monnaie bordelaise, et (t. XXXIV, p. 180, 190, 231) des lettres d'Edouard III, du 20 juin 1342, du 26 juin et du 20 juillet de la même année, par lesquelles : 1° il reconnaît que les seigneurs et habitants de Sainte-Bazeille et de Landeron (La Mothe-Landeron, Gironde) ne pourront en aucun cas être appelés en cause hors du ressort du Bazadais ; 2° il mande à son sénéchal de Gascogne de mettre Alexandre de Caumont en possession de ce qui appartient à la couronne d'Angleterre dans les villes de Sainte-Bazeille et de Landeron ; 3° il exempte les vins des seigneurs et des habitants de ces deux villes des droits d'entrée qu'ils payaient à Bordeaux.

## II

Acte de serment de fidélité prêté à Alfonse, comte de Poitiers et de Toulouse, par le prieur de Port-Sainte-Marie pour les terres de son prieuré.[1]

1259.

Noverint universi quod nos Hugo,[2] prior de Portu Sancte Marie, Agenensis diocesis, recognoscimus nos fecisse juramentum fidelitatis illustri domino nostro Alfonso, filio regis Francie, Comiti Pictaviensi et Tholosano, pro illa parte jurisdictionis secularis ejusdem ville ac territorii ejusdem que penes nos et ecclesiam nostram remanet secundum compositionem factam inter nos et ipsum super jurisdictione predicta prout in litteris compositionis super hoc facte plenius continetur.

Actum apud hospitale juxta Corbolium die lune proxima ante festum beate Katarine anno domini M° CC° quinquagesimo nono.

---

[1] Collection Bréquigny, t. XI, p. 159. On trouve dans la même collection divers autres documents relatifs au Port-Sainte-Marie, notamment (t. LXXII, p. 53) des lettres de créance adressées, le 24 décembre 1324, par le roi d'Angleterre, Edouard II, aux principaux habitants de cette ville, pour Mathieu de Bonluc, lequel était chargé de leur communiquer, de la part du roi, certains secrets qui concernaient la guerre.

[2] Hugues de Rochefort ou Roquefort (*Hugo de Rupe-forti*), qui devint ensuite évêque de Bazas (1277-1294). Voy. *Gallia Christiana*, t. I, col. 1200-1201.

## III

Lettres par lesquelles Edouard Ier, roi d'Angleterre, approuve les conventions faites, en son nom, par les consuls et prud'hommes de Puymirol, de Monclar, de Monflanquin et de Tournon, au sujet de la construction des murs et des portails desdites villes, les murs devant être élevés aux frais des communautés, et les portails aux frais du Roi.[1]

28 Décembre 1283.

Rex omnibus ad quos, etc. salutem. — Sciatis quod cum inter fidelem nostrum Johannem de Grelliaco, militem, senescallum Vasconie, pro nobis et nomine nostro ex parte una, et consules et probos viros Grandis Castri ac consules et probos viros Montis-Clari ac etiam consules et probos viros de Monte-Flankyno et consules et probos viros de Turnon, ex parte altera, super clausura murorum dictarum villarum de Grandi Castro, de Monte-Claro, de Monte Flankyno et de Turnon, per predictos consules ac probos viros predictos facienda, et super portalibus earumdem villarum nostris sumptibus faciendis, sub certis modo, forma et conventionibus certa fuerit compositio, ut intelleximus, ordinata, ac carte de cartolarii super premissis facte fuerint hinc et inde; nos, predicte compositioni, super premissis facti, plenum et expressum prebimus assenssum, in cujus, etc.

---

[1] Collection Bréquigny, t. XIII, p. 310. Rot. Vasc. anno XII. Ed. I, memb. 5.

Teste ut supra (datum apud Cestriam vicesimo octavo die decembris).[1]

---

[1] Les villes de Monclar, Monflanquin, Puymirol et Tournon, toutes les quatre établies sur des points culminants, étaient au nombre des meilleures positions militaires de l'Agenais, et elles eurent, à ce titre, une grande importance pendant toute la durée de la domination anglaise. Aussi les noms de ces quatre places se rencontrent-ils bien souvent parmi les documents du XIII<sup>e</sup> du XIV<sup>e</sup>, du XV<sup>e</sup> siècle. Pour m'en tenir à la collection Bréquigny, je signalerai, en bloc, au sujet de Monclar, Monflanquin, Puymirol et Tournon, les pièces renfermées dans les volumes II, X, XV, XXI, XXII, XXIII, XXIV, XXV, etc. Notons, pour Puymirol, que deux documents, l'un du 26 septembre 1246, l'autre de l'année 1313 environ (t. X, p. 78; t. II, p. 236) donnent à la fois les deux noms de cette ville : « *De grandi castro quod dicitur Pugh-murel;* » — « *Villa grandis castri vocati de Podio Mirolii.* » On trouvera les coutumes de Puymirol (13 décembre 1286), les coutumes de La Bastide (*Castel amoros*), du 22 décembre 1287, les coutumes de Saint-Pastour (7 avril 1289), dans le volume XIV de la collection Bréquigny (p. 136, p. 192, p. 291).

## IV

Lettres d'Edouard 1er, roi d'Angleterre, par lesquelles il cède à perpétuité à Senebrun de Saintrailles, chevalier, et à Marquèse, sa femme, tous les droits que ledit Roi possédait sur les châteaux d'Ambrus et de Villeton et sur les autres terres qui auraient dû revenir à Marquèse, en sa qualité d'héritière de son père feu Raymond Guilaume de Bydelhac, chevalier, et de sa mère feue Esclarmonde, châteaux et terres qui avaient été confisqués au profit du Roi, à cause d'un certain homicide dont elle avait été accusée, et à la suite duquel elle avait pris la fuite et avait subi un bannissement de plusieurs années.[1]

14 Avril 1289.

Rex omnibus Senescallis, prepositis, ballivis et fidelibus suis in ducatu Aquitanie ad quos, etc., salutem.

Noveritis quod cum nos partem contingentem Markesiam, filiam communem quondam Raymundi Guillelmi de Bydelhac, militis, et Esclarmundie, uxore sue, defunctorum, uxorem Senebruni de Scyntaralha,[2] militis, de castris d'Ambrus et de Viloton ac alias terras et tenementa que

---

[1] Collection Bréquigny, t. XIV, p. 283. Rot. Vasc. anno XVII. Ed. I. membr. 17.

[2] On trouve de nombreuses variantes de ce nom : dans les lettres de pardon accordées par le roi d'Angleterre, le 28 décembre 1324, aux nobles de Gascogne ex-rebelles (*De magnatibus Vasconiæ admissis ad pacem*), est mentionné un « Bertramus de *Sentaraille*. » Rymer, t. II, seconde partie, p. 122). Dans la *Collection générale des documents français qui se trouvent en Angleterre*, apparaît, en juillet 1363 (p. 98) un « Ffort Sans, seignour de Scint Aralha, chevalier. »

eidem Markesie obvenerant vel obvenisse debuerant racione successionis dictorum parentum suorum, sive donacionis alicujus eorumdem vel alio quacumque racione, capi mandassemus et fecissemus ad manum nostram ut nobis incursa et commissa per legem et consuetudinem Agennensem, racione cujusdam homicidii eidem Markesie impositi, et pro quo ipsa affugerat et per multos annos permiserat se banniri. Tandem predicto Senebruno pro se, et Raymundi Guillelmi filio ejusdem, et dicte Markesie, nostram graciam postulante, cum ipse Senebrunus et filius suus de predicto homicidio culpabiles non fuissent, sicut testabatur fama communis, ad instanciam quorumdam amicorum suorum rogancium pro eisdem,[1] totum jus quod habebamus et habere poteramus in partibus dictorum castrorum, terris et tenementis predictis et eorumdem pertinenciis qualiter cumque eandem Markesiam contingentibus, et quod ad nos vel heredes nostros racione homicidii et banni predictorum aliquo tempore venire poterat, et etiam incurrimentum propter hoc nobis competens, dicto Senebruno, et Raymundi Guillelmi filio communi ipsius, et dicte Markesie, et eorum pro nobis heredibus, et successoribus nostris donamus perpetuo remittimus et quittamus ita quod nullus pro nobis heredibus et successoribus nostris eosdem Senebrunus et filium heredes aut suum eorum super predictis omnibus et singulis aut aliquo premissorum racione supradictorum homicidii banni et incurrimenti valeat de cetero quomodolibet molestare. Et ideo vobis precipiendo mandamus quatinus prefatos patrem et filium, heredes et successores eorum contra predictarum donacionis remissionis et quittacionis

---

[1] Tous ces curieux détails n'ont été connus d'aucun des historiens de l'Agenais, d'aucun des historiens des anciens seigneurs du château de Xaintrailles et pas même du plus récent de tous , M. Philippe Lauzun *Etude sur le Château de Xaintrailles*, Agen, 1874, grand in-8°).

tenorem super predictis vel aliquo predictorum racione predictorum racione predicta molestare vel in quitare nullatenus presumatis vel molestari seu inquietari ab aliquo promittatis, in cujus, etc.

Datum apud Condomium quarto decimo die aprilis.[1]

---

[1] Thomas Carte (*Rolles Gascons*, etc., t. I, p. 22) a donné la date du 12 avril à ce document qu'il résume bien sèchement en ces termes : *Rex remisit Senebruno de Seyntaralha, militi, et filio suo totum jus in castris Danbrus* (sic), *Villaton*, etc. M. L. F. Lagarde, qui a cité ce document d'après Th. Carte (*Recherches historiques sur Tonneins*, p. 47, note 1), et M. Samazeuilh, qui l'a cité d'après M. Lagarde, (*Biographie de l'arrondissement de Nérac*, cinquième fascicule, p. 139), ont naturellement reproduit la petite erreur chronologique de l'éditeur des *Rolles Gascons*.

## V

Lettres de créance données par le roi d'Angleterre à G. abbé de Saint-Maurin, et à Pierre de Ferrand, chevalier, pour terminer certains différends entre les habitants de Lavardac et ceux de Viane.[1]

25 Avril 1289.

Rex etc. dilectis et fidelibus suis G.[2] Abbati sancti Maurini, diocesis Agenensis, et Petro Ferandi,[3] militi, salutem.

Vobis comittimus et mandamus ut, apud Lavardacum et Vianam personaliter accedentes, concordia vel judicio ter-

---

[1] Collection Bréquigny, t. XIV, p. 261. Rot. Vasc. anno XVII. Ed. I. membr. 15.

[2] L'abbé de Saint-Maurin dont le prénom n'est indiqué ici que par sa lettre initiale, était Gausbert-Girval, inscrit sous le numéro X dans la série donnée par le *Gallia Christiana* (t. II, col. 946 — 947). Gausbert gouverna l'abbaye de Saint-Maurin de 1259 à 1303. Le *Gallia* rappelle que cet abbé jouit de la confiance et de l'affection du roi d'Angleterre : « — Carus erat abbas noster Edvardo, Anglorum regi, cujus auctoritate ac nomine venit in possessionem quorumdam castrorum, etc., anno xv præfati regis. Eidem *dilecto et fideli suo*, biennio post Edvardus licentiam dat venandi in nemoribus terræ de Gaura. » M. Champollion-Figeac (*Lettres de rois, reines et autres personnages*, t. I, p. 359), a publié sous ce titre le document mentionné par les auteurs du *Gallia* : « Lettre du roi d'Angleterre (10 juin 1289) au bailli de la terre de Gaure et aux gardes des forêts de ladite terre, en faveur de Gausbert, abbé de Saint-Maurin, diocèse d'Agen, lequel abbé pourra prendre ou faire prendre à la chasse, dans les forêts et bois susdits, dix sangliers et autant de chevreuils, tous les ans. » Le même jour (*Ibid.*, p. 359), le roi d'Angleterre écrivit au sénéchal de l'Agenais, et aux baillis et aux officiers de ladite terre d'Agen et de Quercy, en faveur de Gausbert, « pour permettre le port d'armes aux officiers de justice dudit abbé dans la juridiction de son monastère. »

[3] Ce Pierre de Ferrand appartenait à une des plus anciennes familles de l'Aquitaine. On retrouve le nom et le prénom de ce personnage dans un document du 20 septembre 1254 (Collection Bréquigny, t. XI, p. 115) : « Mandement de Henri III, par lequel il ordonne à Gaston de Gontaud de

minare curetis questiones et controversias quæ vertuntur inter habitatores dictorum locorum, potissime racione cujusdam novi itineris facti et aperti per dictos habitatores Viane[1] in grave dampnum et prejudicium, ut dicitur, dictorum habitatorum de Lavardaco,[2] et racione vel occasione processuum et condempnacionum secutorum vel secutarum coram dilectis clericis nostris Boneto de Sancto Quintino et Iterium de Engolisma, inquisitoribus nostris, vel per eos habitos, seu factas, et etiam quavis alia racione, Mandantes predictis et omnibus aliis subditis nostris ut vobis in premissis pareant et intendant.

Datum est ut supra (apud Condomium xxv die aprilis).

---

laisser prendre à Pierre de Ferrand le quart des vins de Bergerac et tous les vins, blés et autres revenus appartenant au château de Moncuq (*Muncuk*) pour l'approvisionnement dudit château confié à sa garde. » Le Ferrand de 1254 est-il le même que celui de 1289 ? Le second est-il le fils du premier, fils qui aurait hérité du prénom de son père ?

[1] A la marge de la copie du présent document, on a ainsi indiqué la position de Viane : « Viane, généralité de Toulouse, recette de Castres. » De semblables confusions de lieux sont fréquentes dans les annotations de la collection Bréquigny.

[2] Voyez dans les *Lettres de rois, reines*, etc. (t. I, p. 389) un « mandement d'Édouard Ier portant ordre d'ouvrir un chemin de communication entre la bastide de Viane et Nérac (26 juin 1295). » — Signalons, dans la collection Bréquigny, deux documents intéressants pour l'histoire de la petite ville de Viane : privilèges accordés à la bastide de Viane, par Édouard Ier, le 18 avril 1287, et renouvelés par Édouard II, le 23 novembre 1310 (t. XIX, p. 63) et lettres d'Édouard Ier, du 4 mai 1289, par lesquelles il confirme l'acte de paréage pour la bastide de Viane, conclu entre Jean de Grailly, au nom de ce prince, et Jourdain de l'Isle (t. XV, p. 29).

## VI

Lettres par lesquelles le roi d'Angleterre fait au prévôt de Bouglon, en faveur des habitants de ce lieu, diverses défenses concernant les causes qui sont portées au tribunal dudit prévôt au sujet du fief d'Argenton, la détention des coupables et la saisie des draps de lit, des vêtements d'un usage quotidien, des ustensiles agricoles, des bœufs de labour, etc.[1]

20 Mai 1289.

Rex preposito suo de Blogonio, qui nunc est, vel pro tempore fuerit, salutem.

Inhibemus vobis ne causas que vertitur coram vel in presenti vertentur, racione feodi quod vocatur de Argenten,[2]

---

[1] Collection Bréquigny, t. XV, p. 49. Ex Rot. Vascon., ano XVII, Ed. I, membr. 9.

[2] Le fief d'Argenton (aujourd'hui commune du canton de Bouglon) est mentionné dans la *Notice d'un manuscrit de la Bibliothèque de Wolfenbuttel intitulé Recognitiones feodorum*, par MM. MARTIAL et JULES DELPIT (1841, in-4°, p. 87). Dans le manuscrit de Wolfenbuttel, comme dans la collection Bréquigny, le nom du fief est écrit : *Argenten*, mais l'orthographe du nom de Bouglon est différente : tandisque la collection Bréquigny donne la forme *Blogonium*, on lit *Boglonium* dans le précieux manuscrit si bien analysé par MM. Delpit. Ces deux érudits regrettent (p. 87) de n'avoir trouvé dans ce manuscrit « aucun renseignement sur l'organisation municipale de la ville de Bouglon. » Heureusement les détails les plus précis sont fournis sur ce point par un autre manuscrit dont M. Samazeuilh a signalé l'existence en ces termes, dans le recueil de M. Champollion-Figeac (*Documents historiques inédits tirés des collections de la Bibliothèque royale et des archives ou des bibliothèques des départements*, in-4°, t. I, 1841, p. 524 et suivantes) : « Cette petite ville dut être plus considérable autrefois que de nos jours, si nous en jugeons par l'enceinte de ses murs, dont il lui reste quelques pans. M. Mérac, juge de paix de Bouglon, m'en a confié les coutumes. C'est un cahier de 29 feuillets de parchemin,

et a nobis tenetur, audiatis seu terminetis extra Blogonium vel saltim extra feodum memoratum, sed solum in dicto loco de Blogonio vel in feodo ipso. Inhibemus eciam ne quos in dicto loco de Blogonio, vel in ipso feodo, ex justa causa duxeritis arrestandos extra locum eundem, vel feodum, aliquatenus transferatis, sed ibidem faciatis, nisi de mandato nostri senescalli Vasconie vobis specialiter facto ex justa causa aliter fuerit faciendum. Rursus specialiter inhibemus ne pannos sectorum, in quibus continue jacent gentes, seu vestes cotidie *(sic)* portabiles, vel ferramenta quibus terras excolunt et suum panem lucrantur, aut eciam boves arabiles aliquatenus pignoretis, quamdiu homines pignorandi alia bona habuerint per que compelli valeant ad compelledum judicata vel alia pro quibus rationabiliter fuerint compellendi.

Datum ut supra ( apud Condak, justa Leyborn. XX die maii ).

faisant 58 pages. Cette charte présente deux parties distinctes, la première contenant les coutumes de Bouglon en 70 articles, et la seconde diverses ordonnances et réglements municipaux en 33 articles. » M. Samazeuilh résume ensuite *las costumas, franquesas, libertats als establimens de la vila de Boglo*. La ville était administrée par quatre consuls et par un conseil de trente jurats. Les bourgeois juraient (article XI) de ne recevoir ni juifs, ni usuriers, ni meurtriers, ni vagabonds et ( article XII ) ni sectaires, ni ladres ou gahets.

## VII

Lettres du roi d'Angleterre, lesquelles réforment d'autres lettres antérieurement accordées par erreur aux consuls et à l'Université de la bastide de Damazan, pour les foires qui devaient se tenir dans ladite bastide, aux mêmes jours que celles de Tonneins.[1]

4 Juin 1289.

Rex omnibus ad quos, etc. salutem.

Sciatis quod per nostras litteras quondam datas consulibus et universitati bastide Castri Comitalis,[2] diocesi Agenensi, super nundinis in eadem bastida tenendis et faciendis diebus et temporibus quibus teneri et fieri consueverant ab antiquo apud Tonenx, decepti quodammodo per ignoranciam facti prejudicari nolumus in aliquo dominis et consulibus loci de Tonenx antedicti quominus nundine fiant et teneantur in eodem loco de Tonenx diebus et temporibus consuetis, nos eisdem diebus vel temporibus volumus aliquas nundinas fieri vel teneri apud Castrum Comitale predictum, sed aliis diebus et temporibus possint in eodem loco de Castro Comitali nundine fieri et teneri quibus non prejudicetur dominis consulibus aut universitati loci de Tonenx supra dicti.

In cujus etc, Datum apud Condac quarto die junii.

---

[1] Collection Bréquigny, t. XV, p. 149. Ex Vascon. Rot. anno XVII. Ed. 1. membr. 1.

[2] La ville de Damazan a longtemps porté le nom de *Château-Comtal*. Dans le *procès-verbal des hommages rendus au prince de Galles par les seigneurs et les villes de la principauté d'Aquitaine* (9 juillet 1363 — 4 avril 1364), un des plus importants des *Documents français qui se trouvent en Angleterre* recueillis et publiés par Jules Delpit (Paris, in-4º, 1847), on trouve (p. 96) les deux noms ainsi rapprochés : *Chasteu Comtau appelée Damassan*. — Le 20 mai 1293, le roi d'Angleterre confirma l'acquisition faite aux héritiers de Pierre Aymar par Gérard de Cluzel de l'office de crieur ou héraut d'armes du Château Comtal (*officium cride seu preconis Castri Comital*.) (Collection Bréquigny, t. XVI, p. 173.)

## VIII

Lettres d'Édouard I<sup>er</sup>, relatives à la fondation d'une bastide dans le lieu de Granges.[1]

26 Juin 1291.

Rex universis presentes litteras inspecturis, salutem.

Noveritis quod cum inter gentes nostras ex parte una et dilectum et fidelem nostrum abbatem de Clayriaco,[2] Agenensi diocesi, ex altera, fuerit tractatus habitus de nova bastida construenda et facienda in loco qui vocatur de Grangia,[3] dicte diocese, nos dilectos et fideles nostros Reymundum de Campania, militem, senescallum nostrum, et Johannem de Candeure, thesaurarium nostrum Agenensem, assignamus nec non auctoritatem et potestatem tribuimus per presentes una cum abbate predicto per consilium dilecti et fidelis nostri Johannis de Havering, militis, senescalli nostri ducatus Aquitanie predictam bastidam in loco predicto vice et nomine nostro construendi et faciendi prout melius et utilius viderint expedire nec non concedendi nomine nostro habitatoribus bastide predicte omnes libertates et liberas consuetudines

---

[1] Collection Bréquigny, t. II, p. 128. Ex Vascon. Rot. anno XIX. Ed. I. membr. 4.

[2] Gaillard de la Roque (*Gallardus de Roca*) fut abbé de Clairac depuis 1281 jusqu'en 1296. (*Gallia Christiana*, t. II, col. 942).

[3] *Grangia, prædium, villa rustica* (Du Cange, *Glossarium ad Scriptores mediæ et infimæ latinitatis*). Ce mot, que l'on peut traduire par domaine, métairie, ferme, maison de campagne, propriété rurale, se retrouve dans plus de cinquante noms de localités répandues sur toute la surface de la France.

quas dedimus et concessimus habitatoribus aliarum bastidarum nostrarum Agenensium et alia faciendi que ad promocionem dicte bastide et utilitatem ejusdem modis aliquibus poterunt pertinere, et que nos ipsi faceremus, si ibidem presentes personaliter essemus. Et quidquid per predictos Reymundum, Johannem, et abbatem, de consilio Johannis de Havering, senescalli nostri predicti, ordinatum seu factum fuerit in premissis, ratum habebimus atque firmum. Et hoc omnibus quorum interest notum facimus per presentes, in quorum omnium testimonium litteras nostras fieri fecimus patentes.

Teste ut supra (apud Berwyk xxvi die junii).

## IX

Lettres par lesquelles le roi d'Angleterre charge son sénéchal de Gascogne, son premier juge de l'Agenais, et son juge de Lomagne et d'Agenais outre Garonne, d'instruire certaine cause appelée au conseil de Sa Majesté par les consuls et les habitants de Lavardac contre le seigneur Jourdain-de-l'Isle.[1]

3 Mars 1292.

Rex dilectis et fidelibus suis senescallo suo Vasconie, et magistris Petro Reymundi, majori judici suo in Ageneslo, et Jacobo de Montibus, judici suo Leomaniæ et Agenesii citra Garonam, salutem.

Causam appellacionis ad nos, ut dicitur, interposite per consules et universitatem de Lavardaco, Agenensi diocesi, seu per procuratorem ipsorum et quadam deffinitiva sentencia tanquam ab iniqua contra ipso pro domino Jordano de Insula, milite,[2] per magistrum Bernardum Martini, legum

---

[1] Collection Bréquigny, t. XVI, p. 155. Ex rotul. Vasc. anno XX et XXI. Ed. I, membr. 7.

[2] C'était Jourdain V de l'Isle, fils de Jourdain IV de l'Isle et de Faydide de Cazaubon. On peut consulter sur ce puissant seigneur l'*Histoire généalogique des grands officiers de la couronne*, l'*Histoire générale de Languedoc*, l'*Histoire de la Gascogne*, mais ni le P. Anselme, ni Dom Vaissète, ni l'abbé Monlezun, n'ont tout dit sur lui et sur sa famille. Les collections Doat et Bréquigny fourniraient à un historien de la petite dynastie des Jourdain de l'Isle bon nombre de documents non encore consultés. Jourdain V avait de considérables possessions dans l'Agenais. Il avait épousé, en 1270, Guillemette de Durfort, dame de Clermont-Soubiran. Le 21 mars 1280, il rendit hommage à Edouard I*er* pour ce qu'il tenait de lui à Dunes (*villa de Dunis*), alors dans le diocèse d'Agen (*in diocesi Agennensi*), à Monsempron (*in castro de monte Sempronhi*), à Puymirol (*in*

professorem, judicem nostrum ordinarium Agenesii, a nobis specialiter delegatum, ut dicitur, lata super eo quod predictus dominus Jordanus quandam sentenciam pro ipso domino Jordano in parte, et prodictis consulibus et universitate in parte, per quemdam magistrum Reymundum Sancii, judicem nostrum majorem Agenesii, super constructione molendinorum [1] et paxerie [2] quam predictus dominus Jordanus nitebatur facere in fluvio sive aqua vocata Baeza,[3] et passagio navigii fluminis predicti [4]..... quatenus lata fuerat

---

*villa de Podio Miroli)*, à Fumel (*pro castro et baronia de Fumello, quamvis dictum castrum et baronia sit de feudo domini episcopi Agennensis*). Dans cet acte, Jourdain de l'Isle s'intitule : *domicellus, vice-comes de Cornelhano et dominus de Casaubonio*. Voir Rymer, t. I, seconde partie, p 183, et Bréquigny, t. XIII, p. 12. Je crois devoir constater que le texte donné par Bréquigny est beaucoup plus pur que le texte imprimé par Rymer. Les noms propres surtout ont été estropiés dans la copie du paléographe anglais : on y dit, par exemple, *Casaubonesio* au lieu de *Casaubonio*, *Sempronisii* pour *Semprohni*, *Podio Muoli* pour *Podio miroli*, etc.

[1] Les moulins établis à Lavardac gardent encore de nos jours une grande importance. Le plus considérable est celui de Lasserens (sur la Gélise, près du Pont-de-Bordes), moulin qui appartenait autrefois à l'ordre de Malte, et qui, selon **M. J.-B.** Truaut (*Monographie historique du canton de Lavardac*, 1851, p. 37) est appelé dans de vieux titres moulin de la Sirène.

[2] *Paxera , paxeria, praxeria, palorum contextus ac series in molendinis, in pontibus, et aliubi* (Du Cange, *Glossarium*).

[3] La Bayse, appelée ailleurs *Balisa* ( notamment dans le *Gallia Christiana*, t. II, col. 953. En admirant la fertile plaine où coule la Bayse, surtout entre Nérac et le port de Pascau, on songe au vers patois de Du Bartas :

Courés deu bet casau que la Baise engreiche.

( *Poëme pour l'accueil de la Reyne de Navarre , faisant son entrée à Nérac*, p. 453 de l'édition des *œuvres complètes* de 1611, in-f°).

[4] Ici un mot que (probablement par ma faute) je n'ai pas bien lu et que je suis obligé de laisser en blanc.

pro ipsis consulibus et universitate per judicem predictum nobis asseruit fore nullam, vobis et vestrum duobus committimus audiendam examinandam et sine debito terminandam vocatis qui fuerint evocandi, mandantes omnibus subditis nostris ut vobis et vestrum duobus in hiis pareant et intendant, et si quid in prejudicium dicte appellacionis attemptatum seu innovatum est illud prout justum fuerit ad statum debitum reduci facietis.

In cujus etc., teste rege apud Girudon III die Marcii.

# X

**Lettres d'Edouard I<sup>er</sup> relatives à la reconstruction d'une bastide dans le lieu de Nicole.**[1]

20 Mai 1293.

Rex omnibus ad quos, etc., salutem.

Cum dilecti et fideles nostri Reymundus de Campania, miles, senescallus, et Johannes de Caudeure, thesaurarius noster Agennensis, auctoritate nostra per nos eis commissa una cum abbate Clayriaci[2] quandam bastidam vocatam Nicola, in loco prius vocato Cangio,[3] in diocesi Agennensi, de novo construxerint, nos hujus modi constructionem nec non et libertates et consuetudines quas prefati senescallus et thesaurarius burgensibus et habitatoribus bastide predicte vice et auctoritate predicta cum litteris suis sigillis eorum et sigillo curie nostre Vasconie sigillatis dederunt, concesserunt ratas et gratas habentes ipsas constructionem, donacionem et concessionem ratificamus et tenore presentium confirmamus.

---

[1] Collection Bréquigny, t. II, p. 138. Ex Vascon. Rot. anno XX et XXI, Ed. I. membr. 7.

[2] Gailhard de la Roque, déjà nommé.

[3] J'appelle l'attention sur le nom primitif du lieu que nous trouvons ici pour la première fois appelé Nicole.

In cujus, etc., teste rege apud Westminsterium, vicesimo die maii.[1]

---

[1] Suivent les lettres, de la même date, par lesquelles le roi confirme ses conventions faites au sujet de la construction et du partage de la bastide de Nicole entre le sénéchal Raymond de Campagne et le trésorier Jean de Candeure, d'une part, et l'abbé et le couvent de Clairac, d'autre part. Bréquigny indique aussi un mandement au sénéchal et au trésorier de l'Agenais pour qu'ils examinent et fixent les priviléges et coutumes de la nouvelle bastide. — En 1318, la ville de Nicole fut annexée à la couronne d'Angleterre, en même temps que les villes de Castillonnès, de Condom, de Grateloup, de Marmande, de Miramont, de Monclar, de Port-Sainte-Marie, de Sainte-Foy, de Villeneuve-sur-Lot, de Vianne, etc. ( Recueil de Rymer, édition de La Haye, 1745, t. II, 1re partie, p. 150). Dans ce même recueil, le trésorier de l'Agenais nommé ici : *de Candeure*, est nommé : *de Candanere* (t. I, 3me partie, p. 67, à l'année 1299). — En 1348, la petite ville de Nicole fut mise dans la juridiction d'Aiguillon. Voir ( *Rolles gascons*, t. I, p. 123) le document intitulé : *Pro consulibus et habitatoribus loci de Acul-one, de loco de Nicola uniendo eidem loco de Aculeone.*

## XI

Mandement d'Edouard Ier, roi d'Angleterre, au Sénéchal de l'Agenais pour qu'il autorise les habitants présents et futurs de Puymirol dont les maisons seraient contigües au château, dans l'enceinte des murs, à construire des ponts, qui s'étendraient de leurs maisons auxdits murs, à condition que ces ponts n'embarrassent point le chemin public au-dessus duquel ils seront établis, et qu'ils seront enlevés toutes les fois qu'il en sera besoin.[1]

28 Mai 1293.

Rex Senescallo suo Agenesii, salutem.

Supplicavit nobis procurator consulum et communitatis Grandis Castri, diocesis Agenensis, quod licentiam concederemus habitantibus et habitaturis ejusdem castri, qui demos habent et habituri sunt infra clausuram murorum ejusdem loci coherentes castro predicto, itinere publico in medio existente, possint pontes seu soleria[2] et perchetos[3]

---

[1] Collection Bréquigny, t. XVI, p. 187. Ex rotul. Vasc. an. XX et XXI Ed. I, membr. 5.

[2] Voy. Du Cange, *Glossarium ad scriptores mediæ et infimæ latinitatis*, V° *Solarium, Solerium*. C'était, à proprement parler, une chambre haute, *cubiculum superius*, ce que nous avons appelé, au XVIIe siècle, une mansarde. Dans le patois de l'Agenais, le grenier est désigné sous le nom de *soulé, souley*. — *Solerium* ici veut dire une sorte de plancher, formant balcon, galerie.

[3] Le rédacteur des sommaires qui ont été mis en tête de chaque document de la collection Bréquigny, a traduit *perchetos* par portiques. La traduction me semble bien ambitieuse. *Perchetum* n'est point dans le *Glossaire* de Du Cange. Je suppose que le *perchetum* était un assemblage de perches, un *perchoir*, si l'on me passe ce mot, et si l'on ne juge pas que je traduise le nom de cette construction aérienne aussi familièrement, que mon devancier l'avait pompeusement traduit. Disons, pour tout concilier, une *galerie*.

facere de dictis domibus ad dictos muros et supra muros predicte clausure, non obstante hoc quod dicitur contineri in instrumentis factis inter nos, seu gentes nostras nomine nostro, ex parte una, et consules ac comunitatem predictos, ex altera, super dicta clausura quod in dictis muris non debent percheti fieri nec fenestre. Nos igitur, volentes eisdem graciam facere specialem, vobis mandamus quatimus eisdem licentiam faciendi hujusmodi pontes seu soleria et perchetos nostro nomine concedatis, ita tamen quod, propter predicta, iter publicum predictum non impediatur, et quod illi qui predictes pontes seu soleria et perchetos facere voluerint eadem ad mandatum nostrum, vel senescalli nostri Agencsii qui pro tempore fuerit, amovere teneantur, quando et quociens propter guerram, aut aliam causam quamcumque, evidens periculum contigerit iminere facientes ipsos vobis loco nostri super hoc obligari.

Datum ut supra (Apud Westminsterium xviii Maii).

## XII

Requête à Édouard Ier, roi d'Angleterre, par le Sénéchal et les autres principaux officiers d'Agenais, au sujet des excès et vexations commis par Jeanne, femme de Pierre de Bordeaux, par le bailli de Lavardac et autres officiers.[1]

Août 1304.

Serenissimo Principi domino suo domino Edwardo Dei gracia Regi Anglie, domino Hybernie ac duci Aquitanie, illustrissimo, sui devoti et humiles Otho de Casanova, miles, senescallus, Jacobus de Montibus [judex], major, Guillelmus de Casis ac Johannes de Bernadone, ordinarii legum doctores, judices, ac Reymundus Marquessii, thesaurarius Agennesii, cum omni subjectione se pronos ad pedes regie magestatis in exsequendis ejus volitis et mandatis.

Domine, necessitas nos compellit vobis significare graves, enormes, stupendos et alios inauditos inhobediencias et excessus commissos contra gentes et officiales vestros per nobilem dominam Johannam, uxorem Petri de Burdegale,[2]

---

[1] Collection Bréquigny, t. XVII, p. 83. Ex bund. in Turre London. Ce curieux document a été résumé par M. J. F. Samazeuilh dans son *Dictionnaire géographique, historique et archéologique de l'arrondissement de Nérac* (1865, p. 263, 267), mais comme la meilleure analyse ne vaut jamais le texte même, je crois devoir reproduire *in extenso* le récit de la violente querelle qui s'éleva, au commencement du xive siècle, entre le bailli de Vianne et les gens de Lavardac, ayant à leur tête la dame et le bailli du lieu.

[2] Le 12 juillet 1315, le roi d'Angleterre écrivit à Jeanne de Bordeaux, dame de Lavardac (*dominæ Johannæ de Burdeg. dominæ de Lavardaco*) pour qu'elle ajoutât foi et qu'elle obéit à ce que lui diraient, en son nom, quatre envoyés parmi lesquels on remarquait Amanieu, seigneur d'Albret

ejus que bajulum de Lavardaco, servientes et ministros, postquam ducatus Aquitanie ultimo pervenit ad manum vestram, in primis enim mandaverunt omnibus subditis suis de Lavardaco quod bajulo vestro Vianne cujus resorto sub est dictus locus et alia terra sua vel ejus servientibus minime hobedirent nec permitterent uti debito sui officii sicut ante tempus guerre fuerat consuetum. Deinde ceperunt quosdam ex dictis servientibus et in suo carcere posuerunt et quosdam ad mortem fuggaverunt, qui apud Lavardacum mandata regalia sicut consuetum fuerat exsequebantur. Post modum vero locum tenentem, cum armis, vulneraverunt et interficere crediderunt et, hiis non contenti, ipsum bajulum Vianne per ballivam suam debitum sui officii exsequentem. Idem bajulus de Lavardaco et ejus complices, congregata multitudine armatorum cum precone et campana, cum armis, in itinere vestro publico invaserunt, percusserunt atrociter et vulneraverunt et posse suum fecerunt ipsum interficiendi et quemdam servientem suum per ventrem cum cayrello[1]

(RYMER, t. II, *pars prima*, p. 84). Le 14 janvier 1345, le roi d'Angleterre, sachant que le cardinal de Talleyrand, héritier universel de dame Jeanne de Périgord, sa tante, autrefois dame du château et de la châtellenie de Lavardac, désire entrer en possession dudit château et de ladite châtellenie, mande au sénéchal de Gascogne de vérifier les droits du cardinal, et, en attendant, de confier la garde des lieux réclamés par lui à Senebrun, seigneur de Lesparre (RYMER, t. II, 4ᵉ partie, p. 171). Le 1er mars 1359, les lieux de Lavardac, de Feugarolles et de Canderoue (*loca de Lavardaco, de Feugarolliis et Caudarone*) furent remis par le roi d'Angleterre au cardinal (RYMER, t. III, 1ʳᵉ partie, p. 179). Le neveu de Jeanne de Lavardac, évêque d'Auxerre, puis d'Albano, fut créé cardinal par Jean XXII, en 1331 et mourut en 1364 à Avignon, après avoir fondé un collége à Toulouse et une chapelle dans la cathédrale de Périgueux.

[1] Un trait d'arbalète, *cairellus*. On disait plus souvent, au moyen-âge, *quadrellus*. Du Cange (au mot *quadrelli*) donne la définition que voici : « *Tela balistarum, brevia, et forma quadrata, unde nomen nostris* QUARREAUX. »

letaliter vulneraverunt et cum propter predictos excessus ita manifestos et notorios misissemus nos senescallus predictus apud Lavardacum quendam militem socium nostrum ac saziendum dictum locum et inquirendum veritatem et capiendum culpabiles de predictis gentes ipsius domini obedire contempserunt et, quod fuit deterius, castrum de Lavardaco inceperunt contra gentes vestras munire, quibus auditis citari fecimus coram nobis ad certam diem apud Lavardacum predictam dominam Johannam et ejus bujulum super premissis responsuros, ad quem locum voluimus accedere propter ejus honorem et nobilitatem, et cum essemus ibi nec ipsa vel ejus bujulus seu aliquis alius pro eisdem, licet essent in dicto castro de Lavardaco,[1] comparuissent diutius expectati et iterum ex super habundanti eos ad horam vesperarum citari fecissimus, dictus bajulus domine Johanne cum pluribus aliis complicibus suis usque ad trigenta armati propunctis toricis, capellis ferreis, scutis, lanceis, ballistis, cayrellis et aliis armis. Nos existentes sine armis ante portam domus ubi eramus hospitati impetuose invaserunt et in dicta domo incluserunt et obsederunt et duos de familia nostra qui nos deffendebant interfecerunt[2] et milites vulneraverunt, et nos in dicta domo debellaverunt et obsessos tenuerunt usque ad noctem quod supervenit nobis auxilium de Nerayco, deinde castrum predictum armis victualibus et propugnaculis contra nos communierunt. Dicta domina que

---

[1] M. Samazeuilh traduit un peu trop librement (p. 266) : « La dame et le bailli dédaignèrent de comparaître, *bien qu'on les eût vus circuler* dans Lavardac. » Ils étaient bien dans Lavardac, mais rien dans le texte n'indique la moindre circulation de leur part.

[2] Nouvelle traduction hasardée de M. Samazeuilh qui dit (*ibid.*) : « Deux des habitants de la maison assiégée payèrent de leur vie leur fidélité à leur hôte. » *Duos de familia nostra* signifie : Deux de ceux qui étaient à notre suite, deux de nos serviteurs.

prohibere poterat, presente et, prout dicitur, mandante, et ex post facto ipsos receptante, et factum ratum habente, in hiis enim lese majestatis crimen et felonie delictum commissa notamus propter que omnia bona dicte domine vobis ipso facto ceciderunt in commissum, et quod in hiis predictum Johannem de Havering, militem, senescallum Vasconie, absque justa causa pretextu cujusdam appellacionis frivole et inanis impedimur ita quod non possumus vigorem justicie exercere, licet ipsa domina, post appellacionem predictam, reddiderit nobis personam, locum predictum et totam terram suam pro justicia facienda secundum jus et consuetudinem Agennessi. Vestre regie majestati dictum negocium et inquestam inceptam super hiis mittimus per presentem portitorem ut vobis plenius veritas elucesclat, qua comperta impedimentum dicti senescalli Vasconie sic amovere dignetur regia celsitudo quia secundum jus et per consuetudinem una cum nobilibus et comitatibus terre Agenensis possimus super hiis facere justicie complementum vel aliter mandare quod voluerit nos facturos pro firmo tenentes quod nisi tantum scelus debite puniatur multis ac magis tribuetur materia delinquendi.

Datum Agenni die Lune post festum sancti Bartholomei apostoli, anno Domini millesimo trecentesimo quarto.

On lit au dos de l'original en parchemin la réponse suivante : Mandetur senescalle Vasconie quod vocatis coram se partibus, et si quid indebite invenerit actum, in secundum quod jus exigebit faciat emendare.

## XIII

Mandement d'Edouard Ier au sénéchal de Gascogne pour accorder à la ville d'Agen une foire de huit jours tous les ans, foire qui commencera le lendemain de la Toussaint.[1]

30 Octobre 1304.

Rex senescallo suo Vasconie salutem.

Supplicarunt nobis consules civitatis nostre Agenni quod eisdem consulibus et ceteris habitatoribus ejusdem civitatis nundinas in dicta civitate semel in anno, videlicet in crastino omnium sanctorum incipiendas et per octo dies continue sequentes duraturas,[2] non obstante quod alique nundine sint in eadem civitate quolibet anno videlicet in septimana ante dominicam, in ramis palmarum,[3] pro nostro ac dictorum consulum habitatorum nec non et villarum vicinarum comodo concedere dignaremur, nos dictorum consulum peticionibus favorabiliter annuentes, vobis mandamus quatinus si vobis videatur quod non sit in prejudicium nostri vel nundinarum aliorum locorum nostrorum in partibus predictis, si concedamus prefatis consulibus nundinas supradictas, tunc eisdem consulibus dictas nundinas ut predictum est, videlicet in crastino omnium sanctorum et per octo dies continue sequentes quolibet anno duraturas nostro nomine concedatis, vestras patentes litteras eisdem consulibus super hoc fieri facientes.

In cujus etc., datum ut supra (apud Brustnyk xxx die octobris). Per peticionem de consilio (an xxxii).

---

[1] Collection Bréquigny, t. XVII, p. 93. Rot. Vasc. anno XXXII-XXXV. Ed. I., membr. 30.

[2] Agen n'a plus de foires de huit jours. Sa plus belle et sa plus longue foire, celle du *Gravier*, n'en dure que six (1er, 6 juin). Peut-être la foire accordée par Edouard Ier est-elle la même qui, réduite à trois jours, se tient au commencement du mois de décembre.

[3] Au lieu de rester fixée à la semaine qui précède le dimanche des Rameaux, cette foire a été transportée dans la Semaine Sainte, aux lundi, mardi et mercredi. C'est la foire dite *des Jambons*.

## XIV

Mandement d'Edouard I<sup>er</sup> au sénéchal d'Agenais, à la juridiction duquel sera désormais soumis le lieu de Castillonnès, où un bailli devra être établi et où devront être maintenus les priviléges et coutumes des habitants.[1]

3 Avril 1305.

Mandatum est senescallo Agenensi quod locum de Castilhenesio[2] que, cum suis pertinentiis universis, vestre seneschallie Agenensi integraliter applicaretis, faciat per unum dumtaxat bajulum gubernari et hominibus ejusdem loci

---

[1] Collection Bréquigny, t. XVII, p. 194. Rot. Vasc. an. XXXIII-XXXV. Ed. I. membr. 23.

[2] Le rédacteur des notes marginales de la collection Bréquigny a confondu notre *Castillonnès* avec le *Castillon* de la Gironde (arrondissement de Libourne) : « Castillon, dit-il, intendance de Bordeaux, élection de Bordeaux. » J'en ai déjà averti le lecteur, ces notes sont émaillées d'erreurs géographiques et doivent être consultées d'un regard aiguisé de défiance. Pour ne citer que deux autres de ces erreurs, et sans sortir du volume XVII, je dirai que dans un document relatif à la baillie de Meilhan (6 avril 1305), l'annotateur a cru voir (p. 212) le nom de la ville de Millau, en Rouergue : « *Forte* Milhaud, » et que, dans un document relatif à diverses tours et autres ouvrages de fortification qu'il s'agissait d'ajouter à la maison de Pierre de Gontaud en la ville de Lauzun (12 avril 1305), il a cru voir (p. 242) le lieu de *Ladaux* (département de la Gironde, arrondissement de La Réole) : « *Forte* Ladaux, élection de Bordeaux. »

suos usus, consuetudines et libertates prout justum fuerit inviolabiliter observari.

Datum apud Westminsterium tercio die aprilis (an xxxm).[1]

---

[1] Le mandement que l'on vient de lire est la réponse à une pétition qui avait été adressée au roi d'Angleterre par les habitants de Castillonnès, en novembre 1304. (*Ibid.*). Edouard I<sup>er</sup>, trois jours après leur avoir accordé ce qu'ils lui avaient demandé, ordonna (*Ibid.* p. 210) de confier, pour un prix convenable, à Arnaud de Château-Neuf (*Arnaldo de Castro-Novo*) la baillie de Castillonnès (*de Castelhonesio*), dont ledit Arnaud était déjà en possession. Le tome XXI de la collection Bréquigny renferme (p. 183) des lettres du 10 juin 1318 par lesquelles Edouard II enjoint au sénéchal de Gascogne de faire expédier à Elie Gaucelin, clerc du roi, la commission de greffier du bailliage de *Chastelloneyz* à lui donnée par Amaury de Créon, dernier sénéchal de ce duché. La forme *Chastelhoneys* se retrouve dans le recueil de M. J. Delpit : *Collection générale des documents français*, etc., page 162. (Vers 1370.)

## XV

Contrat par lequel Fors de Padern, Odet de Padern, son fils, Bernard de Gelas, autre Fors de Padern, Bertrand de Balh, damoiseaux, promettent à Pierre d'Orta, en faveur du mariage de Berart d'Orta, son fils, et de Na Longue, fille de Fors de Padern, deux cent cinquante livres ( monnaie de l'évêque d'Agen ), une fois payées, et cinquante sous de rente [1]

12 Septembre 1317

Notum sit qu'En Fors de Padern,[2] En Odet de Padern, son filh, ab voluntat et ab authoritat deudit son pay que es-

---

[1] Bibliothèque nationale, collection Doat, t. CLXXXI, p. 171-172. D'après l'original en parchemin qui était d'abord aux archives du roi au château de Nérac et qui fut ensuite transporté au trésor des archives du roi dans le château de Pau.

[2] On trouve dans le tome CLXXXV de la collection Doat (p. 304-311) des lettres attribuées par le copiste au roi d'Angleterre Edouard III, en vertu desquelles est confirmée la donation par Fors de Padern (*Forcius de Padernio*), fils de Bernard de Padern, à Jourdain de l'Isle, des baronnies de Sainte-Bazeille et de Landeron, comme aussi la donation desdites baronnies audit Fors de Padern par Catherine de Grailly, femme dudit Jourdain de l'Isle [Jourdain, VI<sup>e</sup> du nom, avait épousé Catherine, en 1299, à Agen], lettres datées du 24 mars 1325 (?), et d'autres lettres, du 20 janvier 1341, par lesquelles ce prince, considérant que Pierre de Grailly, vicomte de Benauges et de Castillon, et Jean de Grailly, captal de Buch, son fils, avaient été institués par Catherine de Grailly, dame de Sainte-Bazeille et de Landeron, héritiers de ces deux seigneuries, ordonne au sénéchal de Gascogne de les en mettre en possession. Le document relatif à la donation de Catherine à Fors de Padern se retrouve, sous le nom d'Edouard II et avec la date du 24 mars 1315 (que je crois la bonne), dans le tome XX de la collection Bréquigny (pag. 93). En voici le sommaire : « Lettres d'Edouard II par lesquelles il confirme et ratifie la donation des baronnies de Sainte-Bazeille et de Landerone faite par Catherine de Grailly, femme de Jourdain de l'Isle, en faveur de *Fforce de Paderin*, fils de *Bernard de Pa-*

tan au Miralh,[1] en la parroquia de Seute-Marie d'Ambrus, En Bernard de Gelas, senhor d'Ambrus en sa partide, En Fors de Padern que esta à Montgalhard,[2] En Bertrand deu Balh que esta pres Viana, donzels, cascun per lo tout, et que l'un no sen reclamera per l'autre, ne per nulh garent, donen, et an promes render et pagar per ferme et per leyal stipulation au Pes d'Orta que esta à Viana, et à son ordenh, o à son sert commandament portader de questa present carta, dus cent cinquante liures de bos arnaudens dotals, so es assaver cinquante liures arnaudens de si al des quinse

---

derin [c'est ainsi que sont traduits les mots *Fforcio de Paderino, filio Bernardi de Paderino*], auquel Fforce Sa Majesté fait en outre remise des droits de lods et ventes. » A la suite, sont reproduites des lettres, du même jour, par lesquelles Edouard II confirme et ratifie la cession desdites terres par Fors de Padern à Jourdain de l'Isle, exempté lui aussi du payement des droits dus au roi. Le *Registre des hommages rendus au roi d'Angleterre dans les sénéchaussées d'Agenais et de Condomois* en 1286 et 1287 *(Archives historiques du département de la Gironde*, t. 1, p 349-387) contient (paragraphe XVI) ces lignes sur le père et l'oncle de Fors de Padern : « Item, Bernadus de Paderno recognovit se tenere, una cum Forte, fratre suo, à domino Agenesii, cavalariam de Padern, sitam in parrochiis de Flarrat et de Sancto-Joanne de Furfontan et de Ambrus ; pro qua recognovit se debere facere, cum dicto fratre suo, decem solidos arnaldenses, in mutatione domini Agenesii. » Un domaine considérable, situé dans la commune d'Ambrus (canton de Damazan), et qui appartient à M. Emile Truaut, conseiller à la Cour d'appel d'Alger, retient encore aujourd'hui le nom de *Pader*.

[1] Dans la paroisse actuelle d'Ambrus, tout souvenir du *Mirail* a disparu ; mais à quelques kilomètres des limites de cette paroisse, entre Damazan et le Port-de-Pascau (commune de Saint-Léger), on rencontre un château qui porte ce nom et qui appartient à la famille de Lapeyrière.

[2] Nous lisons dans le *Registre des hommages* déjà cité paragraphe CXLI) : « Item, Guilhelmus Arnaldi de Paderno recognovit se tenere à domino Agenesii res quas habet et tenet apud Montemgailhardum et in pertenentiis suis, etc. » Citons un document de la même époque, à peu près (25 avril 1289) : Mandement du roi d'Angleterre en faveur de Jourdain de l'Isle au sujet du château de Montgaillard. (Collection Bréquigny, t. XIV, p. 363.)

apres la prumere feste de Sent-Miquel de Septembre qui sera, et austres cinquante liures Arnaudens dens las octaves de la prumere feste de Pentacoste que sera, en pads, et chens tout prolongament, et austres cinquante liures arnaudens [dens las octaves] de la prumere feste de Pentacoste que sera en un an, et de qui en avant d'an en an cinquante liures arnaudens entro que ayen complit et payat toutes les dittes dus cens cinquante liures arnaudens en pads, et chens tout prolongament, et plus cinquante sos arnaudens d'arrende cade an [1] qued deven assignar de si al des quinze apres la prumere feste de Sent-Miquel de Septembre ;

Et aysso per rason deu matremony fazeder enter Na[2] Longue de Padern, filhe deudit Fors et seror deudit Odet, enter En Berart d'Orta, filh deudit Pès d'Orta, et si alsdits termis no pagaren ou pagat no l'avian, et al dit Pès d'Orta ou à son ordent ne combie far grenge, cost, destard, mession, ne enteresse losdits deutes, lo prometten esmendar, satisfar et restituir deu tout et gardar de tout dan, en obligant touts et sengles lours bées mobles et no mobles presens et a venidors ou que sien per touts locqs, et outre tout aysso que juran sober lous sancts evangelis de Diu tocats corporallement de lours mas dentres nusas, que tout ainsi com en la present carte es contengut, ac tieran et accompliran chens venir en contre, et chens toute contradiction et sen entrera n tenir ostadgerias dens la ville de Casted Contal à la requeste deudit Pès et de son ordenh, ou de sen sert commendament, et que de qui no eysiran per lours pes ne per lous autruis [3]

---

[1] Cette rente de cinquante sous représentait environ une rente de cent francs d'aujourd'hui.

[2] La particule *Na* devant un nom de femme, comme la particule *En* devant un nom d'homme, était un signe de noblesse. Il équivalait à *Domina* dont il était l'abréviation.

[3] Littéralement : *Et que de là ils ne sortiront ni par leurs pieds, ni par*

ostre sa volontat en tro ayen feyt lo complement de la presente carte segon los termes.

Actum fuit hoc in parroquia beatæ Mariæ d'Ambrus, in loco vocato au Miralh, duodecima die introitus septembris, anno Domini millesimo tresecentesimo decimo septimo. Testes sunt lo senhor En Pès de Casteras, prester, En Guilhem Eymerig de Borbotan, en Brus de Seras, Huis de Villeras, Pès de Castilhon, Bertrand de Bedulh, donsels, et ego Bertrandus Palhus, publicus et generalis notarius Agenesii, qui hanc cartam recepi, inquisivi et scripsi, regnantibus Philippo rege Franciæ, Edoardo rege Angliæ, duce que Aquitaniæ, Amaneno episcopo Agenesii.[1]

---

*les pieds d'autrui.* Celui qui, dans la collection Doat, a fait suivre d'une traduction française chaque texte gascon, a cru devoir interpréter ainsi cette formule : *à pied ou à cheval.* C'est, en effet, ainsi qu'il faut l'entendre.

[1] Amanieu de Fargis, qui siégea de 1313 à 1357.

## XVI

Pétition par laquelle Raymond de Farges, damoiseau, seigneur de Mauvezin, et Mantete de Ladils, sa femme, supplient le roi d'Angleterre, Edouard II, de les soumettre au droit civil, et de les soustraire pour toujours eux et leurs successeurs au droit coutumier, à l'effet de disposer de leurs biens suivant le droit écrit.[1]

Vers 1318

Regie majestati vestre cum qua possunt reverencia supplicant Reymundus de Fargiis, domicellus, dominus de Malovicino,[2] diocesi Vasatensi, et Manteta de Ladils, uxor ejus, quatinus ipsos et heredes et alios suos in perpetuum successores et eorum quemlibet juri scripto submittatis de plenitudine potestatis, et sibi vestram concedere privilegium dignemini speciale quod ipsi conjuges simul et divisim heredes que ac successores sui imperpetuum de bonis et rebus suis quibuslibet que nunc habent pro tempore quocumque jure ecclesiastico conquesta torno, successione, donacione, vel quavis alia ratione vel causa coitere vel divisim in civitate et diocesi jam dictis ordinare et disponere valeant secundum

---

[1] Collection Bréquigny, t. XXI, p. 253. Ex bundellis in turri London.

[2] Sur les anciens seigneurs du château de Mauvezin, voir divers documents (extraits des archives de ce château) qui ont été publiés ou analysés par M. Jules Delpit dans le tome VIII des *Archives historiques du département de la Gironde*, pages 190-195, 197-206, 248-251. Pendant que M. J. Delpit étudiait, en quelque sorte au milieu des ruines du vieux château, les parchemins du XIII$^e$ et du XIV$^e$ siècle, je m'occupais, auprès du savant médiéviste, des papiers du XVI$^e$ siècle et des âges suivants. Je consignerai le résultat de mes investigations dans une notice que je destine à un des prochains volumes du *Recueil des Travaux de la Société d'Agen*.

jus scriptum, ipsos et eorum quoslibet et consuetudinibus juri scripto quo ad hec contrariis in civitate et diocesi predictis licet diucius observatis de vestre potestatis plenitudine totaliter eximendo, consuetudines ipsas et earum quamlibet, quo ad ipsas conjuges heredes que et successores suos predictos coitere et divisim irritando, cassando, revocando et adnullando omnino de plenitudine potestatis maxime quid sic fit in vestra diocesi Agennensi quod dicte consuetudines in aliis observentur toto tenore dictarum consuetudinum in dicta vestra gratia inserto et etiam expressato, qui vobis seu cuilibet volueritis tradetur prout vobis placuerit.

Generalis consuetudo est in civitate et diocesi Vasatensi huc usque inviolabiliter observata quod omnes liberi, et uno matrimonio procreati, bona paterna et materna quecumque sint in dicta civitate et diocesi existencia per equales dividunt portiones excepta decima [Ici un vide dans la copie de Bréquigny] que potest primogenito dum est cum aliis ejusdem matrimonii per progenitores in prerogativam donari.

Item est alia consuetudo generalis in dictis civitate et diocesi usque nunc observata quod si contingat liberos ex duobus matrimoniis procreari unus vel plures liberi sub quocumque sexu ex primo matrimonio procreati tam de bonis paternis quam maternis in dictis civitate et diocesi Vasatensi existentibus medietatem habent et aliam medietatem omnes alii liberi quotquot fuerint ex alio matrimonio procreati. Si vero de tribus vel pluribus sint matrimoniis per communes et equales dividunt porciones secundum matrimonia et sic dividunt non secundum capista sed secundum stirpes.

Item alia consuetudo seu usus quasi intollerabilis est in civitate et diocesi supra dictis quod progenitores in testamento exheredare non possunt suos liberos in solidum nec in parte quanquam alias in casu exheredationis de jure existunt, sed totam hereditatem suam inviti suis habent relinquere liberis etiam quamcumque ingratis excepta decima parte seu alia modica quantum cumque plures eis servierint vel pluribus prestiterint injuriam vel gravamen.

Suit en ces termes la réponse du Roi :

Edward, par la grace de Dieu, Roy de Engleterre, seigneur d'Irlande et duc d'Aquitaine al honorable Pére en Dieu J. par la meismé evesque de Wincester, nostre chauncellier, saluz.

Nous vous enveons cy de dessuz enclose une peticion que nous feust envoiée par honorable Pére en Dieu le cardinal vice-chauncellier, et vous maundons que regardée la dite peticion, eyez plenere avisement des choses qui y sont contenues, et nous remaundez par vos lettres votre counseil et ce que vous verrez que mielx soit à faire des choses avaunt dites.

Donné sous nostre privé seal à Shene le xvii jour de febvrier l'an de nostre règne unziesme.

## XVII

Lettres par lesquelles le roi d'Angleterre, Edouard II, accueillant les justes plaintes des consuls et habitants de la ville de Monclar, les soustrait à la juridiction d'Amanieu de Fossat, auquel il adresse de sévères remontrances.[1]

28 Avril 1320.

Rex dilecto et fideli suo Amaneno de Fossato [2] salutem. Nuper ad auditum nostrum pervenit, quod consules ville nostre Montis-Clari ad mandatum dilecti et fidelis nostri Roberti Rose, militis, dudum senescalli nostri Agennesii, executioni contra quosdam familiares vestros ad ultimum supplicium, premisso processu debito indicatos faciendo, prout ex fidelitate et juramento necessario parere tenebantur interfuerunt, et quod vos ea occasione contra dictos consules et universitatem ville predicte vias gravandi eosdem multipliciter quesivistis et de die in diem non desististis, procuratis, propter quod ipsos consules et universitatem a juris-

---

[1] Collection Bréquigny, t. XXII, p. 35. Rot. Vasc. an. XIII et XIV. Ed. II. membr. 9.

[2] Amanieu de Fossat ou du Fossat avait été maire de Bordeaux en 1311 et sénéchal d'Aquitaine en 1319 En 1317, le 18 janvier, le roi d'Angleterre lui concéda la saline d'Agen en payement des sommes qu'il lui devait (collection Bréquigny, t. XXI, p. 31.) En 1325, il était capitaine de la ville et du château de Puymirol (p. 54 des *Documents français qui se trouvent en Angleterre*). Un autre Amanieu du Fossat, seigneur de Madaillan, et baron, rendit hommage au prince de Galles, le 19 juillet 1363 (*Ibid.* p. 98). Les recueils de Rymer, de Th. Carte, de Bréquigny, renferment de nombreuses pièces relatives aux du Fossat (représentés aujourd'hui par M. Léo Dufoussat, ancien maire d'Izon). Ces pièces, et quelques autres pièces insérées dans les *Archives historiques du département de la Gironde* (t. I, VI, VIII) nous montrent divers membres de cette famille possesseurs de seigneuries, ou de parts de seigneuries, à Aiguillon, à Monheurt, à Sainte-Livrade, à Thouars, etc.

dictione vestra nuper dum regimen ducatus predicti ex commissione nostra tenuistis exeminus et jurisdictioni subjecimus aliorum, vos que tunc rogavimus per litteras nostras speciales ut ab inquietationibus contra dictos consules et universitatem, ea occasione querendi desisteretis, et quia ut jam intelleximus dictis precibus nostris nondum adquievistis, et minispreteritis terrores intellorabiles incutitis, et gravamina gravaminibus cumulatis contra dictos consules et universitatem, nec decet vos cui regimen ducatus nostri predicti ante hec tempora commissum est fideles et subditos nostros, pro hiis que sic sub juramenti et fidelitatis vinculo exercuerunt persequi seu gravari. Nos que ad defensionem eorum in hujus modi tenemar eisdem sicut scitis, vobis mandamus firmiter inhibentes ne occasione premissa predictos consules et universitatem vel eorum aliquem quos in protectionem nostram suscepimus et gardiam specialem in personis aut rebus suis inquietetis in aliquo seu gravetis nec per vestros seu aliquos alios nomine vestro molestari procuretis, seu quantum in vobis est fieri permittatis, sed potius animi rancorem, si quem erga dictos consules et universitatem vel eorum aliquem hiis occasionibus conceperitis nostris precibus remittatis. Nos enim considerantes ipsos in casu premisso ex obedientia debita ministro nostro sic facta benevolentiam regiam meruisse, ipsos et eorum quemlibet in facto illo quatenus ad nos pertinet et sine juris offensa poterimus defenderi volumus et tueri.

Datum apud Westminsterium xxviii die Aprilis (an xiii).[1]

---

[1] L'année suivante (20 juin 1321), un mandement fut adressé par le roi d'Angleterre au bailli de Monclar, pour qu'il eût à maintenir Guillaume du Moulin (Guilhem de Molendino), recteur des églises de Montastruc (*rectorem eccles arum de Monte Astructo*) dans la jouissance des dîmes qui appartenaient aux dites églises (Collection Bréquigny, t. III).

## XVIII

Lettres d'Edouard III au sénéchal de Gascogne et au connétable de Bordeaux portant mandement de confier à une personne fidèle la garde de la ville de Puymirol, ainsi que celle de la ville de Penne.[1]

6 Avril 1332

Rex eisdem (senescallo suo Vasconie et constabulario suo Burdegalensi) qui nunc sunt vel qui pro tempore erunt salutem.

Quia ex testimonio fidelium nostrorum de ducatu predicto nobis est intimatum quod Arnaldus de Bovisvilla[2] contra nos et nostros in ducatu predicto male se gessit, nonnulla in nostri et nostrorum dispendium attemptavit, propter quod nolumus quod custodiam ville de Puymyrol, ad quam obtinendam, ut dicitur, anhelat, habeat quoquo modo, vobis comittimus et mandamus quatinus dictam custodiam alicui Anglico vel alteri de cujus fidelitate confidetis nostro nomine sub sigillo nostro ducatus predicti committatis, regendam et gubernandam ad voluntatem nostram quousque aliud inde duxerimus ordinandum. Volumus insuper et vobis commit-

---

[1] Collection Bréquigny, t. XXV, p. 33. Rot. Vasc. an° VII. Ed. III. membr. 6.

[2] Arnaud de Bouville est souvent mentionné, ainsi que d'autres membres de sa famille, dans les documents des diverses collections citées dans mes précédentes notes. Je rappellerai qu'au moyen-âge, le seigneur de Bouville avait l'honneur, avec les seigneurs de Clermont-Dessus, de Fumel, du Fossat et de Madaillan, de porter sur ses bras, depuis l'autel de l'église de Saint-Caprais jusqu'à la porte de l'église de Saint-Etienne, chaque nouvel évêque d'Agen entrant pour la première fois dans sa ville épiscopale.

timus et mandamus quod de custodia castri nostri et ville de Penne[1] similiter ordinetis prout pro honore et comodo nostro melius et utilius fore videritis faciendum quousque de avisamento consilii nostri aliud inde duxerimus ordinandum.

Datum ut supra (Knaresburgh VI die aprilis.,

Per ipsum regem et consilium.

---

[1] Les châteaux de Penne et de Puymirol sont bien certainement les deux châteaux de l'Agenais dont le nom revient le plus souvent dans l'histoire de nos contrées, du XII° au XV° siècle. Le château de Penne va reparaître dans trois des documents suivants. Je me contenterai d'indiquer, au sujet de cette dernière forteresse, les pièces renfermées dans les volumes XIII, XIV, XV, XVIII, XXI, XXII, XXIII, XXIV, XXV, etc., de la collection Bréquigny Penne et Puymirol mériteraient bien d'avoir leur monographie, Penne surtout qui fut témoin d'événements plus importants et plus dramatiques, car autour de son nom planent les terribles souvenirs de deux siéges célèbres, celui de 1212 entrepris par le héros de la croisade albigeoise, Simon de Montfort, et celui de 1562, entrepris par un homme qui n'eut ni moins d'ardente foi, ni moins de fier courage, ni moins d'implacable cruauté, Blaise de Monluc.

## XIX

Lettres de Philippe VI, roi de France, nommant le comte de Foix son lieutenant général en Gascogne et Agenais et l'autorisant à prendre, recevoir et garder en son nom le château et la ville de Penne.[1]

4 Novembre 1338.

Philippe par la grâce de Dieu roy de France à tous ceux qui ces présentes lettres verront, salut.

Scavoir faisons que nous confians du sens et de la loiauté de nostre cher et feal cousin le comte de Foix[2] pour la garde et deffense de nos pays et subgiects de la seneschaucée de Gascongne et d'Agenois, avons fait et estably, faisons et establissons par la teneur de ces letres nostre dit cousin capitaine pour nous et nostre lieutenant en ladite seneschaucée et au ressort d'icelle par l'espace de trente jours tant seulement, c'est assavoir quinse jours avant Noël prochain venant, et quinse jours après sans nul moien et li donnons pouvoir et authorité de prendre et recevoir pour nous et en nom de nous par toutes les meilleures voyes et manières que il pourra le chastel de Penne en Agenois et la ville et leurs appartenances et de y metre et establir à son nom, en nostre nom, et pour nous pour le dit chastel garder personne ou personnes souflisans et seures pour le dit chastel et pour

---

[1] Collection Doat, t. CLXXXVI, p. 235.

[2] Gaston II, fils de Gaston Ier et de Jeanne d'Artois, mort à Séville en septembre 1343, à peine âgé de trente-cinq ans.

noz païs et subgiects dessus ditz. Mandons et commandons à tous nos justiciers et subgiects que audit nostre cousin et à son deputé au cas devant dit ils obeissent et entendent diligemment és choses dessus dites, et en ce qui en depent pour les dits trente jours.

En tesmoing de ce nous avons faict metre nostre scel à ces presentes letres données au bois de Vincennes le quatriesme jour de novembre l'an de grâce mil trois cens trente et huict.[1]

    Par le Roy :  CHARROLLE.

---

[1] Les auteurs de l'*Histoire générale de Languedoc* ont connu et cité ce document (t. IV, p. 228). Le 16 mars 1339, le comte de Foix fut nommé capitaine général et lieutenant du roi en Gascogne jusqu'à la quinzaine de Pâques (collection Doat, t. CLXXXVI, p. 268).

## XX

Lettres de Galois de La Baume, seigneur de Valenfin, chevalier, maître des arbalètriers, capitaine et gouverneur ès parties du Languedoc, au sujet de la convention faite entre lui, Gaston, comte de Foix, et les consuls de la ville de Penne.[1]

Du 2 Janvier 1339 (n. st.)

Galesius de Balma, dominus de Vallofino, miles, arbalisteriorum magister, capitaneus et gubernator in partibus linguæ Occitanæ domini nostri Franciæ Regis,[2] universis præsentes literas inspecturis, salutem et dilectionem.

Cum inter et potentem virum dominum Gastonem, Dei gratia comitem Fuxi, vice-comitem que Bearnii et Marsiani, ac locum tenentem serenissimi principis domini nostri Franciæ Regis in dictis partibus destinatum, et nos vice et nomine dicti domini Regis, cum consulibus villæ de Penna Agennensis, et pro ipsis et universitate dictæ villæ certa pacta habita, promissa et solemniter per nos jurata extiterint, videlicet quod nos in dicta villa erimus et remanebimus

---

[1] Collection Doat, t. CLXXXVII, p. 1.

[2] J'ai dit un mot de Galois de la Baume, ou plutôt d'Etienne de la Baume, dit le Galois, dans la *Notice sur la ville de Marmande* (p. 47). M. Siméon Luce (note 1 de la page CXCIV du tome 1er des *Chroniques de J. Froissart* publiées pour la Société de l'histoire de France), nous apprend que, d'après un document des Archives nationales (JJ 71, f° 238) daté de La Penne *(sic)* en Agenais, le 1er avril 1339, et confirmé en mai de la même année, le Galois de la Baume fit don au comte de Foix, pour le récompenser et le dédommager des frais et dépenses de la présente guerre, *notamment en la prise de la ville et château de la Penne*, de la ville et château de Sorde (Landes, arr. Dax, canton Peyrehorade) sur la frontière de sa terre de Béarn.

continue absque eo quod ab inde accedamus alibi moraturis sine eorumdem consulum consensu, donec castrum ipsius villæ redditum fuerit, aut venerit ad obedientiam dicti domini Regis, et hoc sub pœna proditionis et infamiæ, si contrarium faceremus,

Igitur nos prædictus Galesius pacta prædicta tenere et complere cum effectu promittimus, et villam prædictam aut ejus pertinentias non exire sine voluntate domini comitis; quo casu si nos exire contigeret, in dicta villa rediemus et mansionem nostram continuabimus ad mandatum vel requisitionem simplicem dicti domini comitis in-dilate et absque quocumque deffectu, donec casus evenerit ante dictus sub juramento ad sancta Dei Evangelia per nos præstito, et pœna prædicta infamiæ et proditionis quam incurrisse voluimus si defecerimus in præmissis.

In cujus rei testimonium præsentibus literis nostrum fecimus apponi sigillum. Datum Pennæ die secunda januarii anno Domini millesimo trecentesimo trigesimo octavo.[1]

---

[1] Le lendemain (3 janvier 1339), Gaston, comte de Foix, vicomte de Béarn, par acte donné à Penne, délivra des lettres de quittance générale à Raymond Foucaut (Archives nationales, JJ 73, f° 57). On trouve de fréquentes mentions du nom de Penne dans les layettes du Trésor des Chartes, mais il faut prendre garde de confondre *Penne d'Albigeois* avec *Penne d'Agenais*, comme l'a fait M. Teulet (*Layettes du Trésor des Chartes*, in-4°, 1863, t. I, p. 228). J'ai relevé l'erreur de cet érudit dans la *Revue de Gascogne* (t. XIII, 1872, p. 197).

## XXI

Lettres de Philippe VI, roi de France, au sujet des châteaux de Penne et de Puymirol, dont Garsie Arnaut de Navailles demande à être mis en possession.[1]

14 Janvier 1340 (n. st.)

Philippe, par la grâce de Dieu, roy de France, à tous ceux qui ces presentes verront, salut.

Sçavoir faisons comme nostre ame et feal Garsie Arnaut seigneur de Navailles, chevalier,[2] nous eut requis que li voulussions faire delivrer les chastiaux de Penne et de Puymirol en Agenois qui li auroient esté vendus par nostre seneschal d'Agenois pour le pris de vint mille liures par execution faisant contre le Roy d'Angleterre d'un arrest contenant greigneur somme qui fut donné jadis en nostre parlement à Paris pour le dit Garsie, et contre le dit Roy, ou que nous li rendissions les dites vint mille livres,

Sçavoir faisons que nous voulons et audit Garsie avons octroyé de grace especial que le temps ne li coure mie pour chose qui soit a present ou au temps avenir qu'il ne puisse faire cete requeste quand bon li semblera et le temps et lieu sera combien que a present il ne le soit mie pour certaine cause.

Donné au boys de Vincennes le quatorziesme jour de janvier l'an de grace mille trois cens trente et neuf.

Par le Roy.

---

[1] Collection Doat, t. CLXXXVII, p. 1.

[2] On sait que Navailles était une des douze premières baronnies du Béarn. Garsie Arnaut de Navailles et ses aïeux et descendants figurent dans toutes les histoires de Béarn, de Bigorre, de Gascogne, notamment dans chacune des histoires de ces trois provinces par Pierre de Marca, par M. d'Avezac, par l'abbé Monlezun. Ce fut probablement le grand père du seigneur de Navailles de 1340 qui, porteur des mêmes prénoms (Garsias Arnaut), reconnut, en octobre 1262, avec sa femme Marie Bertrand, tenir du roi d'Angleterre les châteaux de Saut, de Sarrazin, de Monségur, de Châteauneuf, sauf les droits de Gaston de Béarn. (*Notice d'un manuscrit de la bibliothèque de Wolfenbuttel*, p. 151).

## XXII

Mandement d'Edouard III, roi d'Angleterre, pour que Guillaume Raymond, seigneur de Caumont, qui, durant la guerre, avait, au service de ce prince, perdu tous ses biens, soit mis en possession de Tonneins et de Bouglon.[1]

17 Juillet 1340.

Ex parte nobilis et dilecti et fidelis nostri Guillelmi Reymundi, domini de Cavomonte,[2] nobis est supplicatum ut, cum omnia bona et possessiones suæ extra portas castrorum suo-

---

[1] Collection Bréquigny, t. XXVI, p. 211.

[2] Guillaume Raymond de Caumont était fils de Guillaume, seigneur de Caumont, de Castelnau, de Samazan, de Montpouillan, etc., et de Miramonde de Mauléon, fille d'Oger de Mauléon, vicomte de Soule. Guillaume Raymond, pour avoir suivi la bannière du roi d'Angleterre, fut (1337) deshérité par son père, qui laissa tous ses biens à la sœur dudit Guillaume Raymond, Indie, laquelle avait épousé (1316) Gaston d'Armagnac, vicomte de Fezensaguet, et (1339) Guy de Comminges, seigneur de Lombez. Guillaume Raymond se maria avec Esclarmonde de Piis ou de Pins, fille de Sausonnet de Piis ou de Pins, seigneur de Taillebourg et de Monheurt. Plus tard, il embrassa le parti du roi de France, qui lui rendit la terre de Caumont et ses autres terres, et qui s'engagea (1342) à le protéger, lui et ses successeurs, contre toute attaque des troupes anglaises. (Registre LXXXI du Trésor des Chartes, cité dans un manuscrit de la Bibliothèque nationale intitulé *Titres et mémoires de la maison de Caumont*, inscrit sous le n° CLX de l'ancienne collection des Missions étrangères). Les documents relatifs à Guillaume Raymond et à sa famille abondent, du reste, dans le Trésor des Chartes, comme dans les collections Doat et Bréquigny, (sans parler des recueils imprimés), et je ne saurais trop recommander à quelque intrépide travailleur de nous donner, à l'aide de tous ces matériaux, une histoire complète du château et des seigneurs de Caumont. J'ai, quelque temps, eu l'intention de m'occuper de cette monographie, mais les circonstances ne m'en ont pas laissé la liberté, et j'avoue que c'est un de mes plus vifs regrets.

rum nuper existencia, per inimicos et rebelles nostros castra predicta obsidentes, combusta, destructa et alias penitus sint consumpta, nec habeat ad presens unde vivere, aut statum suum in servicio nostro manutenere valeat ut deceret, velimus ei in partem recompensationis bonorum suorum in servicio nostro predicto perditorum, ac status sui relevationem, talem remunerationem fieri jubere quod statum suum in obsequio nostro decentius manutenere, et se ac loca sua et jura nostra in partibus illis virilius et potencius defendere valeat in eventu, nos concessimus ei, pro nobis et heredibus nostris, quod ipse locum de Tonyng, cum juridictione alta et bassa et aliis pernitentiis suis universis, in manibus quorumdam inimicorum et rebellium nostrorum jam existentem, habeat et tenebat sibi et heredibus suis de corpore suo procreatis, quam cito locus predictus, cum pertinenciis suis predictis, ad manus nostras redire contigerit, salvo jure cujuslibet, salvis nobis homagiis, fidelitatibus, resortis et aliis deveriis nobis et aliis similibus locis dicti ducatus debitis ab antiquo. Concessimus etiam eidem Guillelmo omne illud quod habemus vel habere debemus in castro de Boglon (sic),[1] seu pertinentiis ejusdem ad totam vitam ejusdem Guillelmi, ita quod si idem Guillelmus, sine herede de corpore suo exeunte, obierit, tunc dictus locus de Tonyng, cum pertinentiis suis predictis, ac post mortem ejusdem Guillelmi, id quod ipse in castro predicto, seu pertinentiis ejusdem, pretextu concessionis nostre habiturus, existit, ad nos et heredes nostros integre revertantur. In cujus, etc.

Teste rege apud Turrim London. xvii die julii (an. xv Fd. III).

---

[1] On trouve ordinairement dans les textes du moyen-âge : *castrum de Bogliono, chastel de Boglo,* etc.

## XXIII

Lettres de Philippe VI, roi de France, relatives à la réfection du pont de la ville d'Agen.[1]

13 Avril 1347.

Philippe, par la grace de Dieu roi de France, à tous ceulx qui ces presentes lettres verront, salut.

Comme nostre ami et féal cousin et naguéres pour nous lieutenant ès parties de la Languedoc, le conte d'Armaignac[2] ait donné et octroié de grace especial à noz amez et féaulz les consuls et habitans de la cité d'Agen pour la reffection du pont dudit lieu, cinq cenz livres tornoiz en deniers à prendre et avoir en certain lieu pour une fois, et mil livres tornoiz en bois pour une fois à prendre et avoir par lesditz consuls et habitans en certaines nos forez, si comme ès letres de nostre dit lieutenant est plus à plain contenu,

Scavoir faisons que nous, enformez du bon port et loyauté et affection d'iceuls consuls et habitans, qu'ils ont à nous et à nostre couronne, et consideré les grans frais, peinnes et dommages qu'ilz ont faiz et soustenus et leur convient faire et soustenir de jour en jour pour cause de noz guerres, ledit don à euls fait par nostre dit lieutenant aians ferme et aggréable, icelli loons et approuvons, et de nostre certaine science et grace especial par ces presentes confermons, et dabundant

---

[1] Bibliothèque nationale. Fonds français 20,579, p. 2 (autrefois n° 649/¹ de la collection Gaignières).

[2] Jean I, comte d'Armagnac, de Fezenzac, de Rodez, etc., fils de Bernard VI et de Cécile de Rodez. Un de ses fils, Bernard, fut sénéchal d'Agenais (*Art de vérifier les dates*, édition in-8°, t. IX, 1818, p. 320).

oultre iceli don et en le accroissant et ampliant, leur avons donné et octroié, donnons et octroions par ces presentes de nostre dite grace et certaine science, et pour consideration des choses dessus dites, mil livres tornoiz pour une fois à prendre et avoir par les ditz consuls et habitans à trois ans sur la recepte d'Agen : c'est assavoir chascun an le tiers des dites mil livres aus termes que nous avons accoustumé de paier noz assignations, et autres mil livres pour une fois aussi en bois à prendre et avoir pour lesditz consuls et habitans en nos forez de Gaudelort, de Monteuh, de Bigars et de Fousseret, ou en une ou plusieurs d'icelles, où ils plus l'aimeront toutefois qu'il leur plaira, pour la reffection et reparation dudit pont, si donnons en mandement par ces presentes et enjoingnons estroictement aus gardes desdites forez ou à leurs deputez que tantost veues ces letres, ill delivrent et laissent prendre ausdis consuls et habitans en bois ès dites forez, ou en celle ou celles qu'ils plus ameront jusques à la value et quantité des dites deux mil livres à euls donnez par nous et nostre dit lieutenant, et par ces presentes confermé comme dit est, et iceli bois leur laissiez traire des dites forez et mener la où il leur plaira ; et aussi semblablement au receveur d'Agen ou à son lieutenent que les dites mil livres leur paie et delivre ou à leur certain commandement aus termes et en la manière dessus expressée des emolumens de la dite recepte, sans aucun contredit ou difficulté, en retenant par devers euls chascun de euls letres de quictance de ce que paié et delivré leur auront avec la copie de ces presentes souz scel royal, par lesquelles rapportant tout ce que paié leur auront par vertu de ces presentes leur sera alloué en leurs comptes et rabatu de leurs receptes sans aucun contredit, par nos amez et feaulz les gens de nos comptes à Paris, non contrestant don ou dons autres par nous ou noz lieutenens ou capitainnes ou quelconques autres faiz aus dits consuls et habitans pour ceste cause ou par autre quelconques, ne ordenances, deffenses, mandement ou commandement faiz ou à faire souz quelconques forme de parolles au contraire.

Donné au Moncel lez Pons Sainte-Maixance, le XIII° jour d'avril, l'an de grace mil CCC quarante et sept.

Par le Roy. Présenz Mess. de Beauves et d'Armaignac.[1]

---

[1] Le 5 mai de la même année, le roi, étant à Amiens, donna (toujours en présence de Messieurs de Beauves et d'Armagnac) de nouvelles lettres, qui confirmaient ses précédentes déclarations et qui les complétaient ainsi : « lesquelles mil livres tournoiz en deniers nous de nostre dite grace especial et de certaine science leur avons assignées et assignons par ces presentes sur nostre monnoie d'Agen, à prendre et recevoir par culs ou par leur certain commandement, de la date de ces presentes par chascun moys apres ensuyvant, deus cent livres tornois, jusques à tant que les dites mil livres soient paiées. Si donnons en mandement par ces presentes et enjoingnons estroictement au maistre de la dite monnoie d'Agen ou à son lieutenent que les dites mil livres il leur paic et delivre ou à leurs certains commandements aus termes et en la maniere dessus dite des emolumens de la dite monnoie, sans aucun contredit ou difficulté, en retenant par devers li letres de quictance de ce que paié ou délivré leur aura avec la copie de ces presentes sous seel royal, jusques les dites mil livres soient paiées, et ycelle somme paiée entierement, par raportant ces presentes, les dites quictances et noz dites autres letres, nous donnons en mandement à noz amez et feauls gens de nos comptes à Paris que tout ce que paié leur aura par vertu de ces presentes, ils allouent en ses comptes et rabatent de sa recepte sans aucun contredit, etc. » (*Ibid.* p. 3).

## XXIV

Lettre des gens du conseil du duc de Berry au comte d'Armagnac, auquel ils mandent que les habitants de la Guyenne, en général, et de la ville d'Agen, en particulier, se plaignent d'être mal secourus, prétendent que les gens d'armes établis pour les protéger sont si mal payés, qu'ils sont obligés de vendre leur équipement, que les seigneurs du pays veulent faire cause commune avec les Anglais, et qu'il importe d'aviser.[1]

10 Juin (1386).

Très haut et puissant Seigneur,[2] nous nous recommandons à vous, et vous plaise scavoir que nous avons eu grans complaintes de gens et habitans d'Agen et du pais de Guyenne de ce qu'ils ne sont mieulx secoureux qu'ils ne sont, et aussi avons entendu que les gens d'armes ordonnés pour leur deffence ont si grand deffaut en leur payement, qu'il leur a convenu de jour en jour vendre et engaiger leurs harnois, tellement qu'ils n'ont de quoy faire la deffence, ne le sait à quoy ils sont ordonnés et dient aucuns qu'il leur est deux leurs gaiges de trois mois ou environ combien que vostre tresorier en ait eu compte et paiement jusques au premier jour de cest mois de juing, et en oultre avons entendu que les barons et seigneurs dudit pais ont pris ou veulent prendre pati general avec les Anglois audit pais, duquel pati ils metent hors le chastel de Duras, desquelles choses très

---

[1] Collection Doat, t. CCII, p. 197.

[2] Jean III, fils aîné de Jean II et de Jeanne, (fille de Roger-Bernard, comte de Périgord), avait succédé à son père le 26 mai 1384, et, en cette même année, il avait ajouté à tous les titres des anciens comtes d'Armagnac le titre de comte de Comminges, qui lui avait été apporté par Marguerite, fille et unique héritière du dernier comte de Comminges (Pierre Raymond II). En 1385, le duc de Berry, oncle de Jean III, l'avait établi capitaine général en Languedoc.

grans perils et domaiges irreparables peuvent avenir, et pour ce vous escripvons les choses dessus dites et vous prions, très haut et puissant Seigneur, qu'il vous plaise y pourvoir, et y metre telle ordenance que ce soit à l'honneur et au prouffit du Roy, de Monseigneur le Duc,[1] de vous et dudit pais, car, en ce et autres choses touchans ledit fait et deffence, Monseigneur le Duc, si, comme vous sçavez, en a en vous parfaite et singulière fiance et attente, et en toutes choses vous plaise nous mander comme aux vostres.

Très haut et puissant Seigneur, Nostre Seigneur vous doint bonne vie et longue.

Escript à Montpelier le dixiesme jour de juing.[2]

Les gens du Conseil de Monseigneur le duc de Berry estans au pais de Languedoc tous vostres.

---

[1] Jean de France, duc de Berry, troisième fils du roi de France Jean II et de Bonne de Luxembourg, eut, à diverses reprises, le gouvernement du Languedoc, et pendant une assez grande partie de sa vie, il fut, par ses exactions et par ses violences, le fléau de cette province. On sait avec quelle vivacité Froissart s'est fait l'écho des malédictions de la France méridionale contre ce rapace tyran. Ce qui doit pourtant adoucir à son égard la sentence de la postérité, c'est son amour pour les livres, pour les beaux-arts. Les bibliophiles ne doivent pas oublier qu'il recueillit avec le plus grand zèle de nombreux et précieux manuscrits ; les archéologues ne doivent pas oublier que nous lui devons de magnifiques monuments.

[2] J'ai cru devoir attribuer à ce document la date de 1386, parce que je lis, sous cette date, dans l'*Histoire générale de Languedoc* : « Le conseil du roi, résidant en Languedoc *pour* le gouverneur de cette province, adresse un mémoire au roi *pour* pour lui remontrer la triste situation dans laquelle le comte d'Armagnac avait laissé le pais, et les progrès que les Anglois y faisoient, par le manque d'argent *pour* payer les gens d'armes établis *pour* leur résister. » — Les quatre *pour* accumulés par Dom Vaissète dans ces quatre lignes prouvent que son style ne valait pas son érudition. ( Voir, à la même date, les *Chroniques* de Froissart.

## XXV

Lettres de Charles VI, roi de France, relatives au château de Duras devant être livré au sire d'Albret, lequel en fera ce que bon lui semblera.[1]

(Date incertaine, mais antérieure à Juillet 1389.)

De par le Roy

Kerve de Lesmenuen,[2] nous avons ordonné que le chastel et ville de Duras dont vous avez la garde de par nous,[3] vous bailliez et delivrez à nostre très cher *(sic)* et à nostre oncle le sire de Lebret[4] pour le abattre, et mettre à terre, ou autrement en faire et ordonner ceste fois si comme bon semblera à nostre dit oncle, et il verra estre à faire. Si le faites ainsi, et gardez qu'il n'y ait faute, car en le luy baillant et delivrant, ou à son certain mandement, nous voulons que vous en soyez et demeurez deschargé par tout où mestier sera sans contredit.

Donné à Meleun le vingt et deuxième jour de febvrier.

Signé Charles.

---

[1] Collection Doat, t. CCIV, p. 19.

[2] Nulle part je ne trouve le moindre renseignement sur ce personnage, appelé *Kerve de la Menevin* dans le document suivant, où l'on rappelle qu'il fut sénéchal d'Agenais et viguier de Toulouse.

[3] Sur le château de Duras on peut consulter une intéressante petite notice de M. Léo Drouyn ( *La Guienne militaire* ), t. I, page 67). Il faut regretter que le savant archéologue ne se soit pas étendu davantage sur la description et l'histoire de ce château, étrangères à son sujet, il est vrai, son beau livre étant spécialement consacré aux antiques monuments du département de la Gironde.

[4] Armand Amanieu d'Albret, comte de Dreux, vicomte de Tartas, grand chambellan, etc. Charles V lui avait fait épouser, en 1368, Marguerite de Bourbon, sœur de la reine.

## XXVI

Lettres du duc de Berry, lieutenant-général en Languedoc et Guyenne, pour que, conformément aux lettres précédentes, le sire d'Albret soit mis en possession du château de Duras.[1]

25 Juillet 1389.

Jean, fils du roy de France, duc de Berry,[2] comte de Poitou et d'Auvergne, lieutenant de Monseigneur le Roy ès dis pais ou duchié de Guienne et en toute la Languedoc, à nostre très cher et feal cousin messire Loys de Sancerre, mareschal de France, capitaine general des gens d'armes ordonné pour la deffence et garde dudit pays de Languedoc,[3] et au capitaine, ou chastellain du chastel de Duras salut. Comme ja pieça[4] monseigneur le Roy et nous eussions donné à nostre très cher et amé cousin le sire de Lebret ledit chastel de Duras ainsi comme par les lettres de mondit seigneur, et nostres, et pour les causes contenues en ycelles puet apparoir, et par ycelles eussions mandé à feu Kerve de La Menevin, pour lors seneschal d'Agenois et viguier de Tholouse, que nostre dit cousin il meist en pocession et saisine dudit chastel et pendant le temps que nostre dit cousin devoit aller prendre laditte pocession, y celluy seneschal

---

[1] Collection Doat, *ibid.* copié sur l'original qui était au trésor des archives du Roi au château de Nérac, et qui a été transporté au trésor des archives du Roi au château de Pau

[2] Mot oublié par le copiste.

[3] Louis de Sancerre, né vers 1342, avait été nommé maréchal de France en 1369 ; il devint connétable en 1397, et mourut le 6 février 1402.

[4] Le mot *pieça* (autrefois, jadis) semble indiquer qu'il s'était écoulé plusieurs années depuis le jour où avait été rédigé le document précédent.

ala de vie à trepassement, et pour ce nostre dit cousin n'a point eu depuis la pocession dudit chastel de Duras requerant sur ce nostre provision. Pourquoy nous voulans ycelluy estre mis en saisine et pocession dudit chastel, et le don de mondit seigneur, et nostre, sortir son plain effet, vous mandons et commandons et à chacun de vous que incontinent ces lettres veues, vous a nostre dit cousin ou à son certain commandement baillez et delivrez ou faites bailler et delivrer la garde et gouvernement dudit chastel de Duras, et d'icelluy le mettez ou faites mettre en pocession et saisine et en retenir par devers vous ces presentes ou vidimus d'icelles soubs scel autentique nous voulons que vous et chacun de vous demourez quittes et deschargés dudit chastel partout où il appartiendra nonobstant ordonnences, mandement, deffenses et lettres quelconques empetrées ou a empettrer à ce contraires.

Donné à Paris en nostre hostel de Neesle le vingt cinquiesme jour de juillet l'an de grace mil trois cens quatre vingt et neuf.

## XXVII

Lettres d'Alain d'Albret par lesquelles il permet à un habitant des environs de Casteljaloux, accusé d'avoir commis un meurtre et qui s'était absenté du pays, d'y retourner et d'y résider.[1]

18 Mars 1509.

Alain, sire d'Albret, comte de Dreux, de Gaure, de Penthièvre, de Castres, de Périgord, d'Armagnac et de Limoges, et seigneur d'Avesnes,[2] à tous ceux qui ces présentes lettres verront, salut.

Nous avons receu l'humble[3] supplication de Bertran de Froc, de la parroisse de Len? en notre seigneurie de Castelgelous, chargé de femme, et plusieurs petits enfants, contenant que puis n'agueres au moyen de ce que aucuns luy ont voulu improperer, charger estre cause de la mort et homicide commise en la personne de feu Johanin de Sescoze, en son vivant habitant en la paroisse de Gots,[4] en nostre seigneurie de Castelgeloux, et craignant estre vexé et

---

[1] Collection Doat, t. CCXXVIII, p. 326.

[2] Alain, surnommé le Grand, à cause de ses richesses, était fils de Jean d'Albret, vicomte de Tartas, et de Catherine de Rohan. Sur lui, comme sur tous les autres membres de la famille d'Albret, on peut consulter le P. Anselme (t. VI), l'*Art de vérifier les dates* (t. IX de l'édition de Saint-Allais, in-8°), diverses généalogies manuscrites conservées à la Bibliothèque Nationale, et (en attendant un grand travail d'ensemble, un travail définitif), l'*Inventaire sommaire des Archives des Basses-Pyrénées* si bien dressé par M. Paul Raymond, et où les documents relatifs aux sires, puis ducs d'Albret, sont analysés par milliers.

[3] Je ne retrouve aucune paroisse de ce nom dans les environs de Casteljaloux. Le mot a sans doute été mal lu par le copiste qu'employait le président Doat. Si le nom n'avait pas été un monosyllabe, j'aurais proposé *Lubans*, paroisse autrefois comprise dans la juridiction de Casteljaloux.

[4] Aujourd'hui Gouts, ancienne paroisse du canton de Bouglon, qui fait partie de la commune de Guérin, ou peut-être Gouts, commune d'Allons, canton de Houeillès. Nous avons encore une troisième localité du même nom (canton de Meilhan), mais il ne saurait être ici question de celle-là.

molesté par nostre procureur, et autres notaires nos officiers dudit Castelgeloux, il s'est absenté du pays, auquel il n'oseroit à présent retourner converser ny demeurer comme il nous a fait voir et remonstrer, si par nous ne luy estoit donné congé, octroy et permission de ce faire, à ceste cause eue considération à ce que le dit de Froc est chargé de femmes et plusieurs petits enfants, et qu'il a esté toujours bien ferme et renommé sans avoir esté attaint d'aucun autre vilain cas, nous luy avons tolleré et permis, tollerons et permettons par ces presentes de pouvoir retourner converser et resider en ses maisons et biens ainsi qu'il faisoit auparavant sadite absence, pourveu que la partie interessée ne luy en demande rien, ne face aucunement poursuitte, en mandant en oultre à nos juge, procureur, et autres officiers de nos terres, que s'il leur appert que ladite partie interessée ne demande rien, ne faire poursuitte dudit cas audit de Froc, en ce cas le fasse jouyr et souffrir de ces presente tollerance et octroy sans en ce le vexer, travailler ny molester en ses personne, ne biens en aucune manière, en payant toutesfois par luy ses frais et mises de justice qui se trouveront avoir esté sur ce faits, et veus, car tel est nostre plaisir.

Donné au dit Castelgeloux[1] le dix huitiesme de mars mil cinq cens et neuf. Ainsi signé : ALAIN.

---

[1] On sait que le père de Henri Ier, roi de Navarre, habita souvent le château de Casteljaloux, qu'il y mourut (octobre 1522), et qu'il fut enseveli dans l'église des Frères mineurs de cette ville, église qui était le Saint-Denis des sires d'Albret. Sur le séjour d'Alain d'Albret à Casteljaloux, voir *Monographie de la ville de Casteljaloux* par J.-F. Samazeuilh (Nérac, 1860, in-8o, p 63-67). — J'ajoute, au dernier moment, l'indication d'un savant mémoire que vient de publier M. Clément-Simon, sous le titre de : *Alain d'Albret et la succession de Bretagne* (Pau, 1874, grand in-8o).

## XXVIII

Donation faite par Raymond de Saint-Maurice, en faveur d'Alain, sire d'Albret, de tous les revenus de Sainte-Bazeille, à la réserve de 500 livres par année.[1]

8 Mai 1515.

Saichent tous qui ces presentes lectres verront que par devant nous, notaires tabellions dessoubs escripts, et en la presence des tesmoings ici nommés, establis, et personnellement constitué noble homme messire Raymond de Saint-Maurice, chevallier, seigneur de Castaing et de Sainct-Andreu, et sa vie durant de la baronie et seigneurie de Saincte-Baseilhe, considerant que, dès l'an 1491 et le 14ème jour de juillet, très hault et très puissant prince Alain sire d'Albret comte de Panthievre, de Dreux, de Gaure, Pierregord, d'Armaignac et de Castres, viscomte de Tartas et de Limoges, pour les causes justes et raisonnables à ce le mouvans, et pour les bons et recommandables services que le dict de Sainct-Maurice avoit faict à mon dit seigneur d'Albret, avoit donné et deliberé au dict de Sainct-Maurice, sa vie duran, la baronie et revenu de Saincte-Baseilhe,[2] ainsi qu'il est convenu plus à plein aux lettres du don bail et contrault sur ce passés en la ville et cité de Tours les an et jour dessus dits, icelluy de Sainct-Maurice, voyant et considerant les grands affaires et charges de son dit seigneur et maistre pour les causes à ce se mouvans, de son bon gré et franche volunté, par la teneur de ces presentes, a voulu et

---

[1] Collection Doat, t. CCXXX, p. 267.

[2] Les rédacteurs de l'*Art de vérifier les dates* (t. IX, p. 273) prétendent que ce fut en 1473 que Alain obtint la confiscation des biens de son oncle, Charles d'Albret, seigneur de Sainte-Bazeille, décapité, le 7 avril de cette même année, à Poitiers, pour avoir trahi Pierre de Bourbon, sire de Beaujeu, et pour l'avoir livré au comte d'Armagnac; mais on voit que, dès 1491, Alain agissait déjà comme propriétaire de la seigneurie de Sainte-Bazeille. Il la possédait sans doute alors à titre provisoire, et il la posséda, deux ans plus tard, à titre définitif.

consenti, veult et consent que ledit seigneur d'Albret puisse prendre, cueillir et lever ou faire prendre des et par les mains du recepteur commis à la recepte dudit Saincte-Bazeilhe, ou fermiers qui y sont et seront establis par ledit de Sainct-Maurice, seigneur, sa vie durant, dudit Saincte-Baseilhe et du revenu d'icelle Saincte-Baseilhe, chascun an durant la vie dudit de Sainct-Maurice tous et chascuns ses revenus prouffits et esmolumens qui y seront oultre et par dessus la somme de cinq cens livres tournoises comptant vingt sols tournois pour livres monnaie courante, lesquelles cinq cens livres tournoises de la dite valeur icelluy de Sainct-Maurice par chascun an de sa vie durant a retenu et reservé retient et reserve prendre lever et cuillir par ses mains propres, auctorité et à son nom et prouffit de et sur iceux revenus prouffits et esmolumens, et le surplus, outre et par dessus lesdites cinq cens livres dudit revenu, ensemble l'exercice et exploits de justice avec toutes autres fruicts despens mises et charges d'icelle seigneurie de Sainct-Baseilhe, ledict de Sainct-Maurice a donnés, quités, remis et relaxés à mon dit seigneur d'Albret et aux siens, saufs audit de Sainct-Maurice retenus et reservés sa vie durant, chascune des dites années tant qu'il vivra la dite somme de cinq cens livres de et sur iceulx revenus prouffits et esmolumens de Saincte-Baselhe et par ses propres mains ou de ses commis et députés à la tutelle, charge et recepte du dit Saincte-Bazelhe pour en jouir desdites cinq cens livres chascune année sa vie durant plainement et paisiblement sans lui donner ne souffrir luy estre donné aucun trouble ne empèchement par mon dit seigneur d'Albret ni les siens, et au cas que aucun trouble ou empechement fut mis ou donné par mon dit seigneur d'Albret ou les siens audit de Sainct-Maurice en sa perception et joussance des dites cinq cens livres tant qu'il vivra ledit de Sainct-Maurice pourra et luy sera permis et loisible prendre et cueillir tous lesdits revenus prouffits et esmolumens dudit Saincte-Bazelhe ainsi qu'il faisoit ou faire pouvoit et avoit accoustumé de faire avant le passement de ces presentes lesquelles il a cassées et revoquées et à présent casse et revoque audit cas que aucun trouble ou empechement luy feut mis en sa perception et jouissance desdites cinq cens livres annuelles tant qu'il vivra... Ledit de Sainct-Maurice a faits, establis et ordonnés ses procureurs, c'est à scavoir venerables personnes Reverend Pere messire Aymar de Sainct-Maurice, prothe-notaire du Sainct Siege apostolique et frere dudit seigneur de Sainct-Maurice, et noble Jehan Sales, seigneur de Ginhac, illec presens et ung chascun d'eulx auxquels et à chascun d'eulx par le tout a donné et donne pouvoir et mandement especial faire ladite delivrance et relaxation du surplus du dit revenu oultre et par dessus les dites cinq cens livres à luy reservées et retenues ensemble l'exercice et exploits de justice et tous autres prouffits qui y pourront escheoir avec la foy et obéissance des hommes et subjets d'icelle baronie de Saincte-Bazelhe justiciers et oficiers d'icelle, lesquels ledit de Sainct-Maurice a quicté pour estre doresnavant audit seigneur d'Albret et aux siens avec les pactes et conditions dessus dits.

Et, en tesmoignage de ce, nous dits notaires et tabellions avons signé ces presentes de nos signets autentiques ès presences de messires Johan Arnault, recteur de Ampiac,[1] et Gerault Gombert de la dite paroisse, presens.

Fait à Rodés, au couvent des frères mineurs, le huictiesme de may l'an 1515.     Jehan VIDAL ;     Jehan DE LAURO.

---

[1] Ampiac est aujourd'hui un village de la commune de Druelle (canton et arrondissement de Rodez, département de l'Aveyron). — J'ai vainement cherché dans l'exact recueil de M. de Barrau (*Documents historiques et généalogiques sur les familles de Rouergue*, 1853-1860, 4 vol. in-8º), une mention du seigneur de Saint-Maurice et du seigneur de Ginhac.

## XXIX

Procès-verbal dressé par le Juge de Monclar contre divers habitants de cette ville, de la nouvelle religion, pour assemblées séditieuses.[1]

17 Janvier 1560 (v. st.)

Aujourd'hui dix-septiesme du moys de janvier mil cinq cens soixante nous, juge soubz signé, estant en nostre maison au lieu de Monclar en Agennoys, sommes estés advertis que plusieurs hugoneaulx *sic*,[2] habitants de la dicte ville, se sont mis en armes comme arcabouzes *sic*,[3] halabardes,[4] harbalestes, espées et aultres armes, mesmement messire Jehan Besse, prebstre et médecin en habit dissimulé, maistre Bernard Besse, son frère, Bernard Brethon, ung nommé Myralugne, Jehan Hugonys, Gerauld Rigal, cordonnier, Estienne

---

[1] Bibliothèque Nationale. Fonds français. Vol. 15871, p. 76.

[2] J'appelle l'attention sur cette variante si peu connue du sobriquet donné par les catholiques aux calvinistes, variante qui n'a pas été recueillie dans le *Dictionnaire de la langue française* de M. LITTRÉ. De ce passage du procès-verbal du 17 janvier 1560, je rapprocherai cette assertion de l'éminent philologue (*Ibid.*) : « Ce mot, au sens de calvinistes, paraît se trouver pour la première fois sous la forme de *Huguenaulx*, dans une lettre du comte de Villars, lieutenant général en Languedoc, du 11 novembre 1560. Voy. VAISSETTE, t. V. »

[3] Nous avons là, prise sur le fait, la prononciation gasconne, au milieu du XVIe siècle, du mot arquebuse. On trouve *arquebouse* dans d'Aubigné.

[4] Traduction littérale de l'*alabarda* de la basse latinité.

Rozet, Jehan Barthe dict Pichounet, Bernard Daulles, Estienne Deshurs, Guilhem Guyrbal, Robbert Cabanac, Gerauld Entraigues, Pierre et Guilhem Rigal, marchans, Justin Gliry, barbier, Gerault la Rue dict Galdon, Martin Besse, Martin Rigault, Hugolin et Guilhem Belloc, Bernard Darlat et plusieurs autres, et après estans en la qualité susdicte s'en sont allés à Saincte-Livrade, et voyans que telles assemblées se faisoient contre les edictz et ordonnances du Roy, et craignant que on nous voulsist faire prescher le ministre en l'Eglise de la presente ville, et sur ce que de ce faire restoient invités et sommés les consuls de la dicte ville de leur bailler les clefs de la dicte église, les portes de la ville feurent fermées par commandements de sieurs Guilhem Bory et Gerault Rigal, consulz, et environ l'heure de quatre heures du soir dudict jour, les dicts hugoneaulx volant entrer dans la dicte ville en la qualité susdicte, nous, accompagnés desdictz consulz, sommes allés hors la dicte ville et avons remonstré auxdict hugoneaulx qu'ilz faisoient mal de faire telles congregations illicites, avecques portz d'armes, contrevenans aulx edictz et ordonnances dudict seigneur, ausquelz, comme par nous leur a esté remonstré, l'on devoit obeyssance, non pas seullement par la loy humaine, mais par la loy divine, lesquelz hugoneaulz, parlans par la bouche dudict messire Jehan Besse, nous ont faict reponce que s'ils faisoient mal, que on les punist, se voyant les plus fortz, ausquelz hugoneaulx lesdictes remonstrances faictes, avons faict inhibition et deffance de par ledict seigneur ne faire telles congrégations illicites à peine d'estre pendus, et ce dessus a esté faict en présence des dicts consuls, le sieur Jacques Douzon, Pierre Rigal dict

Belloc, Bernard Malaure, en foy de quoy avons signé et faict signer nostre procés verbal.

**ALLEGUEDES.   BORY**, consul.   **MALAURE.   RIGAL.**[1]

---

[1] Parmi les noms que renferme ce document, il en est plusieurs qui survivent encore dans le canton de Monclar, par exemple ceux de *Besse, Douzon, Rigal, Rouzet* (pour *Rozet*). Il y a des *Malaure* dans un canton voisin, celui de Sainte-Livrade. Les Alleguedes, éteints depuis longtemps, étaient de noble origine. J'ai eu à ma disposition les papiers de la famille de Missandre, une des meilleures familles de l'arrondissement actuel de Villeneuve-sur Lot, et j'y ai puisé de nombreux renseignements (contrats de mariage, testaments, transactions, etc.) sur les Alleguedes, Pantaléon de Missandre, écuyer, ayant épousé, au commencement du xviie siècle, Françoise d'Alleguedes, fille de Jean d'Alleguedes, écuyer, et de Marguerite de Laval. Jean de Missandre, fils de Pantaléon, dit dans une requête adressée à Mgr l'évêque d'Agen (Claude Joly) que « feu noble Jean d'Alleguedes et ses auteurs ont joui de temps immémorial du droit de sépulture dans le chœur de l'église de Monclar, » et le prélat accorde, en conséquence, à l'héritier du défunt le droit d'être enterré au même lieu. Pantaléon de Missandre avait pour mère une *Douzon*, Anne Douzon de Bourran, proche parente de M. Douzon de Bourran, président en la Cour des Aides de Guyenne. — Voir sur les Douzon à Monclar l'*Inventaire-sommaire des archives du département de Lot-et-Garonne*, 2e livraison, p. 17, registre B. 37.

## XXX

Acte par lequel les consuls, jurats et habitants des juridictions de Tonneins, Grateloup et Villeton, déclarent vouloir obéir au Roi et à son lieutenant au pays de Guienne et être prêts à déposer leurs armes où et quand on le voudra.[1]

27 Janvier 1560 (v. st.)

Les consuls, juratz, manans et habitans des jurisdictions de Thonens, Grateloup et Villeton, terres du seigneur de Thonens, déclairans à vous, Monseigneur de Burye, lieutenant pour le Roy nostre Sire,[2] en absence du Roy de Navarre, qu'ils sont très humbles et très obéyssans subjectz et serviteurs du Roy nostre Sire et de vous comme tenant son lieu, prestz à exposer pour le service dudict seigneur et vostre, leurs vies, corps et biens, et pour monstrer de leur foy et obeissance lesdites consulz ensemble les juratz qui sont du corps de la ville, se offrent de mectre les armes qu'ilz ont en tel lieu qu'il vous plaira ordonner, et quant aux habitans de la ville et juridiction qui ne sont consulz, juratz ne ayans aulcune charge de republicque, lesdictz consulz feront donc diligence de randre leurs armes, et s'ilz en font refluz de advertir le Roy notre Sire ou à vous, nostre

---

[1] Fonds français, vol. 15871, p. 74.
[2] Charles de Coucy, seigneur de Burie, avait été nommé, l'année précédente, lieutenant pour le roi de France en Guyenne. J'ai publié un assez grand nombre de ses lettres dans les derniers volumes des *Archives historiques du département de la Gironde*.

dict seigneur, comme son lieutenant en absaace du Roy de Navarre au present pays de Guyenne, et parce que vous, estant sur les lieux, en passant pour venir en la presente ville et cyté d'Agen, les officiers n'auroient lors communiqué auxdicts manans et habitans pour savoir leur volonté, vous feust promis que icelle semaine vous en viendroict faire rapport en ladicte presente ville, ce que ont faict aujourd'huy en votre logis, vingt septiesme du present moys de janvyer,[1] les manans et habitans dudict Thoneus par la personne de maistre Pierre Treilhard, scindic et consul desdicts manans et habitans dudict Thonens,[2] les manans et habitans de Grateloup par la personne de Jordain Macault, consul dudict Grateloup, lesdicts habitans de Villeton par la personne de Jehan de Vysmes et Bernard de Lafore, consul et jurat dudict Villeton, lesquelz vous ont très humblement supplié vouloir remonstrer au Roy, leur prince souverain, que si ausdictes jurisdictions y a eu quelques insultes et forfaictz, que ce n'a esté par les gens de bien desdictes jurisdictions qui en sont grandement desplaisanz, pour raison desquelz tant les officiers que consulz desdictes jurisdictions ont informé et envoyé tout incontinent lesdictes informations tant en la court souveraine de parlement de Bourdeaulx, que en la cour presidialle d'Agennoys, pardevant lesquelz les dictes informations sont, et affin que les-

---

[1] Burye était arrivé, la veille, à Agen. (Th. de Bèze, *Histoire ecclésiastique des églises réformées au royaume de France*, édition de Lille, in-8º, 1841, t. 1, p. 497.)

[2] Pierre Treilhard n'est pas nommé dans les *Recherches historiques* de M. Lagarde sur Tonneins.

dicts habitans, et chescun d'eux pourtans et ayans armes obeyssans à ycelles rendu en tel lieu qu'il vous plaira commander, vous supplient très humblement lesdicts consuls, manans et habitans leur octroyer vos lettres au cas requises en foy de quoy lesdicts scindic et consulz et juratz ont signé le present de leur main.

TREILHARD, consul de Thonens.     DE LACOSTE, consul de Grateloup.[1]     Jean DE VYSMES, consul de Villeton.
B. DE LAFORE.

---

[1] Je ne me charge pas d'expliquer comment le sieur de Lacoste, qui n'est pas nommé dans l'acte, a signé le présent acte au lieu et place de Jourdain Macault, qui y est nommé et qui devant Burye, représentait la juridiction de Grateloup. Peut-être la pièce avait-elle été rédigée d'avance, et, au dernier moment, le consul mentionné déjà ne put-il pas se présenter au nom de ses concitoyens et dut-il être, à l'improviste, remplacé par un autre consul, comme au théâtre on voit quelquefois apparaître une *doublure* imprévue.

## XXXI

**Procès-verbal du lieutenant du juge de la barounie de Caumont, attestant que les consuls et habitants de la ville de ce nom jurent obéissance et fidélité au Roi, représenté par M. de Burye, et s'engagent à déposer leurs armes dans le château.**[1]

27 Janvier 1560 (v. st.)

Par devant nous Jehan Pinguent, lieutenant du juge en la baronye de Caumont pour hault et puissant messire Françoys Nompar, chevallier, seigneur et baron de Caumont,[2] nous estans dans le chasteau dudict lieu, sont comparens et presentés les consulz manans et habitans de la dicte baronye de Caumont où, la plus saine et grande partie d'iceulx mandez, se sont trouvez devant nous audict chasteau, lesquelz, après leur avoir amplement remonstré la venue de Monseigneur de Burye en ce pays d'Agenoys et l'occasion d'icelle, nous ont d'une voix respondu qu'ilz seroyent par trop marrys et desplaisans d'avoir donné ny donner la moindre souspession[3] du monde au Roy et à la Royne, sa mère, que jamais ilz ayent voullu ny onques peult entrer dans leur cueur de aucunement rebeller contre leurs Majestés ny resister à l'auctorité de icelles, ains plustost aymeroyent mourir que d'en avoir receu une seulle imagination, pour de quoy faire foy et preuve certanie (sic), se joignent aux autres subgeetz de leur dict seigneur et maistre Monseigneur de Caumont, me priant les

---

[1] Fonds français, vol. 15871, p. 62.

[2] François Nompar de Caumont, fils aîné de Charles de Caumont et de Jeanne de Perusse des Cars, mort sans alliance vers 1562. On l'a quelquefois confondu avec un de ses frères, nommé aussi François, qui fut le père du maréchal de La Force.

[3] Forme inconnue et dont se rapproche le plus celle de *souspeçon* employée par Montaigne.

voulloir mener et conduire vers mondict seigneur de
Burye où quequessoit la plus grande et saine partye d'iceulx,
pour à celluy mondict seigneur, comme représentant la dicte
Magesté faire oufre (sic) au service d'icelle de leurs biens,
femmes, enfans et de leur propre sang, desirant le tout
exposer pour la conservation de l'auctorité d'icelles, et
neantmoingz pour lever tous doubtes que à autresfins ny
usaiges ilz ayent onques prethendu ny jamais volleussent
prethendre employer les armes qu'ilz pourroyent avoir, ny
le peu de force que Dieu leur a donné, qu'ilz sont tous pretz
d'un franc et fidelle desir comme dès à présent se soubz
meetent à remettre le tout entre telles mains que à mon dict
seigneur de Burye plaira ordonner, pour de quoy faire paroistre et parler plus par effectz que de langue ilz les
remectroyent dans le chasteau de mon dict seigneur de
Caumont, requerant qu'il nous pleust commander au cappitaine dudict chasteau icelles recepvoir et inventorier et
procès verbal leur en estre faict, pour suffisant tesmognaige
à mon dict seigneur de Burye de leur fidellité, bonne affection et obeissance, davantaiges qu'ils choisiroyent mille
mors, avant que par icelles armes ny autres quelzunques
effectz, apporter escandalle[1] à la saincte doctrine de l'Evangille, ny tant la profaner que donner oppinion qu'ilz en voul-
sissent faire pretexte ny converture de sedition aucune,
disant icelle doctrine la seulle qui aprent et peust contenyr
tous subgectz en fidellité et deue obeissance, et par laquelle
seulle Dieu est servy et glorifié, et ceulx qu'il commande
fidellement obeyz, declairant par plusieurs foyz que pour ses
causes et aprendre le chemin de bien faire et de se soubz-

---

[1] Cette orthographe, qui se retrouve encore dans la prononciation de
quelques vieillards attardés, était autrefois des plus répandues. Nous avons
gardé l'E initial dans le mot *esclandre* qui a la même origine que le mot
*scandale*.

mectre à leurs superieurs, ilz font profession de la doctrine de l'Evangille, et que sellon la pureté d'icelle supplient très humblement les susdictes Magestés les voulloir faire vivre et sainement instruire pour les conduire à salut auquel ilz sçavent et conoissent par autre voye ny pouvoir parvenir, laquelle requeste au nom de Jesus-Christ ilz supplient mon dict seigneur de Burye voulloir de leur part presenter à leurs dictes Magestés, lesquelles par ce seul moyen ilz sçauroyent mieulx honnorer, venerer, craindre, aymer et très humblement en toute fidélité[1] et promptitude de cueur servir, sans laquelle ilz voyent et santent l'ire de Dieu sur eulx, sur leurs femmes et enfans, voire sur toute leur postérité, et par ce moyen demeurent en perpetuelles fraieurs, troubles et anxietés de conscience sans avoir repoz aucun, et desquelles supplient très humblement le dict seigneur Roy et Royne, sa mère, leur très honnorée et reverée dame, voulloir avoir soing, pitié et compassion de leurs pauvres ames troublées de frayeurs, et semblablement supplient mon dict seigneur de Burye, comme representant icelles leurs Magestés en l'absence du Roy de Navarre, que à icelle mesme compassion il se veullye inclyner comme de tout leur cueur et sans fin ilz invocquent et implorent la misericorde et bonté du Seigneur Dieu par Jesus Christ, son filz, nostre seul Sauveur, pour le mentient de la prospérité des Magestés du Roy et de nostre susdicte dame la Royne, sa mere, et de tous leurs bons ministres, laquelle responce, dire et declaration susdicte par nous entendue avons enjoinct et commandé à maistre Bertrand du Brocqua,[2] cappitaine du dict chasteau, et recepveur de mon dict seigneur de Caumont, prendre et recepvoir les dictes armes des dictz habitans par inventaire et

---

[1] Lacune dans le texte.

[2] Est-ce un membre de la famille de Brocas de La Nauze, qui habitait alors tout près de Caumont, à Figuès ou Figuiès (juridiction de Bouglon),

icelles mectre et asseurer dans une des tours dudict chasteau, pour les rendre et mectre entre les mains de ceulx qu'il plaira à mon dict seigneur de Burye commander, duquel inventaire en sera baillé ung double ausdictz consulz pour leur descharge, ausquelz consulz avons accordé nous transporter devers mondict seigneur de Burye pour le tesmoniage des choses susdictes lesquelles avons signées de nostre seing et faict signer ausdictz consulz et à aucuns des apparens habitans dudict lieu le vingt septiesme jour du moys (de janvier) de l'année mil cinq cens soixante.

F. Fourtac, consul.   Dabanc, consul.   Sauvieux, consul.
F. Pinguent.   H. Ducasse, consul.   De Lugol.[1]

et qui fournit de si vaillants capitaines aux guerres civiles du XVIe siècle ? En tout cas, Bertrand de Brocqua n'est pas mentionné dans la *généalogie des de Brocas* publiée par M. O'Gilvy (t. II du *Nobiliaire de Guienne et de Gascogne*, p. 54-68).

[1] A la suite de ce document (p. 66), on trouve une déclaration, du 28 janvier 1560, adressée à « Monseigneur de Burye, lieutenant pour le Roy nostre Sire, » par les consuls de Caumont, Helies Ducasse, Anthoine Sauviens, François Fourtac et Junyen Dubanc : les quatre magistrats municipaux y répètent plus brièvement ce que le lieutenant du juge avait consigné dans son procès-verbal de la veille. — M. Alphonse Lagarde (*Chronique des églises réformées de l'Agenais*, 1870, p. 61), rapporte que, vers le même temps, les consuls de Caumont dénoncèrent la propagande d'un ministre protestant, nommé de La Motte, qui, disaient-ils, *prêchait à Caumont des doctrines réprouvées*. Ce ministre, qui résidait au Mas d'Agenais, était en correspondance avec Calvin, et c'est d'après cette correspondance que M. Lagarde nous a révélé une telle particularité. Le sieur de La Motte dut faire bien des prosélytes à Caumont, car Blaise de Monluc écrivait, deux ans après (19 août 1562), à Catherine de Médicis : « Au surplus, Madame, nous avons prins le chasteau de Caumont, que nous avons trouvé plain des sédicieux et Huguenaulx... « (p. 152 du t. IV des *Commentaires et lettres* publiés par la Société de l'Histoire de France, par M. Alph. de Ruble.)

## XXXII

Certificat d'obéissance et de dévouement au Roi de France, au Roi de Navarre et à son lieutenant en Guyenne, signé, au nom de la ville et juridiction de Monflanquin, par les consuls et par le procureur du Roi de cette ville. [1]

31 Janvier 1560.

Nous Anthoine Lafage, Anthoine Baile, consuls, la présente année, de la ville et jurisdiction de Montflanquin, faisant tant pour eulx que pour les autres consuls, leurs compaignons, absens, représentant le corps et université de la dicte ville et jurisdiction, et Jehan Deffa, procureur du Roy en icelle ville et jurisdiction, suyvant le mandement à nous faict par vous, Monsieur de Burie, lieutenant du Roy de Navarre, gouverneur pour le Roy en la duché de Guyenne en l'absence du dict sieur Roy de Navarre, nous sommes présentés et présentons par devers vous, et vous certiffions que la dicte ville et habitans d'icelle, et de la dicte jurisdiction, et nous aussi, sommes très humbles et très obéyssans au Roy, au dict sieur Roy de Navarre comme son lieutenant et à vous, et vollons employer nous (sic) biens et vyes à son service et obeyssance comme ses très humbles et obeyssants subgetz, et que en la dicte ville ne jurisdiction ne se font aulcunes assemblées à port d'armes. Bien est vray que plusieurs des habitans d'icelle ville et jurisdiction se sont assemblés et assemblent, sans être aulcune-

---

[1] Fonds français, vol. 15871, p. 116.

ment armez, dans des maisons et un temple de la dicte ville pour ouyr prescher tout ainsi que plus à plain appert par la desposition cy devant faicte et devant messieurs les magistratz et officiers du dict sieur en la presente ville d'Agen.[1] ausquelles despositions en tesmoignage de ce dessus nous sommes soubssignés.

A Agen le penultiesme de janvyer mil V° soixante.

   LAFAIGE, consul.  DEFFA, procureur du Roy.[2]
         BAILE, consul.

---

[1] Les choses sont présentées d'une façon moins adoucie dans un document du même volume (p. 119). Dans ce rapport adressé à Burye, on signale divers désordres commis à Monflanquin, et notamment la destruction des *images* d'une chapelle. Quelques années plus tard, une bande de soldats protestants s'empara de Monflanquin, pilla les églises et les maisons et égorgea les moines. Voir de dramatiques détails sur ces horribles excès dans l'*Histoire des Saints de l'ordre des Hermites de Saint-Augustin* (in fol., 1691), détails résumés par M. de Saint-Amans, (*Histoire ancienne et moderne du département de Lot-et-Garonne*, année 1569).

[2] Au commencement du XVII° siècle, on trouve un autre Deffa (Armand), procureur du roi à Monflanquin (*Inventaire sommaire des archives départementales. Lot-et-Garonne*) 2^me livraison, 1865, p. 4. Registre B. 6.)

## XXXIII

Lettre des consuls de Mézin à M. de Burye, pour lui donner l'assurance que l'ordre règne dans toute la juridiction et pour se plaindre de la conduite des prêtres et des moines de Mézin.[1]

(Document non daté, mais de 1560.)

A Monseigneur de Burye, lieutenant pour le Roy en Guyenne en absence du Roy de Navarre.

Monseigneur, les consulz de Mezin vous certiffient que dans la ville et jurisdiction n'a eu aulcung troubles, tumultes, rompement d'imaiges, ains le peuble vist paisiblement comme bons et obeyssans subgetz au Roy, voullant expouser leurs vies et biens pour son service. Bien est vray que quand le peuble se veult assembler dans le temple pour prier Dieu, ce sont les moynes, vicayres et prebstres qui ne veullent permettre faire les dictes prieres,[2] et estant que les dicts consulz du lieu de Mezin, voyant la vye lubricque des moynes et prebstres, ont extirpé leurs patens trouvées dans leurs chambres, hors la ville et jurisdiction, et est l'occasion que les dicts moynes et prebstres se sont bandés contre le pouvre peuble et par plusieurs foys s'efforcent de faire.......[3]

---

[1] Fonds français, vol. 15871, p. 118.
[2] Sur les commencements du protestantisme à Mézin, voir l'ouvrage déjà cité de M. Alph. Lagarde, p. 62, 63.
[3] Mot que je n'ai pu déchiffrer.

pour esmouvoir le monde et troubler la Republicque, et de faict les dicts consulz en ont emprisonné ung numbre des plus seditieulx, et de tant que le procureur du dict lieu ne tient compte de faire chastier leurs rebellions, les dicts consulz, Monseigneur, vous supplyent très humblement voulloir pourvoyr de tel remede que la Republicque ne soict troublée.[1] En ce faisant, le seigneur Dieu vous augmentera de jour en ses graces et benedictions.

Jehan MAUBIN, consul de Mezin. François PENNENDES? consul.
Jehan Bertran MAUBIN, consul.

---

[1] Les moines de Mézin payèrent bien cher leurs torts, qui n'étaient pas sans doute aussi graves que le prétendent les consuls dans leur réquisitoire si passionné : ils furent, en 1569, pour la plupart pendus par les barbares soldats de Fabas aux fenêtres de leur monastère. Voir ce qu'en dit M. l'abbé Barrère, d'après le manuscrit de dom Chaudon (*Histoire religieuse et monumentale du diocèse d'Agen*, t. II, p. 310).

## XXXIV

Lettre du ministre protestant Barelles « à Monseigneur de Burie à Bourdeaulx, au sujet d'une lutte à main armée engagée à Tournon entre catholiques et huguenots.[1]

26 Août 1561.

Grace et paix par Jesus-Christ nostre Seigneur

Monseigneur, je suys encore constrainct vous escripre que, dimanche dernier, deux gentilhommes près de Tournon, terre du roy de Navarre, l'ung nommé Foyssac[2] et l'autre Lestelle,[3] entrarent dans ung temple qui n'estoict en leurs terres, où, trouvans ung nombre de personnes qui prioint Dieu, en thuarent ung d'un coup de pistoulletade et en blassarent plusieurs et en amenarent ung grand nombre prisonniers, quoy entendans lesdictes esglises prochaines, y allarent avecques certains gentilhommes qui tiennent le party de la

---

[1] Fonds français, vol. 15875, p. 114.

[2] Je ne sais rien sur ce Foyssac, mais je trouve, au siècle suivant, un gentilhomme du même nom, Antoine de Foyssac, seigneur de Tier et de Mirepoix, qui donne (1633) — on pourrait se demander si c'était en expiation du crime commis par un des siens en 1561 — aux anciens de l'église réformée de la ville de Tournon une somme de 150 livres, dont le revenu devait être employé à l'entretien d'un ministre (*Inventaire-sommaire des archives de Lot-et-Garonne*, 2me livr., p. 25, reg. B. 55). Je trouve encore (*Ibid*. p. 64, registre B. 176), à la date de 1759, la mention du mariage de Bernard de Foissac, chevalier, seigneur de Carbenac, juridiction de Tournon, avec Marthe de Raymond, fille de Jean Florimond de Raymond, seigneur de la Garde, grand-maître des Eaux-et-forêts de France au département de Guyenne, et de Cécile de Bastard.

[3] Sur les Brunet, seigneurs de Lestelle, voir ma *Notice sur la ville de Marmande* (p. 80), et divers documents cités (*passim*) dans l'*Inventaire-sommaire des Archives de Lot-et-Garonne*.

relligion pour retrouver les prisonniers. Les enemys se myrent en deffance dans le chasteau de la dicte ville, qui est de grande resistance et d'accès difficille, d'où attaquans (?), en thuarent ung des nostres qui estoit de Villeneufve, et les nostres en thuarent aussi ung des leurs, gentilhomme nommé de La Duguie le jeune,[1] et, à la fin, les nostres ayans guaigné le chasteau, ont prins les deux susnommés gentilhommes avec quatre aultres, et combien que feust en leur puissance de les thuer, ne leur ont faict le moyndre mal qui soit, mais les ont mennez prisonniers à Nérac, pour vous les menner au premier jour, et en faire ce que cognostrez estre de raison, desquelz l'ung, non seullement est auteur de la presente tradiction[2] avec son compaignon, mais aussi a prouvé, par informations sur ce faictes, avoir faict deux meurtres et commis quelques raptz, qu'est la cause que a demandé d'estre plustost thué que admené en ceste ville,[3] comme quoy pouvez voir d'où viennent les troubles et tradictions (?). C'est à craindre qu'il y a de la conspiration de la part de la noblesse, les grandz tenants la main et les petyz executans qui du tout n'ont rien à perdre ou bien peu, et que aussi les nostres n'ont plus deliberé de endurer telles choses ou semblables. Bien vous prions ne adjouster foy à tout ce que escripvent les presidiaulx de ceste ville, mais plustost envoyer

---

[1] Un membre de la même famille, « haut et puissant messire Jean-Louis de Laduguie, chevalier, seigneur de Calis, » figure, en 1771, parmi les témoins du mariage du marquis de Bourran avec M<sup>lle</sup> de Bosredon (*Nobiliaire de Guienne et de Gascogne* par M. J.-B. de Laffore, t. III, p. 386).

[2] Je ne suis pas très sûr d'avoir bien lu ce mot (trahison, de *traditio*).

[3] Th. de Bèze (*Histoire ecclésiastique*, t. I, p. 498) assure que les coupables restèrent impunis. Voici son récit : « Foissac et Lestélé, demeurant en la juridiction de Tournon, Agenais, tuèrent un pauvre homme de la religion, ce dont ils furent atteints et mis prisonniers, mais non pas châtiés. »

ung homme neutre et pour luy entandre la verité, d'aultant que le feu n'est si allumé que disent, sans ce que le gentilhomme qui a esté thué est prochain parant de Tholon, lieutenant criminel,[1] qui brasse contre nous tout le mal qu'il peult, en quoi a assez de compaignons, mesmes y (ce que sommes bien informez), voulloient escripre au roy beaucoup de mensonges, mais leur entreprinse feust rompeue par ung Nicodème d'entre eulx [2] qui ne se voleist signer à la mesme pour ce que ne contenoict que menteryes, qui sera l'endroict

Monseigneur, que prieré le créateur vous donner en parfaicte santé très heureuse et longue vye et toutte fellycité.

D'Agen ce XXVI aoust 1561

Vostre très obeissant

BARRELES [3]

---

[1] Nous retrouverons le nom de ce magistrat dans le document suivant.

[2] « Je ne sais pourquoi », disent les auteurs du *Dictionnaire de Trévoux*, « nous avons attaché à ce nom, qui en grec n'a rien que de relevé, une idée basse et de mépris. On ne le dit parmi nous que d'un idiot, d'un benêt. » — « Peut-être, » remarque M. Littré (*Dictionnaire de la langue française*), « est-ce *nigaud*, qui a déterminé le sens défavorable. »

[3] Barreles est le nom qu'adopta, quand de cordelier il devint ministre protestant, Jean Cormery, ou Cormères, ou Coloniès, auquel on attribue une origine espagnole. Pendant son séjour à Agen, Barreles, comme le rappelle M. de Ruble (t. II, p. 348, note 2) y épousa une jeune veuve, fille d'un apothicaire. L'éditeur des *Commentaires* a cité sur Barreles un intéressant passage de la *Naissance, progrez et décadence de l'hérésie de ce siècle*, par Florimond de Raymond et par François de Raymond, fils de Florimond (édition de 1618, in-4°, p. 933). A mon tour, je citerai sur le même personnage trois passages de l'*Histoire ecclésiastique des églises réformées*, etc. (t. I, p. 497 et 517 ; t. III, p. 7, 8, etc.) : Th. de Bèze nous le montre d'abord à Agen, prêchant (mars 1561) dans une chapelle consacrée à Saint-Phébade ; puis à Nérac, avec Boisnormand (mai 1561), enfin à Toulouse (mai 1562), l'appelant « esprit impétueux, » et « homme de cœur et de zèle, mais au reste fort étourdi. »

## XXXV

Lettre des magistrats de la ville d'Agen « à Monseigneur de Burie, lieutenant et gouverneur general en Guyenne, » pour lui signaler les désordres et excès commis en divers lieux de l'Agenais par les protestants.[1]

27 Août 1561.

Monseigneur, la continuation des assemblées, troubles et escandalles qui se font ordinerement par dessa et les murtres qui se y commectent, ont constrainct les officiers du Roy en la ville d'Agen vous escripre la presente pour vous advertir que, oultre l'assemblée qui se fit dernièrement au chasteau de Frégimont[2] contre le seigneur de Savignac,[3] et les murtres qui se y commirent, hier il y eust autre assemblée de deux à troys mil personnes qui allarent assallir quatre ou cinq gentilhommes en la jurisdiction de Tournon, lesquelz ilz constituarent prisonniers qu'ilz tiennent à present à Villeneufve et en tuarent ung ou deulx, comme l'ont dict. Lesdicts

---

[1] Fonds français, vol. 15875, p. 170.

[2] On voit encore quelques ruines de ce château dans la commune de Frégimont.

[3] Il y avait deux seigneuries de ce nom dans l'Agenais, représentées aujourd'hui par deux communes du même nom dont l'une appartient au canton de Duras et l'autre au canton de Monflanquin. On sait que le nom de Savignac est très répandu dans le sud-ouest : il y en a un dans le département du Gers, deux dans le département de la Gironde, quatre dans le département de la Dordogne. — Je dois avertir que *Savignac* a été plutôt deviné que lu par moi, et qu'un paléographe, mon voisin à la Bibliothèque Nationale, quand j'y transcrivais cette pièce, y voyait *Samihan*.

officiers, pour remedier auxdicts affaires et garder qu'il ne vinst en telle consequance, soubdain qu'ilz entendirent les nouvelles, envoyarent querir en dilligence le seigneur de Lezinhan, lieutenant de robbe courte de Monsieur le Senneschal d'Agennois,[1] auquel, après luy avoir faict les remonstrances de ce dessuz, feust enjoinct fere assembler toutes les forces qu'il pourroit pour le service du roy affin fere cesser telles assemblées et entreprinses, mais il nous respondist qu'il n'auzeroit fere assembler le ban et [ar]ryere-ban sans exprès commandement du roy ou le vostre, aussi que telle force ne souffiroit, et pour ce que telles choses requièrent prompt remede, nous vous supplions très humblement pour le service de Sa Majesté y voulloir remedier, vous asseurant, Monseigneur, que si telles choses continuent comme elles font, on est en dangier de voir quelque esmotion populaire,

---

[1] Ce *lieutenant de robe courte* serait-il un fils de ce « Jehan de Lezignan, « escuier, seigneur du dict lieu, » qui, le 16 mars 1539, fit « en personne » ès mains du chancelier de France « les foy et hommage » qu'il était tenu de faire au roi « à cause et pour raison de la terre, seigneurie et jurisdic- « tion dudict Lezignan, de la terre, seigneurie et jurisdiction de Gallapian « et de la troisiesme partie de la terre, seigneurie et jurisdiction de Cler- « mont-Dessoubs, icelles terres et seigneuries situées et assises en nostre « seneschaussée d'Agennoys tenues et mouvantes de nous à cause de nostre « duché de Guienne, etc. ?» (Archives du château de Xaintrailles). Monluc (*Lettres*, t. IV, p. 112) dit à Catherine de Médicis (13 mars 1561) qu'aux Etats alors tenus en la ville d'Agen, la noblesse était représentée par « Monsieur de Lézignan, lieutenant du seneschal. » M. J. Noulens vient de publier dans le tome III des *Documents historiques sur la maison de Galard* (1874; p. 37-41) les *pactes de mariage entre Bertrand de Galard, seigneur de Terraube, et damoiselle Diane de Lusignan*, fille de Jean de Lusignan, écuyer, seigneur de Lusignan, lieutenant de robe courte au sénéchal d'Agenais (19 octobre 1568).

ce que vous ny nous ne vouldrions voir ny aultres qui ayment et desirent le profficit de sa dicte Majesté, le bien et utillité de son royaulme.

Monseigneur, nous supplions le Createur vous donner en santé bonne longue vye.

D'Agen ce mecredy vingt septiesme d'aoust.

Voz humbles et obeyssans serviteurs

SEVIN, juge mage [1]

THOLON, lieutenant criminel [2]

REDON, lieutenant [3]   DE LAS, procureur du roi [4]

---

[1] Je relève dans le volume 22367 du Fonds francais composé d'extraits des registres secrets du parlement de Bordeaux, cette note qui nous fournit le prénom et la date de l'entrée en fonctions de ce magistrat : « 20 décembre 1540. Herman Sevin a presté serment de l'office de juge-mage d'Agenois en survivance de son père. » C'est de ce personnage que parle Th. de Bèze (t. I, p. 500) quand, racontant le second voyage de Burye à Agen, en l'automne de 1561, il dit : « De Bazas venu à Marmande en Agenois, toute la noblesse l'y vint trouver d'une part et d'autre : le chanoine La Lande y vint aussi avec ses adhérens, pour les chapitres de Saint-Etienne et de Saint-Capraise, et pour les magistrats le président Sevin, et ainsi tous se rendirent à A..en le 3 octobre. » Plus tard, M. de Sevin, sans abjurer formellement la religion catholique, fit cause commune avec les huguenots et s'attira la haine et les injures de Monluc (*Commentaires*, t. II, p. 450,451 ; t. III, p. 375). Monluc se vengea de cette défection sur le moulin du président. (On sait avec quelle verve endiablée le vieux capitaine a raconté le bon tour par lui joué aux huguenots, grâce à ce moulin transformé en foudroyante machine de guerre.) M. de Ruble (note de la p. 375 du t. III) s'est trompé quand il lui a donné le prénom de Guillaume et en a fait le conseiller au parlement de Bordeaux, assassiné le 3 octobre 1572. Ce dernier, parent probablement du juge-mage, était déjà conseiller à Bordeaux en 1555, comme nous l'apprend cette note du volume 22367 ci-dessus mentionné : « le 13 mars 1555, Sevin, conseiller, marié avec la sœur de la femme de P. Pomiers, conseiller, séparés de chambre parce qu'ils sont beaux-frères. »

Le conseiller était franchement calviniste, comme on le voit par ce passage de la « relation des massacres de ceux de la Religion à Bourdeaux, le 3ᵉ jour d'octobre 1572. » (*Mémoires de l'estat de France sous Charles neufiesme*, 1578, t. 1, p. 529-552) : « La maison de M. Guillaume de Sevyn, conseiller audit parlement qui estoit de la Religion, fut envahie, pillée et saccagée, et luy miserablement meurtry. Son clerc ou secretaire nommé Simonet le voyant ainsi meurtrir l'embrassa en le consolant. Et estant interrogué s'il estoit aussi de la Religion, respondit qu'il en estoit et vouloit mourir pour icelle avec son maistre. Ainsi tous deux furent tuez au sein l'un de l'autre. » Quant à Herman de Sevin, il était encore juge-mage de la sénéchaussée d'Agenais en 1571, comme M. de Ruble l'a constaté d'après un document de la collection Dupuy (vol. 220, p. 119).

² Antoine Tholon a signé, en sa qualité de « juge et magistrat criminel pour le roy en la senéchaussée d'Agenois, au siége d'Agen, » le *procès-verbal du pillage et incendie des églises cathédrale et collegiale Saint-Estienne et Saint-Caprais, et autres de la ville d'Agen*, etc., le 2 décembre 1561 (pièce des plus rares que je réimprimerai prochainement). Il fut un des commissaires chargés par Monluc de juger les meurtriers du baron de Fumel (mars 1562). Voir *Archives historiques du département de la Gironde*, t. VIII, p. 221, où il est appelé *Thoulon*.

³ Ce Redon, qui appartenait à une vieille famille agenaise dont la généalogie a été dressée par d'Hozier, était évidemment le même que celui qui est nommé dans ce passage du volume 22367 du Fonds français (déjà cité plus haut) : « 11 juillet 1555. P. [*Pierre*] Redon, lieutenant particulier d'Agen, et Lamy, lieutenant particulier de Limoges, disputans la preseance, a esté jugé en faveur du plus antien de reception. » C'est de lui que Th. de Bèze, l'appelant *Bedon* au lieu de Redon, parle en ces termes (t. 1, p. 496): « Quant à la ville d'Agen, où ils n'attendaient que le maréchal de Termes pour faire une terrible exécution que le lieutenant *Bedon* et Monluc, se moquant de Dieu à pleine bouche, tenaient déjà pour faite, la mort du roi François II arriva merveilleusement à point, pour rompre ces cruels desseins. » Pierre de Redon, écuyer, sieur du Limport, avait été premier consul de la ville d'Agen en 1546. Sa nomination de lieutenant principal de la sénéchaussée d'Agenais remontait au 20 septembre 1542.

⁴ D'après une généalogie de la famille de Las, rédigée, à l'aide des papiers de cette famille, par Madame la comtesse Marie de Raymond, qui a bien voulu me la communiquer, noble Martin de Las, seigneur d'Espalais, qui était déjà procureur du roi quand il fut nommé premier consul de la ville d'Agen en 1532, était fils de noble Jean Bernard de Las, aussi procureur du roi en la sénéchaussée d'Agenais, aussi premier consul d'Agen en 1498, et

de noble Isabeau de Mansencôme, fille d'Amanieu de Mansencôme, seigneur de Monluc, grand-père de Blaise de Monluc. Martin de Las mourut avant le 8 mars 1563, date de la transaction passée entre deux de ses fils. C'est le second de ses fils, Caprasi de Las, auteur de la branche des seigneurs de Brimont, et successeur de Martin de Las dans les fonctions de procureur du roi, qui a été si fort loué par Monluc, lequel notamment a dit de lui (*Commentaires*, t. III, p. 117) : « Et tout incontinent manday venir à moy le seigneur de Nord, conseiller, de Las, advocat du Roy, lesquelz me secouroient tousjours en toutes mes despesches, et estoient de mon conseil en toutes choses. » En octobre 1567, ce de Las fut chargé par lui d'une mission auprès de M. de La Cassagne, gouverneur de Lectoure (*Lettres*, t. V, p. 94). Il avait suivi Monluc au siège de Rabastens, et ce fut à lui que le rude guerrier, le jour même où il devait recevoir une si terrible arquebusade, adressa le petit discours (t. III, p. 419, 420), où il fait à son « parent et amy » diverses recommandations relatives à des affaires domestiques. Il est encore question dans les *Lettres* de Monluc (t. V, p. 97) d'un autre de Las dont il parle ainsi : « J'ay prié Monsieur l'arcediacre de Las, mon cousin, present porteur, vous dire quelque chose de ma part. » M. de Ruble n'a pas fait remarquer, à ce sujet, qu'il s'agissait là de Joachim de Las, grand archidiacre en l'église cathédrale de Lectoure, et oncle de Caprasi de Las. L'annotateur du *Monluc* de la Société de l'Histoire de France n'a pas fait remarquer non plus (t. III, p. 117) que l'autre de Las, investi de toute la confiance du seigneur d'Estillac, était le fils cadet de Martin. M. de Ruble, en cette note, balance entre ledit *Martin*, qui, à l'époque indiquée par les *Commentaires*, était déjà mort depuis cinq années, et entre un certain *Gratien* de Las, conseiller et avocat du roi au siège présidial d'Agen en 1559. Ce dernier, qui ne figure pas dans l'exacte généalogie sur laquelle je suis si heureux de pouvoir m'appuyer en toutes ces minutieuses recherches, et qui n'était peut-être qu'un parent éloigné de son homonyme le procureur du roi, aurait été un calviniste des plus fervents, si l'on en croit Th. de Bèze, racontant (t. I, p. 497) l'arrestation de deux huguenots par Burie, lors de son second voyage à Agen (octobre 1561) : « Ce qui étonna merveilleusement plusieurs de la religion, entre lesquels Gratien de Las, avocat du roy, lequel se révolta pleinement, ayant Burie logé en sa maison. »

## XXXVI

Lettre des représentants des Églises réformées de Guyenne à Catherine de Médicis, pour se plaindre de n'avoir pas obtenu justice, et pour prier la Reine-Mère d'accueillir la requête que, de leur part, lui présentera le sieur de la Porte.[1]

11 Octobre 1561.

Madame, les cris de nous (*sic*) adversaires sont venuz si grandz jusques en la presence du Roy qu'ilz ont contrainct vostre Majesté de ordonner la venue de Monsieur de Burye en Gascoigne pour chastier les autheurs des causes de telle plaincte, et croyez, Madame, qu'ilz ont esté si précipitement qu'il n'y a lieu de vous faire cognoistre leurs calompnies, en nous accusant, et malice, en nous oultrageant et pressant sy extrèmement, qu'estans eulx le commencement et cause de tout le mal, se (*sic*) sunt eulx aussi qui par raison doibvent estre condamnez, comme ayant faict le mal. Ceulx de l'Esglise reformée ont cogneu, Madame, que de entrer en jugement, c'estoit faire paroistre leur innocence, de laquelle nous sommes très certains et en conscience et par bonnes et legitimes preuves, et neantmoings qu'il falloit plustost par une entiere obeissance oster le prejudice de rebellion duquel nous adversaires nous ont tousjours à bien grand tort accusés. Suyvans ceste deliberation, nous sommes presentez à Mondict sieur de Burye pour le service du Roy et son commandement mesmes, nous soubzmectant du tout à son jugement pour le faict de sa commission, le suppliant qu'il luy pleust nous faire justice selon ce que nous luy ferions deuement apparoistre. La ruze de nous adversaires a esté grande

---

[1] Fonds français, vol. 15875, p. 345.

à longuement empescher ledict sieur à les oyr, faisant couler le temps en obtenans tousjours quelque provision à leur advantaige, et le dict sieur, prenant son chemin à autres lieulx pour mesme faict, nostre cause demeure non cogneue et nostre innocence ensevelye au grand prejudice de la religion et domaige irreparable de plusieurs des nostres. Il est bien vray, Madame, que la cause est de bien longue visite pour le nombre infiny des griefz que nous avons enduré, et avec ce qui apporteroit une hayne perpétuelle dans le pays, veu aussy le nombre infiny des personnes comprinses en la la dicte cause tant d'un que d'autre costé si la chose venoit jusques à execution de jugement et se rendroit la religion odieuse à ceulx qui cuydent qu'en poursuyvant justice l'on demande vengeance. Ces choses nous ont faict ozer entreprendre de supplier très humblement Vostre Majesté d'entendre le sieur de la Porte à vous presenter pour nous deux griefs de très humble requeste par lesquelz nous esperons vivre en paix très heureux en vostre subjection et service.

Madame, nous supplions nostre bon Dieu qu'il vous conserve en parfaite prosperité,

de Agen ce xi octobre 1561

Voz très humbles et très obeyssans subgectz et serviteurs

Ceulx des Esglizes reformées de Guyenne

( *Pas de signatures.* )

[Suscription] : A la Royne.

## XXXVII

Lettre de Madame de Fumel, au sujet de l'assassinat de son mari.[1]

18 Décembre 1561.

Monsieur du Noyer, ceste presente est pour vous mercier humblement de la souvenance de moy pour plus que desolée et du soing que avez eu de mon maleur advenu par le decez de feu Monseigneur de Fumel,[2] qui a esté le plus inhumainement executé que veritable est à toute personne hors que de moy, que j'ay veu massacrer entre mes bras,[3] de quoy j'en suis en telle douleur que insuportable m'est, joinct mes

---

[1] Fonds français, vol. 15875, p. 417.

[2] François, baron de Fumel, seigneur de la Caussade, gentilhomme ordinaire de la chambre du roi, capitaine de la garde de sa porte, chevalier de ses ordres, gouverneur de Marienbourg, ambassadeur extraordinaire à Constantinople, fils unique de Jacques, baron de Fumel, et de Haliénote de Lesergues. Voir sur ce personnage d'abondants renseignements dans la *Généalogie de la maison de Fumel* (t. 1 du *Nobiliaire de Guienne et de Gascogne*, p. 13-19.)

[3] Sur les circonstances de la mort de François de Fumel (23 et 24 novembre 1561) on peut voir, outre la plupart des historiens du XVIe siècle et notamment Th. de Bèze et le président de Thou, diverses pièces publiées dans les *Mémoires de Condé* (édition de 1743, in-4°, t. II, p. 27; t. III p. 110, 245), dans les *Mémoires de la Société des Antiquaires de France*, et par les soins de M. de Mas-Latrie (seconde série, t. VII, p. 319-348) dans la *Généalogie* (déjà citée) de M. O'Gilvy, dans les *Archives historiques du département de la Gironde* (t. VIII, p. 207; t. X, p. 47). Il faut y joindre, sans parler d'un important passage des *Commentaires* (t. II, p. 368-369), diverses lettres de Blaise de Monluc (t. IV, p. 120, 126).

blessures que ces impitoyaux me feirent en l'heure que tuarent mon feu bon seigneur, de quoy ceste si grand offense faicte à nous icy crie vengeance à Dieu toutes les heures du jour. Ce n'est pas tout, car on me tient comme une esclave ne pouvant avoir moien veoir nul de mes amys pour estre menassés les tuer s'ilz y viennent ne aussy envoier lettres leurs ny miennes qui ne les regardent toutes. Ces choses sont plus que veritables qui doibvent à mouvoir de pitié de moy tous ceulx qui ont esté amys de feu Monseigneur de Fumel et de moy, et comme je suis certaine qu'il vous tenoit de ce nombre, je vous supplie me faire ceste grace que je cognoisse que estes le mien et ne me veullez oblier à ceste mienne grande desolation et grand necessité que là où cognoistrez que mes ennemis vouldroient faire quelque chose contre moy et mes enfans me y veullez secourir et y vouloir prandre garde à la part où vous estes et que je n'ay nul moien comme je vous ay predit d'envoier en lieu du monde que ce ne soit en la plus grand peine et dissimulation que je puis user. Je me suis dispansée de vous faire plus long escript, craignant mes lettres estre veues qui me fera y mectre fin pour saluer voz bonnes graces de mes humbles recommandations et supplie nostre Seigneur vous donner, Monsieur du Noyer, en santé longue et heureuse vye.

De Fumel ce xvii decembre

Ainsi signé : Vostre affectionnée amye et plus que désolée
Guabrielle DE VERDUN [1]

---

[1] Sur Gabrielle de Verdun, fille de Jean de Verdun, seigneur de Cancon, Gontaud, Hautes-Vignes, La Perche, etc., voir mon *Histoire de la commune*

et au-dessus de la lettre : à Monsieur du Noyer, advocat en la cour de parlement de Bourdeaux, à Bourdeaux.

Pour copie collationnée à l'original

DE PONTAC.

---

*de Hautes-Vignes* (p. 6,) ainsi que deux notes de M. de Ruble (t. II, p. 368 ; t. IV, p. 123). Dans la première de ces notes, l'habile éditeur des *Commentaires* a signalé « la touchante lettre » que l'on vient de lire. Le volume 15881 du Fonds français renferme (p. 44) un procès-verbal des délibérations du Conseil privé du roi, séant à Toulouse le 12 février 1565, conseil auquel assistaient les cardinaux de Bourbon, de Guise, d'Armagnac, le connétable, le chancelier, le maréchal de Bourdillon, l'évêque d'Orléans (Jean de Morvillier), l'évêque de Valence (Jean de Monluc), les sieurs de Gonnor, de Crussol, de Lanssac, des Cars, de Lenoncourt, de La Garde, etc.), procès-verbal d'où j'extrais ceci : « Après que la veuve du feu sieur de Fumel a esté oye par son advocat sur la requeste par elle presentée au Roy en son conseil, a esté ordonné que par lettres de commission, lesquelles à ces fins lui seront expediées, sera mandé au seneschal d'Agenois ou ses lieutenans et conseillers du siége presidial d'Agen faire executer les jugemens cy devant donner sur le meurtre et assassinat dudict defunct, informer des excés et volleries ès-bien de la dicte veuve depuis l'edict de pacification, faire et parfaire le procez au coulpables jusques à jugement deffinitif inclusivement et exécution d'icelluy, en oultre mander au seigneur de Burye prester main forte aux juges et ministres de justice. »

## XXXVIII

Lettre des consuls de la ville d'Agen à Catherine de Médicis, pour lui demander le rétablissement de l'exercice du culte catholique interrompu depuis un mois.[1]

31 Décembre 1564.

A la Royne mère

Madame, la contrevention des edictz de nostre Roy très crestien vostre filz, duquel et de vous sommes très humbles très obeyssans et fidelles subjectz et serviteurs, le degast de vous (sic) eglises et autres excès commis en ceste vostre ville et citté d'Agen nous ont incité à bonne et juste cause escripre à Sa Majesté une lettre par laquelle, et les informations et procès verbaulx des dictz excès et autres, serez informez comme les affaires de nostre relligion soubz nostre mère saincte Eglise catholicque ce portent, comme plus à plain vous en pourra certiffier le present pourteur, qu'est du corps de vostre dicte ville d'Agen, lequel avoyons exprès par devers vous Magestez, aulx fins vous supplyer, Madame, qu'en vivant soubz vostre protection et saulveguarde les sainctz sacremens de nostre mère saincte Eglise catholique, suyvant ses sainctz concilles, le service divin nous soit randu et remys, car vivant sans yceulx, comme avons ja faict, ung moys est passé ayant faict par cy devant profession de vrays crestiens ensuyvant la tradiction de noz predecesseurs, seroit plustost judaiser, ce que ne vouldrions que de vivre en bons et vrais crestiens, causant que tous les moyens de nostre salut nous sont oustez, et n'avons la puissance les restablyr, de quoy faire vous en supplions, Madame, comme

---

[1] Fonds français, vol. 15875, p. 468.

estant nostre ayde, protection, consolation, saulveguarde, faveur, Royne et mère Royne de nostre Roy très crestien, et, par ce moyen, ung bras de nostre saincte mère Eglise catholicque, et mère, ayant, soubz ce tiltre, puissance de nous nourrir et entretenir soubz l'obéyssance et commandement de nostre dicte Eglise catholique, et nous continuerons de plus en plus nous affections, pryeres et oraisons envers Dieu pour vostre prosperité et santé et de nostre Roy vostre filz, laquelle, Ma dame, par sa saincte grace veuille à tous deulx acroistre et augmenter.

De Agen ce dernier jour du moys de decembre 1561 par

Vous très humbles, très obeyssans et fidelles subgects et serviteurs

DAURÉE, consul [1]   F. DE CAHUSIERES, consul [2]

BERARD, consul [3]   MICHEL, consul. [4]

---

[1] Maître Pierre Daurée, juge et assesseur, avait été déjà premier consul l'année précédente, ainsi qu'en 1547 et 1551, et il redevint premier consul en 1565. Un de ses descendants, messire Philippe Daurée de Prades, époux de M<sup>lle</sup> de Narbonne Pelet, fut un des électeurs aux Etats généraux de 1789 pour l'ordre de la noblesse de l'Agenais.

[2] Maître François de Cahusières, licencié et avocat, fut le premier consul de l'année suivante. Renommé premier consul en 1572, il fut déchargé de ses fonctions, en raison de sa vieillesse, par arrêt du Parlément de Bordeaux.

[3] Maître Philippe Berard, licencié et avocat, fut encore consul l'année suivante, et on le retrouve en tête de la liste consulaire pendant les années 1570 et 1571.

[4] Gerauld Michel, dit Ferron, bourgeois et marchand. Je me suis servi, pour reconstituer l'état civil des magistrats municipaux de 1561, d'un manuscrit qui m'a été confié par Madame la comtesse Marie de Raymond, et qui est intitulé : *Registre du nom des consuls de la ville d'Agen qui ont passé en charge depuis l'année 1481 jusqu'en 1703.*

## XXXIX

Lettre du baron de Lauzun à Charles IX au sujet de l'assassinat, par les protestants, en la ville de Sainte-Foy, du capitaine Razat et de quatre-vingt de ses compagnons d'armes.[1]

11 Décembre 1562.

Syre, suyvant la charge qu'il a pleu à Vostre Majesté me donner, j'ay gardé la ville de Bergerac en vostre obeyssance et randuz les habitans sy affectionnez à vous fere très humble service que aysement les pourroict on destourner de ceste bonne volunté.

Syre, pour vous advertir de ce qu'est nouveau en vostre ville de Saincte Foy despuyz la nuict de lundi dernier passée, envyron de deux heures après minuict, quelques seditieulx et rebelles firent entreprinses sur le cappitaine Razat, qui estoict dans ladicte ville, dans laquelle il avoict prins ung ministre et luy faysoit fere son procès, de quoy lesdictz seditieulx marriz, comme je croy, et de peur de estre accuzez dudict ministre, vindrent à la dicte heure avecques eschelles et grand nombre de gens, antrent dans la dicte ville, chargent le corps de la garde, lequel ilz forçarent et myrent en pieces ceulx qui estoyent, prindrent ledict cappitaine Razat et le gardarent jusques à lendemain, heure de dix heures, et après le thuarent avecques quatre vingtz de ses soldatz qui furent aussi thuez avecques lui.[2] Je y avoys envoyé deux gentilshommes expressement pour en sçavoir la verité du faict, et, après avoir anttendeu que audict Saincte Foy y avoict heu quelque esmotion, lesquelz m'ont rapporté ce que

---

[1] Fonds français, vol. 15677, p. 448.

[2] Blaise de Monluc, dans une lettre écrite d'Agen, le 28 décembre 1562, à Catherine de Médicis (t. IV, p. 186), s'exprime ainsi : « Je me suis retiré en ceste ville d'Agen pour contenir le peuple en l'obeyssance de Sa Majesté, et aussi que en mon absence quelque desordre est survenu à Saincte-Foy la Grand, duquel vous en advertiray, en ayant entendu la vérité. » Sans

je vous en escriptz aujourd'huy. Après, les dicts seditieulx se retirarent de sorte que je n'ay pas peu encore sçavoir qu'ilz sont devenus. J'en ay plus amplement adverty Messieurs de Montpensier, connestable, de Guyse,[1] en attendant de Vostre Majesté tel commandement qu'il vous plaira m'en fere pour vostre service, je prieray Dieu, Syre, vous tenyr en très heureuse prosperité santé et longue vye.

De Lausun ce xi décembre 1562

Vostre très humble et très obeissant subject et serviteur

LAUSUN.[2]

---

doute la lettre dans laquelle Monluc donnait à la reine-mère les renseignements promis a été perdue, car dans tout le reste de sa correspondance il n'est pas fait mention de l'horrible égorgement du capitaine Razat et de ses soldats. M. de Ruble, qui a le tort d'enlever la ville de Sainte-Foy à l'Agenais pour la donner au Périgord (note de la p. 186), indique sur cet événement une lettre de M. de Noailles, écrite le même jour que celle de M. de Lauzun. (Fonds français, vol. 6908, p. 104.) Th. de Bèze (t. II, p. 490, 491) donne beaucoup de détails à ce sujet, et naturellement il attribue tous les torts au capitaine Razat dont il dit tout d'abord : « Entre les capitaines de Monluc, il y en avait un nommé Rezat, des plus méchans et exécrables hommes qu'il est possible, lequel, courant le pays pour piller et ravager tous ceux qu'il savait être de la Religion, trouva façon, le 15 de décembre, de surprendre la ville de Sainte-Foy sur Dordogne, y ayant fait glisser six vingts de ses soldats en habit de paysan un jour de marché... » [ On voit que Th. de Bèze se trompe en indiquant le 15 décembre.] D'après le même historien, Rezat tenait « enferré au pied d'un lit » le ministre Cruzeau, en attendant le plaisir de le faire pendre par un prévôt qu'il « avait toujours en sa suite, se vantant de lui avoir fait pendre pour le moins sept cents hommes de la Religion depuis ces guerres » Th. de Bèze reconnaît que « environ quatre-vingts des soldats de Rezat furent tués, le reste ayant été caché et sauvé puis après par les habitans. » Le chef des égorgeurs était un certain La Rivière, qui, d'après une lettre de Monluc, du 11 août 1564 (t. IV, p. 355), était « filz d'un notaire de Bragerac, » et qui, à cette dernière date, remplissait le Périgord de ses brigandages.

[1] Louis II de Bourbon, duc de Montpensier — le connétable Anne de Montmorency — François de Lorraine, duc de Guise.

[2] François Nompar de Caumont, baron, puis comte de Lauzun, était fils

d'Arnaud Nompar de Caumont et de Catherine de Castelnau. Il possédait, comme son père, outre la seigneurie de Lauzun, celles de Puymiclan, Puyguilhem, Monbahus, Tombebœuf, etc. Le P. Anselme ( t. IV, p. 477) constate qu'il rendit hommage au roi François I<sup>er</sup> le 16 mai 1539, qu'il fut lieutenant pour le roi des château, ville et comté de Blaye en 1557, chevalier de l'ordre du roi en 1563, capitaine de cinquante hommes d'armes en 1566, et que sa baronnie de Lauzun fut érigée en comté en 1570. M. de Ruble, qui ( t. II, p. 116) le dit à tort originaire de la Saintonge, rappelle qu'il avait été nommé gentilhomme de la chambre du roi en 1532, et colonel de gens de pied en 1549 (t. II, p. 150). Monluc parle souvent de ce gentilhomme : il nous le montre à Bergerac, en octobre 1562, auprès du duc de Montpensier (t. III, p 27); il cite ( *ibid.* p. 100) une lettre par laquelle Lauzun l'avertissait de la prise d'armes des huguenots en Périgord (septembre 1567); à Saint-Macaire, en février 1568, il lui emprunte sa compagnie (*ibid.* p. 150); il est accompagné par lui à Sainte-Foy, en février 1569 (*ibid.* p. 228).

## XL

Lettre du sieur de La Vauguyon à Catherine de Médicis, au sujet de la marche de l'armée protestante dans l'Agenais.[1]

11 Décembre 1569.

Madame, j'envoye le cappitaine Rochebrune, present porteur, devers Voz Majestéz pour leur faire entendre l'estat en quoy est Villeneufve d'Agenoyz, où je l'avois envoyé exprés pour en randre vos dictes Majestez certaines, et aussi où sont voz ennemyz, estantz les princes à Saincte Livrade et l'admiral à Eguilhon,[2] s'estandant leur armée jusques à ung cart de lieue de Villeneufve de là la rivière de Loth. Mais ilz tienent sur la dicte rivière de Loth les passages de Saincte Livrade, Castelmoron, Clerac et ledict Eguilhon. Montgomery a commencé à passer la rivière de Garonne sur ung pont de bateaulx au Port Saincte Marye.[3] De par toutz les advertissemens que j'ay je les tiens asteure[4] toutz joinctz ensemble,

---

[1] Fonds français, vol. 15550, p. 261.

[2] Ce fut alors, comme le dit Brantôme parlant de « messieurs les reystres » qui aboudaient parmi les troupes de l'amiral de Coligny (t. IV, p. 321), « qu'il les vous pourmena en ce bon pays d'Agenois, se donnans des ayses et des moyens jusques à la gorge. »

[3] Voir sur ces diverses opérations de l'armée protestante, outre quelques pages des *Commentaires* (t. III, p. 366-390), les récits (déjà signalés par M. de Ruble) de La Popelinière, de J. A. de Thou et une dissertation spéciale de Dom Vaissète (*Histoire générale de Languedoc*, t. V, p. 635). Il serait trop facile de citer sur le séjour en Agenais des Princes, de Coligny et de Montgomery ou plutôt Mongonmery, (comme M. de Ruble écrit ce nom d'après la signature du personnage), diverses autres relations moins importantes et qui d'ailleurs, pour la plupart, proviennent des sources indiquées ici.

[4] On reconnaît le mot si souvent employé par Henri IV dans sa correspondance, vive et heureuse abréviation de notre *A cette heure*. Ai-je besoin de rappeler que le mot se retrouve souvent sous la plume de Monluc et sous celle de Brantôme ?

et ilz s'ayderont des bateaulx avec lesquelz ilz ont passé la dicte Garonne pour passer le Loth, et par les advertissemens qu'on m'a donné, ilz ne s'acordent de l'artillerie que faict conduire le dict Montgomery que de cinq à six canons, et encores n'en parlent ilz poinct asseurement ny n'en ay rien peu sçavoir de certain quant au nombre.

Madame, je prie Dieu pour vostre grandeur, santé, prospérité et très longue vye.

A la Linde ce xi° décembre 1569

Vostre très humble et très obeissant subget et serviteur

LAVAUGUYON.[1]

---

[1] Jean des Cars, comte de La Vauguyon, prince de Carenci, etc., était fils de François des Cars, seigneur de La Vauguyon, et d'Isabelle de Bourbon, dame de Carenci. Maréchal de camp en 1568, il fut nommé chevalier du Saint-Esprit le 31 décembre 1578. Il fut aussi sénéchal et gouverneur du Bourbonnais, lieutenant général des armées du roi en Bretagne, etc. Voir sur lui, sans oublier le chapître de Brantôme (*Grands capitaines françois*, édition de M. Lud. Lalanne, t. V, p. 179-180), le P. Anselme (t. II, p. 234), le *Moreri* de 1759 (t. IV, p. 179), etc. — A la suite de la lettre à la reine, on trouve une lettre de La Vauguyon au duc d'Anjou, écrite le même jour, et qui roule sur le même sujet. La Vauguyon y annonce au frère de Charles IX qu'il se « délibère passer la rivyère de Dourdongne sans bagage et essaier de faire quelque chose sur la faveur du passage de Villeneuve, si les ennemis n'ont passé le Loth et donner toute la faveur et courage » qu'il pourra « à ceux dudict Villeneuve qui sont en une très mauvaise ville. » La Vauguyon continue en donnant au prince des conseils qui sont d'un sage capitaine, insistant, par exemple, sur « le besoin qu'il est, si estes resolus de venir par deça, comme m'a assuré Monsieur de Losse, que vous fassiez advancer en toute dilligence ung bon nombre de cavallerie avec tous les arquebusiers que pourrez faire monter à cheval pour gaigner la ryviere de Dourdongne, et encores faudroict que ung bon nombre d'infanterye ensuyvit en la plus grande dilligence que pourroit pour vous saisir de Saincte-Foy et de ce qui est de là l'eau, car il est à craindre que Il [l'ennemi] s'en saisisse et que ne puissiez passer que bien mal aizement car les bords de la rivyère sont mal aizés. »

## XLI

Lettre du même au Roi Charles IX, où il lui parle de ce qu'il aurait voulu faire pour son service à Villeneuve et de ce qu'il compte faire à Sainte-Foy.[1]

18 Décembre 1569.

Sire, se presentant l'occasion du sieur de Frégose[2] pour pourteur qui s'en va devers Vostre Majesté je ne l'ay volleu laisser passer sans vous escripre ce mot et vous dire comme, à la requeste de ceulx qui sont à Villeneufve d'Agenois et lettres que le sieur de la Vallette[3] m'en escripvoit, par lesquelles luy et eulx me promectoient faire faire plusieurs belles entreprises sur voz ennemys, j'estois venu jusques icy et sejourne les atandant, mais à mon arrivée ny au sejour, il ne s'en est trouvé une seulle à tout le moings où il y eust apparence de service à Vostres Majestéz. Despuis et presentement le sieur de Montluc m'a escript par le sieur de Montgueyralh,[4] qui est venu icy avec ledict sieur de Frégose,

---

[1] Fonds français, *Ibid*. p. 279.

[2] Octave Frégose, frère de Janus, l'évêque d'Agen. Voir sur le capitaine Frégose une note des *Lettres inédites de Janus Frégose, évêque d'Agen* (Recueil des travaux de la Société, 1873, p. 77-78; tirage à part, p. 14-15).

[3] Jean de Nogaret, baron de La Valette, mestre de camp de la cavalerie légère, lieutenant général en Guyenne, sénéchal d'Armagnac, père de Jean Louis de Nogaret, le fameux duc d'Epernon. Monluc parle souvent de lui, notamment à propos de Villeneuve (t. III, p. 369-370), et à propos du passage de la Garonne par Mongonméry, le 3 janvier 1570 (*Ibid*. p. 385, B 86.)

[4] Monluc (*Commentaires*, t. III, p. 431) nous fait ainsi connaître ce gentilhomme : « Je donnay aussi deux cens escus à Monguieral, seigneur de Cazelles, pour s'achepter ung cheval, parce que les siens luy avoient

m'apporter ses lettres par lesquelles il m'advertit que les ennemys font passer à Eguilhon et Clerac, passages qu'ils tiennent sur Loth et Garonne, ung bon nombre de cavalerye et viennent droict à Thonnens[1] pour de là se venir saisir du passage de Dordougne à Saincte Foy, et me prie bien fort par icelles de vouloir aller vers la dicte Saincte Foy d'aulttant que si Vostre Majesté veult venir par deçà avec son armée, ledict passaige vous est de bien grand importance, ce que j'avois desja bien preveu, ayant, ces jours passez,

---

esté bruslés à Saincte-Foy ; il est pauvre gentilhomme, mais fort vaillant comme tesmoignera monsieur de Sansac, qui est ung des plus vieux, vaillans et sages cappitaines de ce royaume ; et parce qu'encore ung cheval par malheur luy mourut, je luy donnay ung cheval d'Espaigne fort et puissant, pour porter hardes, duquel après la paix il eut seize cens francz. » Monluc avait déjà presque dans les mêmes termes célébré sa propre générosité à l'égard du seigneur de Cazelles dans le *préambule* de ses *Commentaires* (t. I, p. 20). Montgueyralh, envoyé à la reine par Burie et par Monluc pour lui rendre compte de leurs triomphes en Agenais, (t. IV, p. 149) fut arrêté en chemin (août 1562), mais il ne resta pas longtemps entre les mains des ennemis, car, le 9 octobre suivant, il combattait à la bataille de Vergt (t. III, p. 47) auprès de Monluc qui a dit de lui qu'il en avait toujours été suivi (t. I, p. 20). Montgueyralh fut chevalier de l'ordre (t. III, p. 47). Il prit part à un brillant petit combat près d'Eymet en février 1569 (t. V, p. 150), mais je ne crois pas que M. de Ruble (*Table analytique*) ait eu raison de l'identifier avec le personnage dont Monluc dit dans une lettre écrite de Sainte-Foy, le 16 avril 1569, au roi de France (t. V, p. 157) : « Au demeurant le gentilhomme, present porteur, nommé le jeune Montgairal, s'en va vers votre dicte Majesté pour vous faire entendre comme ceux de Bourdeaulx ont faict quelque plainte contre monsieur de Bordeaux [l'archevêque Prévost de Sansac]... » Ce *jeune* Montgayral devait être le fils du combattant de Vergt et d'Eymet. Autrement pourquoi cette épithète distinctive ?

[1] C'est bien à tort que le rédacteur des sommaires de ce volume du Fonds français a lu *Thouars* au lieu de *Thonneins*. Ailleurs, ce même rédacteur a pris le sieur de *Losse* pour le maréchal de *Cossé*. Après cela, fiez-vous aux sommaires !

mandé au sieur de Sainct Genyeys [1] et au seneschal de Perigort d'assambler le plus de noblesse qu'ilz pourroient, et avec les aultres forces qu'ilz auroient, ilz feissent le tout marcher audict Saincte Foy du cousté de delà l'eau, ce qu'ilz m'ont mandé avoir faict et se acheminent, comme je faictz aussy, du cousté de deça affin de leur tenir espaulle, craignant que le nombre de gens de guerre qu'on m'advertit que voz ennemyz ont faict passer de deça ne les peust empescher. En atandant voz commandementz, Sire, je mectray peinne là et ailheurs de faire tout ce qui me sera possible pour vostre service.

Sire, je prie Dieu pour vostre prosperité, grandeur, santé, très longue et très heureuse vye.

A Montflanquin ce xviii décembre 1569.

Vostre très humble et très obéissant subgect et serviteur,

LA VAUGUYON.

---

[1] C'était-il Jean de Gontaut, seigneur de Saint-Geniès, un des combattants de la bataille de Vergt, fidèle compagnon d'armes de Monluc qui cite souvent son nom (t. III, p. 34, 183; t. IV, p. 133; t. V, p. 161, 180, 199) ? Le *Journal de François de Syrueilh* (*Archives historiques de la Gironde*, t. XIII, p. 308, et tirage à part, p. 68) mentionne la mort devant la Rochelle (1572) de « Monsieur de Saint-Genyes, guidon de la compagnie de monsieur de Biron, brave et honnête gentilhomme, tué d'un coup d'harquebuzade). M. Clément-Simon l'appelle, en note : Henri de Gontaut, de la branche de Saint-Geniès, établie en Béarn. » Avons-nous là, avec des prénoms différents, un seul et même individu ?

## XLII

Lettre du baron de Lauzun au duc d'Anjou pour se plaindre de l'oubli dans lequel, au point de vue financier, on laisse sa compagnie, malgré ses bons services.[1]

7 Avril 1570.

Monseigneur, j'escripz au Roy remonstrant à Sa Majesté comme, suyvant son commandement et vostre, ma compaignie de gendarmes a esté tousjours prez de Monsieur le Mareschal de Dampville,[2] despuyz qu'il est en ce peyz, et comme despuyz que je l'ay commandé elle n'a faict monstre de quoy elle n'y a receu l'argent que pour deux quartiers seullement avecq le prest de deux mille cinq cenz livres qu'il vous pleust leur faire à Poyctiers, avant l'escarmouche de Caseneuilh.[3] C'est par ce, Monseigneur, que j'ay commandement de Sa Magesté de la faire marcher avecq Monsieur de la Valette vers la Charité, en continuant la despence que j'ay faicte pour l'entretenir jusques icy, et l'ay mise en meilleur equipaige qu'il m'a esté possible pour ce faire, mais parce qu'il y a beaucoup de gentizhommes qui suyvent ma cornette qui se sentent mesprisez, voyant [que] toutes les compaignies ont faict monstre, rezervé la mienne, et que pour ceste occasion ilz se veullent mutiner et se retirer à ung aultre cappitayne, il vous plairra, Monseigneur, d'y considerer, es-

---

[1] Fonds français, vol. 15551, p. 183.

[2] Henri Ier, comte de Damville, gouverneur de Languedoc (1563), maréchal de France (1567), duc de Montmorency (1579), connétable de France (1593).

[3] S'agit-il là, comme il le semble bien, de Chasseneuil, sur le Clain, à huit kilomètres de Poitiers?

tant assuré que si vous considerez et revocquez en memoire les services que j'ay faictz à vos predecesseurs, et que je continué à vous faire vous ne vouldrez que ma compaignie soict moins prisée que les aultres, mesmes que jamais je n'ay fasché personne pour la refreschir, car elle a toujours suivy sanz qu'elle aye heu guarnison.

Je prye Dieu, Monseigneur, vous donner en prospere santé heureuse et longue vye.

De Lauzun, ce 7ᵉ apvril (1570).

Vostre tres humble et tres obeissant serviteur,

Lausun.

## XLIII

Lettre de M. de Bajaumont au duc d'Anjou, dans laquelle il s'excuse de n'être pas allé le rejoindre et l'assure de son obéissance et de son dévouement.[1]

10 Octobre 1572.

Monseigneur, je n'eusse si longuement demeuré à vous aller trouver sans les maladies que j'ay eues depuis ung an et demy en sça, lesquelles m'ont empesché d'estre prez de vous pour vous randre le service que je vous doibz et que j'ay volonté toute ma vie de vous fère, et comme j'estois sur le poinct de m'acheminer, Monsieur l'Admiral[2] est arrivé quy m'a retenu en ce peys, veu les occasions qui s'y presantent pour le service du Roy et vostre, comme vous entendrez par le sieur de Cornusson,[3] que le dict sieur admiral envoye devers Voz Majestez, au retour duquel vous me daignerez tant, Monseigneur, s'il vous plaict, me commander ce qu'il vous plaict que je face et ayant cest honneur de recevoir voz commandemenz, je ne fauldray y obeyr ne desirant

---

[1] Fonds français, vol. 15555, p. 172.

[2] L'amiral de Villars (Honorat de Savoie), qui avait succédé (août 1570) dans le gouvernement de la Guyenne à Blaise de Monluc. On lira tout-à-l'heure une intéressante lettre de lui.

[3] C'était un La Valette-Parisot, seigneur de Cornusson, peut-être celui dont il est quelquefois fait mention dans les *Commentaires* et dans les *Lettres* de Blaise de Monluc, ou plutôt un de ses fils, car Monluc appelle le gouverneur du Rouergue ( t. III, p. 148 ) « monsieur de Cornusson *le vieux* » et, en un autre endroit (t. III, p. 259), il nous le montre résistant aux huguenots entouré de « ses enfants. » Il est probable que le *Cornusson* envoyé à la Cour par l'amiral de Villars était un de ces jeunes combattants, les missions de ce genre étant de préférence confiées à d'autres qu'à des vieillards.

tant chose en ce monde que de vous pouvoir fere service qui vous soit agréable et en ceste volonté je supplieray Dieu,

Monseigneur, vous donner en très heureuze santé très longue et très prospere vie.

D'Agen, ce dixiesme octobre 1572.

Vostre très humble et très obeyssant serviteur

BAJAUMONT.[1]

---

[1] François de Durfort, baron de Bajaumont (aujourd'hui Bajamont), chevalier de l'ordre du roi, sénéchal d'Agenais et de Gascogne, etc. C'est lui qui est appelé par Th. de Bèze (t. I, p. 498) « le sieur de Bejaumont. » M. de Ruble (*Table analytique*) le nomme Bayaumont. On peut voir ce que Monluc dit de lui et de son frère en divers endroits de ses *Commentaires* et de ses *Lettres* (t. II, p. 387; t. III, p. 25; t. V, p. 258, 269). Les deux frères jouissaient de toute la confiance du seigneur d'Estillac, qui envoya l'un d'eux à la Cour —(ce n'était pas le sénéchal)— pour qu'il rendît compte au roi (janvier 1570) de la situation de l'armée des Princes, « comme ayant veu leur armée plusieurs foys, estant tous logés ès envyrons de son chasteau de Bayaumont, mesmes le jour que ledict camp deslogea du Port Saincte-Marie, car il passa le plus loing à une harquebuzade dudict chasteau. » Il est fort souvent question de Fr. de Durfort dans l'*Histoire de la ville d'Agen et pays d'Agenois*, par Labenazie. L'auteur de ce manuscrit assure (t. I, p. 263) qu'en 1570, il était, comme sénéchal, auprès de Monluc dans Agen, et que « cette ville lui doit sa conservation, car il contribua beaucoup avec Mr de Frégouse, évêque d'Agen, et messieurs de Nort, à conserver Agen au roy et à la religion catholique. » Ce chroniqueur nous apprend (t. II, à l'année 1585) que le 20 février de cette année « monsieur le sénéchal de Bajamont mourut à son château de La Fox. » Monluc (t. II, p. 387) a parlé de « La Fotz, maison de monsieur de Bajaumont près d'Agen. »

## XLIV

Lettre de M. de Montpezat au duc d'Anjou, au sujet du mécontentement causé au Roi par la conduite de ce gentilhomme à Bordeaux.[1]

22 Octobre 1572.

Monsegneur, je voy bien que je tumbe de fievre en chaut mal, vous mertiant très humblement, Monseigneur, de ce qu'il vous plaist me mander le malcontentement qu'a Sa Magesté de ce qui c'est passé à Bourdeaus et de la bonne opinion qu'il vous plaist avoir qu'il n'y ait de ma faute.[2] J'en escrips si ample-

---

[1] Fonds français, vol. 15555, p. 194. Lettre entièrement autographe.

[2] D'après le document cité dans une note précédente (*Massacres de ceux de la Religion à Bourdeaux le 3 jour d'octobre 1572*), Montpezat aurait été un des principaux organisateurs de la tuerie. « Sur ces entrefaites, » dit l'auteur anonyme de cette relation, » arriva à Bourdeaux de la part du Roy le seigneur de Montpezat, gendre de Honorat de Savoye, marquis de Villars, lieutenant pour le Roy au gouvernement de Guyenne en l'absence du Roi de Navarre, et lequel avoit eu l'estat d'amiral après la mort du sieur de Chastillon. Ainsi que le dit Montpezat venoit à Bourdeaux, approchant de Blaye, qui en est à sept lieues, plusieurs hommes de la religion y furent inhumainement meurtris de nuict en leurs maisons et dans leurs licts, suivant le mot de guet que le dit de Montpezat envoya aux catholiques de Blaye Estant ledit de Montpezat arrivé à Bourdeaux, il fit semblant de n'estre venu que pour contenir toutes choses en paix. Toutesfois il brassoit par dessous main avec le gouverneur que le massacre s'y fist. Enfin il [ le gouverneur, qui était le *seigneur de Monferrant*, comme s'exprime l'auteur de la *Chronique bourdeloise*] fut persuadé par le sieur de Montpezat, lequel ayant honte d'assister à un si lasche et meschant acte, partit de Bourdeaux, ayant premierement conclud et arresté avec le gouverneur qu'il executeroit ce massacre. Et pour mieux s'en asseurer, lorsque ledit Montpezat voulut partir, il vint trouver le gouverneur qui estoit en son lict ayant la fièvre quarte, et luy fit promettre et jurer que dans peu de jours il feroit ledit massacre et l'avertiroit par un gentilhomme exprès

ment au roy et, sachant que les lettres sont leues devant vous, je ne vous en brouillere le papier bien vous suplye-je très humblement, Monsegneur, vouloir ouyr lire la lettre et m'estre favorable en la requeste que je foys à Sa Magesté ensemble à ce que je luy escripvis et à vous, Monsegneur, par Monsieur de Cornusson, et le reste de mes jours je pryeray Dieu, Monsegneur, qu'il vous doint en très bonne santé très œureuze *(sic)* et longue vie.

D'Agen ce 22 d'octobre 1572

Vostre très humble et très obeissant serviteur

MONTPEZAT.[1]

Monsegneur, Monsieur l'admiral vient de sçavoir les nouvelles de la mort de feu Monsieur le conte de Tendes, dont il

---

de tout ce qui auroit été fait : ce que le gouverneur luy promit et jura. »
Dom Devienne (*Histoire de Bordeaux*, 1771, p. 170) reproduit, en les abrégeant, ces accusations contre Montpezat. Remarquons, toutefois, que J. A. de Thou (*Histoire*, livre LIII, p. 468 du tome VI de la traduction française, Londres, 1734) se garde bien d'affirmer que Montpezat ait été aussi coupable : « Enfin, dit-il, après les conférences secrètes que Montpezat eut avec Montferrand pendant quelques jours, *sans qu'on ait pu savoir si c'était pour le porter au carnage, ou pour l'en détourner*, Montpezat s'en alla, et mourut de la dyssenterie quelques jours après. » Tenons compte aussi à Montpezat de sa déclaration au duc d'Anjou, *qu'il n'y a pas eu de sa faute*, et souhaitons que l'on retrouve l'ample lettre justificative qu'il écrivit au roi, le 22 octobre 1572, et qui permettrait peut-être d'effacer l'ignoble tache de sang qui souille sa mémoire.

[1] Melchior des Prez, seigneur de Montpezat et du Fou, gouverneur et sénéchal de Poitou, chevalier de l'ordre du roi, épousa (juin 1560) Henriette de Savoye, marquise de Villars, qui devint plus tard la femme de Charles de Lorraine, duc de Mayenne. Il ne faut pas confondre les Montpezat du Quercy, auxquels appartenait Melchior, avec les Montpezat de l'Agenais, qui étaient barons de Laugnac et dont la noblesse, au dire de François 1er, cité par Brantôme (*Grands capitaines françois*, t. III, p. 152), était bien

reçoit extrême deplaisir.[1] Le gouvernement de Prouvence est de tout temps en sa maison. S'il vous plaisoit le luy faire donner, outre ce que ce seroit maintenir la substitution en l'ung de vos bons et asseurés très humbles serviteurs, vous donneries grand autorité en ces affaires, car il pretend estre heritier et le gouvernement favoriseroit fort cella.

---

supérieure à celle de leurs homonymes. Puisque j'ai nommé le chroniqueur périgourdin, je renverrai à une piquante page de lui sur l'ambassade en Espagne de Melchior des Prez (*Grands capitaines estrangers*, t. I, p. 84). D'après le *Journal de François de Syrueilh*, (p. 283 du t. VIII des *Archives de la Gironde*; p. 67 du tirage à part). Montpezat mourut à Agen le 17 décembre 1572. Il faut donc regarder comme erronée l'indication ainsi donnée par M. de Ruble (t. III, p. 179, note 1) : « Le 24 août 1573, Montpezat fut nommé lieutenant-général en Guyenne, en l'absence de Villars ; il mourut peu après. » Il faut remplacer 1573 par 1572 : ce fut, suivant le *Journal de Fr. de Syrueilh*, au mois d'août 1572, que « monsieur de Montpezat » devint « gouverneur en Guyenne en l'absence du roy de Navarre et de monsieur le marquis de Villars. » Dans le même recueil où a paru le *Journal* de Syrueilh, j'ai publié deux lettres de Montpezat, l'une à Charles IX, du 20 septembre 1572 (t. VIII, p. 337), l'autre au duc d'Anjou, du 27 août de la même année (t. X, p. 356).

[1] Honorat de Savoie, comte de Tende et de Sommerive, fils de Claude de Savoie et de Marie de Chalannes, fille du maréchal de La Palisse, mourut, selon le *Dictionnaire de Moréri* (t. IX, p. 201) « à Aix, le 8 octobre 1572, » et selon M. Lud. Lalanne (note de la page 381 du t. III des *Œuvres complètes* de Brantôme), « à Montélimart le 8 septembre 1572. » C'était le neveu de l'amiral de Villars, qui était fils de René de Savoye, comte de Villars, de Tende, de Sommerive, etc. et d'Anne de Lascaris, et qui était frère de Claude de Savoye, comte de Tende et de Sommerive. Sur le père, les deux frères et le neveu, voir Brantôme (*ibid.*, p. 380-383).

## XLV

Lettre de l'amiral de Villars au duc d'Anjou, au sujet de ses préparatifs pour combattre les rebelles dans le voisinage de l'Agenais.[1]

1er Décembre 1572.

Monseigneur, j'ay faict entendre amplement par mes dernieres lettres a leurs Majestes et à vous, Monseigneur, l'estat des affaires de ce pays dont je ne vous feray point de redicte par la presente ; seulement je vous suppliray très humblement, Monseigneur, me faire entendre sur le tout vos commandemens, et avoyr esgard a ce que je vous ay tant de foys supplié commander que je fusse accommodé de pouldres et boulets, car d'artillerye j'en espere assez recouvrer par d'icy si j'avoys de quoy la mettre en besoigne, aultrement ce (ne) me seroyt que charge et despanse sans rien advancer. Cependant pour ne perdre temps, je delibere me mettre aux champs dedans huict ou dix jours avecques l'artillerye que j'ay eu de Bordeaulx[2] qui m'a tenu fort long temps à faire

---

[1] Bibliothèque de l'Institut. Collection Godefroy, portefeuille 258.

[2] On lit dans le *Supplément des chroniques de la noble ville et cité de Bourdeaux* par Jean Darnal (1666, p. 80) : « Le quatriesme janvier 1571 monsieur le marquis de Villars, lieutenant pour le roy en Guyenne, arriva à Bourdeaux avec monsieur de Montpezat son gendre, et madame de Montpezat, sa fille : à laquelle messieurs les jurats présentèrent quantité d'excellentes confitures. » Les jurats dûrent bien regretter leurs confitures, lorsqu'ils virent le marquis de Villars, à peine arrivé, vouloir, au mépris de tous les usages, faire donner les clés de la ville à M. de Montferrand, gouverneur de Bordeaux : ils réussirent pourtant à les garder, conformément à leurs antiques privilèges (*Ibid.*). — Les jurats de Bordeaux conservèrent-ils quelque rancune de cette tentative indiscrète ?. Je vois (*Ibid.* p. 84) que, l'année suivante, il refusèrent de recevoir quatre otages de Montauban que l'amiral leur mandait de loger à Bordeaux. Villars, du reste, paraît avoir très peu résidé dans la capitale de la Guyenne : il se tint, pendant la durée de son gouvernement, presque toujours à Agen, à Moissac et à Aiguillon, place qui lui appartenait.

mettre en equipage, et commenceray a chasser les ennemys de leurs Majestés (et) vostres, Monseigneur, des lieux quils occupent, et par le moyen desquels ils tiennent en subjection les rivieres et grands chemins, pour puys après les aller rechercher jusques dedans leur grand fort, estant accommodé des dites munitions, A quoy, Monseigneur, je vous supplye tres humblement vouloyr tenir la main et commander a Monsieur de Byron[1] de m'en secourir pour le grand regret que j'ay à la longueur du temps, et desir que j'ay de faire à leurs Majestés, et a vous, Monseigneur, très humble service.[2] Monseigneur, j'ay entendu par aucuns de mes amys que vous avez trouvé mauvais ce que je vous ay cy devant escript ; toutesfoys je m'asseure que, ayant egard a la perte que j'ay faicte dun de mes parens que j'aymays autant,[3] et des estats qui si longuement avoyent esté en nostre maison,[4]

---

[1] Armand de Gontaud, baron de Biron, alors grand-maître de l'artillerie, et qui devait, en 1577, succéder à Villars dans la lieutenance générale en Guyenne. Ce fut à la prière du roi de Navarre que Catherine de Médicis fit enlever à l'amiral le gouvernement de cette province. Les relations entre le futur Henri IV et le marquis de Villars avaient pourtant été, d'abord, assez bonnes, et on trouve dans le recueil de M. Berger de Xivrey (t. I, passim) diverses lettres qui le prouvent, notamment (p. 43) une lettre du 22 octobre 1572 par laquelle il le remercie de la faveur dont les habitants de Nérac jouissent auprès de lui, et le prie de la leur continuer, mettant aussi sous sa protection spéciale les habitants de Casteljaloux, et (p. 44) une lettre, du même jour, par laquelle il lui recommande un Agenais, le sieur de Roques, son maître d'hôtel, ancien et loyal serviteur de sa maison, etc.

[2] Sur l'expédition de l'amiral de Villars, voir, outre l'*Histoire générale de Languedoc* (à l'année 1572), le *Journal de F. de Syrueilh* (décembre 1572 et janvier, février 1573).

[3] Le comte de Tende, son neveu, dont il a été question dans le document qui précède.

[4] René, dit le bâtard de Savoye (on sait qu'il était fils de Philippe, duc de Savoye, et de Bonne de Romagne), fut nommé par François Ier gouverneur et grand sénéchal de Provence. Après lui (1525) son fils aîné, le comte de

vous m'excuserez sil vous plaist, Monseigneur, que je me soys adressé à vous pour l'entiere affection de laquelle je vous suys très humble serviteur. Je ressenty trop la grandeur de ma perte, et ne laisseray pour cela de continuer à vous faire très humble service, de mesme volunté que je prye Dieu,

Monseigneur, vous donner en bien bonne santé très heureuse et très longue vye.

A Agen ce premier jour de decembre 1572

Vostre très humble, très obeissant très fidelle serviteur,

VILLARS.[1]

---

Tende, fut chargé de l'administration de cette province. A la mort de ce dernier (1566), le petit-fils de René hérita de la charge de son père et de son grand-père. Ainsi, dans la famille de Savoye, trois générations successives avaient gouverné la Provence, et l'amiral de Villars pouvait se croire autorisé à réclamer, à son tour, ce que *si longuement*, selon son expression, les siens s'étaient transmis comme une sorte d'inaliénable propriété.

[1] La Bibliothèque impériale de Saint-Pétersbourg conserve un grand nombre de lettres de Villars écrites pendant son séjour en Guyenne. Il en a été publié une douzaine par M. Jean Loutchitzki dans une brochure intitulée : *Documents inédits sur l'histoire du Languedoc et de la Rochelle après la Saint-Barthelemy* (Paris, 1873, grand in-8º). — Je me souviens d'avoir autrefois feuilleté, au département des manuscrits de la Bibliothèque Nationale, un recueil (en deux ou trois volumes et appartenant au Fonds français) intitulé : *Correspondance de l'amiral de Villars*. On a réuni là beaucoup de lettres adressées à ce personnage et qui, si je ne m'abuse, seraient utilement consultées par les nouveaux éditeurs de l'*Histoire générale de Languedoc*, car elles sont surtout relatives à Toulouse, Montauban, Moissac, etc. — Disons ici que l'on a souvent confondu Honorat de Savoie, marquis de Villars, avec un autre Villars du XVIe siècle, Anne Baptiste de Brancas, seigneur de Villars, qui fut lui aussi amiral de France. D'habiles érudits eux-mêmes ont été trompés par la triple ressemblance de l'âge, du nom et du grade.

## XLVI

Lettre de Geoffroy de Caumont, abbé de Clairac, adressée au duc d'Anjou, et relative au château de Fronsac et à ses autres châteaux de l'Agenais ou du Périgord, dont il craignait d'être dépossédé.[1]

17 Janvier 1573.

Monseigneur, esperant que la neccssité excusera envers vostre Grandeur l'importunité de mes lettres, je prends de rechef hardiesse la tenir advertye, qu'ayant commis la garde du chasteau de Fronsac à un myen nepveu il y a environ deux ans, je luy manday dernièrement qu'il feroit byen soy venir presenter aulx commandementz que Monsieur l'Admyral luy vouldroit fayre. Et de faict se mit en chemin, mais assailly de quelques coureurs quy ne sont encores byen descouvertz, il fust tué avec troys de ses gens. Incontinent j'envoyay un syen frère en sa place, gentilhomme de bonne part, catholique, quy a tousjours suibvy le service du Roy et vostre, duquel, avec l'ayde de Dyeu, il ne viendra aulcune faulte, et, estant sçeue la mort de mondict nepveu, je fus pressé de divers lyeux les pourvoir en ceste charge d'autant qu'ils esperoint le mesme advantage que je faysois à mondict nepveu. En quoy ne pus les contenter, tant pour y avoir ja pourveu, que pour avoyr plus de debvoyr et de fience à mes plus proches. Cepandant, selon qu'on me mande, le malcontentement de ce refus a faict que, pour tascher de me troubler et se prevaloir, ils se sont aulcuns d'eulx adressés à Sa

---

[1] Fonds français, vol. 15556, p. 85. Il faut rapprocher cette lettre de trois autres lettres écrites par Geoffroy de Caumont à Charles IX, à Catherine de Médicis et au duc d'Anjou le 18 septembre 1572, et le 12 janvier 1573 (Archives historiques du département de la Gironde, t. X, p. 357 358, 359, 366).

Magesté ou à Vostre Grandeur pour tascher à se fayre commetre dedens ce chasteau,[1] duquel ils ne sçauroint vous rendre meilleur conte que moy, n'en ayant, grâces à Dyeu, plus de moyen, ne n'en pouvant avoyr plus fidèle ne plus entyere volunté que moy quy aymeroys mieulx mourir que fayre faulte à la subjection que je y ay de nayscence, et ay des maysons, Dieu mercy, quy ont esté sommées et assaillyes quy onques n'ont varyé et m'asseure,

Monseigneur, selon l'asseurance que Vostre Grandeur m'a volu donner par ses lettres, comme pour la rayson, qu'elle ne vouldroyt permettre que la libre disposition de ce que Dieu m'a donné me feust aulcunement troublée où empeschée, ayns, comme il luy plaict me promettre, me conserver en mon entyer, et Vostre Grandeur cognoystra et trouvera par bons effaytz que pour vostre service je seray tousjours prest d'employer les byens et la vye, ce que très humblement je vous supplye vouloir recepvoir comme du meilleur cœur que j'aye je le presente, et sy par donner entendre, importunité ou aultrement, ons avoyt obtenu aulcune commission pour m'empescher la playne liberté des maysons que Dieu m'a données, que vostre playsir soyt la fayre revoquer avecques telle et sy ample declaration de la fidelité que Vos Magestés s'asseurent estre en moy que, quelques foys je sois hors de ces peynes, car aultrement ce seroit me fayre cognoistre que je suis deschu de vos bonnes graces quy me seroit pire que mort, ayant ma conscience nette de jamais ne vous avoir offensés de fayct ne de pensée, et qu'à tout le moyngs en la conservation du myen il vous playse me monstrer tesmoygnage de vos faveurs et byenveillance, de

---

[1] Voir sur l'affaire de Fronsac une lettre de M. de La Vauguyon au duc d'Anjou, du 22 janvier 1573, et une lettre de M. de Monferrant au même prince, du 27 janvier de la même année (*Ibid.*, p. 368,369.)

laquelle je suis très digne sy par fidelité et bonne affection on la peult meriter. Sur ceste verité,

Monseigneur,

Je supplyeray Dieu pour le mayntien et accroyssement d'icelle Vostre Grandeur en toute prosperité et longueur de vye.

A Castelnau ce xvii janvyer.

Vostre très humble et très obeissent serviteur,

CAUMONT.[1]

---

[1] Ne voulant pas redire ici ce que j'ai dit ailleurs, je renverrai, pour la biographie de Geoffroy de Caumont, à la notice et aux notes qui accompagnent un *Document inédit relatif à l'enlèvement d'Anne de Caumont* (brochure in-8º, 1873, extraite du *Cabinet historique)*.

# XLVII

Lettre de Marguerite de Lustrac, veuve de Geoffroy de Caumont, à Catherine de Médicis, pour se plaindre de ce que le château de Caumont lui a été enlevé et de ce que l'on a pillé et dévasté ses terres de Fauillet, Tonneins et Castelmoron.[1]

14 Août 1574.

Madame,

Combien que despuis la mort de feu Monsieur de Caumont[2] je n'aye eu une seule heure de santé, et soit ma vie presque tousjours esté deplorée par mes longues et continueles maladies, toutesfoys Dieu m'a reservé ceste benediction et à mes petitz enfens, d'avoir conservé toutes noz maisons en l'obeissence du Roy jusqu'à ce que le XXIIII julhet dernier, celle de Caumont nous en a esté soubstraicte et livrée, avec tous noz meilhieurs meubles et

---

[1] Fonds français, vol. 15559, p. 134.
[2] Geoffroy de Caumont était mort en avril 1574, trois mois avant la naissance de sa fille Anne de Caumont.

papiers, et les fruictz de deux années, à ceulx qui occupent Cleyrac et Casteljaloux, lesquelz m'avoient un peu auparavant pilhié d'aultre part le revenu de troys aultres terres Faulhet, Tonnens dessus et Castelmoron sur Lot, et faict degast en noz maisons et domaines d'icelles de plus de vingt cinq à trente mille frans, oustre lesquelles pertes celle de Caumont, sans les fruictz et la maison ne la consequance des tiltres, ne me importe de moins que de cent mil frans, qui est la ruine de mes enfens procurée par deux frères nom-

---

[3] Voir dans l'*Histoire généalogique et héraldique des Pairs de France*, par le chevalier de Courcelles (t. V), une notice sur la maison de Comarque « maison comptée parmi les plus anciennes et les plus distinguées de la province de Périgord. » M. de Courcelles, trompé par un mémoire de famille inexact, dit que Pierre de Comarque, écuyer, seigneur de Beaumanoir, prit, avec son frère, en *1576*, le château et la ville de Caumont, anachronisme reproduit par M. Samazeuilh ( *Histoire de l'Agenais, du Condomois et du Bazadais* ). Non-seulement, comme l'atteste Marguerite de Lustrac, Caumont lui fut ravi en 1574 ( le 24 juillet ), mais encore cette place fut, en cette même année, reprise aux usurpateurs par Geoffroy de Vivant, ainsi qu'on le voit dans ce passage des curieux mémoires du vaillant capitaine, mémoires encore inédits que M. Adolphe Magen ne tardera pas à publier avec le soin parfait qu'il met en toutes choses : « Partant de cest exploit [ l'exploit de Monflanquin ], ledit sieur de Vivant alla prendre Caumont audit Mr de Montferrand sur la fin de ladite année 1574, où le sieur de Comarque commandoit et de Caumont alla à Périgueux... » Remarquons, au sujet de la famille de Comarque, que si elle appartient au Périgord par son origine, elle appartient aussi à l'Agenais par sa transplantation, Renaud de Comarque, écuyer, seigneur de Beaumanoir, époux (1er décembre 1645) d'Anne Marguerite de Gervain, ayant été convoqué, en 1674, au ban et arrière-ban de la noblesse de la sénéchaussée d'Agen, et ses descendants ayant continué à résider dans notre petite province. On conserve, aux Archives départementales de Lot-et-Garonne (Registre B. 5, p. 312), le testament de noble

més les Comarques, vassaulx de ceste maison, serviteurs nais au service d'icelle, comme estoient aussi leurs predecesseurs de pere en filz,[3] de sorte

Madame, que je me feusse fiée d'eulx de ma propre vie, à cause de quoy et joinct que c'estoient ceulx mesmes qui avoint esté commis et laissés en ladicte place par feu Monsieur de Caumont, et qui l'avoient tousjours fidelement gardée, je n'avoys volen les tirer de là dedans, aiant esté conseillée de tout le monde, et mesmes commandée par Voz Majestez de continuer toutes choses en l'estat que

---

Françoise de Comarque, fait en janvier 1600 dans la maison noble de Labarde, en Agenais, et (Registre B. 83) le contrat de mariage (1674) de Geoffroi de Comarque, fils d'Annet de Comarque, seigneur de Labarde, avec Isabeau de Durfort. — Puisque nous en sommes aux Archives de Lot-et-Garonne, ajoutons que l'on y trouve (Registre B. 28) le contrat de mariage (1595) de très haut et très puissant prince, François d'Orléans, comte de Saint-Paul, avec Anne de Caumont, dame dudit lieu et marquise de Fronsac, fille unique et héritière de feu Geoffroy de Caumont et de Marguerite de Lustrac Ajoutons enfin, pour compléter une de mes précédentes notes, que l'on y trouve encore (Registre B. 32, p. 273) la transcription, datée du 6 juin 1602, du contrat de mariage (de juin 1560) de haut et puissant seigneur Melchior des Prez, chevalier, gentilhomme ordinaire de la chambre du roi, sénéchal de Poitou, gouverneur du duché et pays de Châtellerault, seigneur de Montpezat, fils d'Antoine des Prez, seigneur de Montpezat, maréchal de France, chevalier des ordres, etc., et de Lyette [et non *Heliette*, comme on l'a imprimé à la p. 16 de l'*Inventaire sommaire*, 2e livraison] du Fou, dame dudit lieu et de La Mothe de Crotelles, avec demoiselle Henrye (*sic*) de Savoye, fille de haut et puissant seigneur messire Honorat de Savoye, comte de Villars, chevalier de l'ordre du roi, son lieutenant général au gouvernement de Languedoc, capitaine de cinquante hommes d'armes, et de feue haulte et puissante dame Jehanne de Foyx, vicomtesse de Castillon.

mon dict feu seigneur de Caumont les avoit ordonnées et très prudemment entretenues, de peur de gaster ce que on eust cuidé amander en se remuant. Mais l'improbité et perfidie des hommes a surpassé toute oppinion et conseil, qui n'est un mal particulier practiqué seulement en mon endroict, mais de plusieurs gentilshommes catoliques de ceste Guienne, ausquels en mesme temps pareil malheur et inconveniant est advenu par d'aultres catoliques en aulcunes de leurs principales maisons bonnes et fortes, selon que, pour ne vous estre ennuyeuse par plus longue lettre, je supplieray très humblement Vostre Majesté,

Madame, de vouloir entendre de ce gentilhomme, presant porteur, ne voulant issi adjouster que une aultre très humble et très affectionnée supplication à Vostre dite Majesté, de croire certainement que jamays plus grand regret ne desplaisir n'adviendra à personne du monde que je le souffre de ma part, de voir ainsin substraict le chef du nom et armes et le lieu de l'extraction de mes enfens de la fidèle subjection du Roy Monseigneur, en laquelle je n'ay aultre desir que de les voir croistre, comme ils y sont nais, et de conserver en icelle nos aultres places et maisons aultant qu'il sera possible à gens de bien, et voués au service de Voz Majestez, tels que sont des gentilshommes et aultres personnes que j'ay de noveau commis à renforcer la garde de noz dictes maisons, avec resolution, quant à Caumont, de ne laisser moien quelcunque à remuer pour en tenter le recouvrement, selon le peu de poulvoir qui me reste, priant Dieu,

Madame, de m'en faire la grâce, et vous augmenter en parfaicte santé toute prosperité avecques très longue et très heureuse vie.

De Gavaudun ce unsiesme d'aoust 1574

Vostre très humble et très obeissante subjecte et servante

M. DE LUSTRAC.[1]

---

[1] Pour Marguerite de Lustrac, comme je l'ai fait pour son second mari, je renverrai aux notes dont j'ai entouré *Un document inédit relatif à l'enlèvement d'Anne de Caumont.* Seulement, à toutes les citations groupées dans ces notes, où l'éloquent historien des princes de la maison de Condé est rapproché du P. Hilarion de Coste, où le poète Joachim du Bellay est rapproché de François de Billon, l'auteur du *Fort inexpugnable de l'honneur du sexe féminin*, je joindrai quelques renseignements complémentaires. Dans le volume XV des manuscrits relatifs au Périgord réunis par MM. Leydet et Prunis (Bibliothèque Nationale), on voit une copie (p. 95) du testament de Marguerite de Lustrac fait au château des Milandes, le 17 juin 1597. Mme de Caumont y deshérite sa fille qui, déclare-t-elle, « a commis en son endroit plusieurs mauvais offices, m'ayant pris mes maisons et seigneuries de Gavaudun, Lustrac, etc. » Mme de Caumont institue son héritier universel Jacques Nompar de Caumont, sieur de La Force, plus tard duc de La Force et maréchal de France, neveu de son mari. Elle laisse à noble Jean de Vivant vingt mille écus et à Geoffroy de Vivant, fils dudit Jean et dont elle était la marraine, mille écus. — Il est question de « Madame de Caumont » et de son château de Caumont dont « ceux de la nouvelle opinion se sont emparés » dans une lettre de Catherine de Médicis à André de Bourdeille (du 22 août 1574) et dans une lettre de ce même André de Bourdeille à Henri III (du 8 octobre 1574), lettres réimprimées (d'après un recueil spécial publié en 1740, in-12, La Haye) à la fin du tome II des *Œuvres complètes* de Brantôme (édition du *Panthéon Littéraire*, 1842, p. 561 et 563). — De même que Marguerite de Lustrac avait été chantée par un des plus renommés poètes de son temps, la mère de Marguerite, Françoise de Pompadour, fille d'Antoine de Pompadour et de Catherine de la Tour, fut célébrée par Melin de Sainct-Gelays. Voir dans le tome II des *Œuvres complètes* de l'abbé de Reclus — (ô le singulier abbé) — publiées par M. Prosper Blanchemain (Bibliothèque elzévirienne), la petite pièce intitulée : *De feue Mme de Lustrac, Françoise de Pompadour, qui mourut à Saint-Germain en Laye le vingt-huitième jour de décembre 1548* (p. 171, 172), et dont voici les deux derniers vers :

> De pleurs s'en est la Seine redoublée,
> Et croy que moins n'en a faict la Garonne.

## XLVIII

Lettre de Henri IV, alors Roi de Navarre, à François de Montpezat, seigneur de Laugnac, au sujet d'une réclamation des habitants de Nérac.[1]

**25 Juin 1577.**

Monsieur de Laugnac,[2] ceulx de Nerac se sont plainctz à moy de ce qu'ilz ne peuvent joyr des aydes et contributions

---

[1] Archives du château de Xaintrailles.

[2] François de Montpezat, seigneur de Laugnac, capitaine de cinquante hommes d'armes, chevalier des ordres du Roi, nommé gouverneur d'Agen par le maréchal de Dampville (24 novembre 1569), eut moins de célébrité que son fils, si connu sous le nom de baron de Laugnac, le chef des Quarante-Cinq, celui dont Bayle a dit (*Dictionnaire critique*, au mot *Lognac*) qu' « il se rendit extrêmement considérable sous le règne de Henri III. » On n'a pas beaucoup de détails sur François de Montpezat. Les généalogistes ne connaissent bien ni son père ni sa mère. Labenazie (t. I, p. 201) le fait fils d'Alain de Montpezat, auquel d'autres n'attribuent que deux filles. Je lui donnerais plutôt pour père un Arnaud de Montpezat dont le testament est daté de 1542 (Archives du château de Xaintrailles). François appartetenait à une branche (éteinte en 1700) de cette antique famille de Montpezat qui, de temps immémorial, possédait les châteaux de Laugnac, de Montpezat, etc., et qui, dans la première moitié du XVe siècle, était représentée par Raymond Bernard de Montpezat, sénéchal de l'Agenais, un des plus puissants seigneurs de toute la Guyenne. Fr. de Montpezat épousa Nicole de Livron, fille de François de Livron, seigneur de Bourbonne, et de Bonne du Châtelet : il testa le 12 février 1576. Dans une des notes qui accompagnent les *Lettres inédites de Janus Frégose*, j'ai cité diverses lettres de Catherine de Médicis à M. de Laugnac (1579). Dix ans auparavant, ce capitaine, quoique malade, avait vaillamment défendu contre les Huguenots la ville de Puymirol (*Commentaires de Blaise de Monluc*, t. III, p. 368). Dès 1560, il s'était déclaré leur ennemi, à Agen, comme on peut le voir dans *Th. de Bèze* (t. I, p. 203), qui nous montre le sieur de Laugnac (on a imprimé *Langnac*) « faisant du gouverneur. » Voir encore (*Ibid.*), p. 499, à l'année 1561. M. de Saint-Amans (*Histoire du département de Lot-et-Garonne*) a confondu, au sujet de la défense de Puymirol, le père avec le fils.

que je leur ay baillées pour l'entretenement de la garnison qu'ilz ont au chasteau et en la ville et mesmes du refuz que font ceulx du Freixe[1] pour la part de la contribution et pour ce que ledict lieu est à vous, je vous ay bien voulu escripre ce mot pour vous pryer de tenir la main que les habitans satisfacent à ce qu'ils sont cothisés, et ce faysant j'auray tousjours en recommandation leur suport et soulaigement mesmes en vostre particulier, en tout ce que je pourray et avec pareille affection.

Je prye Dieu, Monsieur de Laugnac, vous tenir en sa saincte garde.

D'Agen ce xxx° jour de juing 1577.[2]

Vostre bien bon amy    Henry.

---

[1] Aujourd'hui Fréchou, commune du canton de Nérac. On trouve ce nom écrit encore *Freisse* (*Fraxinus, Frascinus*).

[2] Cette lettre comble une lacune dans le *Recueil des lettres missives de Henri IV*, où l'on ne trouve aucune lettre entre le 14 et le 28 juin 1577 (t. I, p. 140, 141). De même, pour les *Séjours et itinéraires du roi de Navarre* (t. II, p. 554) la présente lettre ajoute un anneau à la chaîne interrompue. On saura désormais que le Béarnais, qui était à Agen le 14 juin et le 28, y était aussi le 26. Espérons que peu à peu nous pourrons le suivre jour par jour dans la vie si errante et si aventureuse qu'il mena avant de devenir un des plus grands et des meilleurs de tous les rois de France. M. Guadet nous promet de compléter, dans le dernier volume des *Lettres missives*, les recherches de M. Berger de Xivrey, mais il faut l'aider, beaucoup l'aider, car sans le concours de tous les fureteurs provinciaux, son travail resterait imparfait, en dépit d'un zèle auquel je me plais à rendre hommage.

## XLIX

Lettre du président Villeneuve à Catherine de Médicis, dans laquelle il lui donne des nouvelles de la ville d'Agen, du petit parlement établi en cette ville, et où il lui fait l'éloge de M. de Bajaumont, le sénéchal, de Janus Frégose, l'évêque d'Agen, et aussi de lui-même.[1]

25 Juillet 1578.

Madame, Vostre Majesté pourra voir par la lettre que j'escritz au Roy l'accident survenu par deça pour raison du refus faict à Monsieur le mareschal de Biron sur la reddition de la ville de Figeac.[2] Toutesfois il me semble qu'il n'y a encore rien qui soit advenu qui ne se puisse rabiller. Quoyqu'il soit, je loue Dieu que cette ville est conservée en l'obeissance du Roy, en quoy je supplie très humblement

---

[1] Fonds français, vol. 15560, p. 165.

[2] Les calvinistes avaient pris et saccagé la ville de Figeac en 1576. Sully raconte ainsi (*Œconomies royales*, édition Michaud et [Poujoulat, p. 28) la tentative de revanche des catholiques, en 1578 : « La ville de Figeac fut lors surprise par les catholiques, la citadelle assiégée : mais M. de Thurenne que le roy de Navarre envoya au secours d'icelle, avec *toute* la noblesse de la cour, du nombre desquels vous fustes, M. de Thurenne vous ayant demandé : Hé bien, Monsieur, serez-vous des nostres ? et vous luy ayant respondu : Ouy, Monsieur, je seray tousjours des vostres, quand ce sera pour le service du roy, et en tout temps quand vous m'aymerez ; car lors Laverdin, Duras, Grandmont et autres catholiques qui avaient accoustumé de vous assister, s'estoient retirez : M. de Thurenne, dis-je, fit si bonne diligence, que la ville de Figeac fut quittée par ceux qui l'avoient prise, voyans approcher un tel secours. » Conférez d'Aubigné (*Histoire universelle*, t. II, livr. IV, chap. 3 et 5).

Vostre Majesté croire que l'establissement de la cour de parlement en cette ville y a servi grandement,[1] comme aussy je

---

[1] J. A. de Thou ( *Hist.* Liv. LXVI ) donne à ce sujet les renseignements suivants : « Sur ces entrefaites, on établit à Agen au mois de juillet, en conséquence de l'article XXII de l'édit de Bergerac, une chambre tripartie, composée de douze conseillers et deux présidens, dont l'un était protestant et l'autre catholique, et qui ne pouvait rendre aucun arrêt, qu'un tiers des juges qui assistaient à l'audience ne fût protestant. L'esprit de parti ne pouvait manquer de régner dans cet assemblage bizarre. Ainsi lorsqu'il fallait aller aux avis, il y avait tous les jours quelques contestations qui troublaient l'ordre de la justice. » M. E. Brives-Cazes ( *Le Parlement de Bordeaux et la chambre de justice de Guienne*, dans les *Actes de l'Académie de Bordeaux*, 1865, p. 368,369 ) complète de cette façon les renseignements fournis par le grand historien : « Le 26 avril 1578 étaient présentées au Parlement les lettres patentes pour l'érection de cette chambre à Agen. Le moment pouvait paraître mal choisi. Dix jours avant, le palais de l'Ombrière lui-même n'avait échappé à une surprise que par la prompte mesure que le premier président de Lagebaston avait pris sur lui d'ordonner... La ville d'Agen présentait encore moins de sécurité. Elle était encore occupée, comme le pays environnant, par les bandes de religionnaires : aussi le Parlement, chambres assemblées, tout en ordonnant la publication au premier jour et l'enregistrement des lettres patentes dont il s'agit, fit cette réserve : à la charge que les présidents et conseillers ordonnés par le roy pour aller servir en icelle Chambre ne partiront de ceste ville jusqu'à ce que le roi de Navarre ait mis la ville d'Agen et tout le païs en l'obéissance du roy, et fait vider les garnisons de gens de guerre estant en icelle ville et autour du païs. — La prudence n'avait peut-être pas conseillé seule ce sursis. Le mauvais vouloir bien notoire du Parlement à l'égard des réformés ne manquait jamais une occasion de se produire... Cependant, en juin 1578, la chambre tri-partie était établie à Agen... Un règlement entre elle et le Parlement, au sujet de leur juridiction et compétence respectives, était ordonné par le roi, à Olinville, le 31 juillet, et envoyé au Parlement. Celui-ci s'en émut d'autant mieux que la chambre tri-partie, sans attendre la délibération de la cour, s'était hâtée de procéder à la publication de ce règlement, et avait ordonné en outre de le publier dans la sénéchaussée d'Agenais et autres lieux du ressort. Les chambres assemblées arrêtèrent qu'avant de procéder à aucune publication, remontrances seraient faites au roi de *vive voix*... Ce ne fut que le 12 août 1579 que le Parlement se décida à enregistrer le règlement dont il s'agit. »

n'y pas esté inutile. Ledict sieur mareschal alla hier trouver le Roy de Navarre,[1] suivant ce qu'il luy avoit escrit par le seigneur de Lavardin.[2] Il m'avoit pareillement escrit de l'aller trouver avecques ledict sieur mareschal, ainsi qu'il vous plaira voir par la lettre dudict sieur Roy de Navarre que je envoye à Voz Majestez pour estre esclercy et commandé de ce que je debvray faire pour l'advenir, quand semblables ou aultres affaires se presenteront pour le service de vos dictes Majestez. Cependent le sieur de Bajaumond, seneschal d'Agenoys, est demeuré en cette ville pour pourvoir à la seureté d'icelle et contenir toutes choses soubz l'obeissance de vos dictes Majestés, ce qu'il faict avecques doulceur et contentement de tous tant d'une religion que d'autre. A quoy de ma part (comme faict aussy M. l'evesque d'Agen)[3] nous y employons de tout nostre pouvoir à ce qu'il ne soit alteré aucune chose contre vostre intention, laquelle je vous supplie très humblement nous faire entendre au plustost, et pour l'execution d'icelle je ne faudray employer tout ce qui est en

---

[1] Henri devait être alors à Montauban. Il y était du moins le 18 juillet et il s'y trouvait encore le 6 août. On peut même dire qu'il y passa tout l'été de 1578, de la fin de juin au commencement de septembre (*Séjours et itinéraires du roi de Navarre*, p. 555). Henri parle de « la chambre d'Agen » dans une lettre du 6 juillet 1578 (t. I, p. 183), et dans une lettre du 18 du même mois (*Ibid.* p. 183). Il dit dans cette dernière lettre adressée à M. de Dampville, mareschal de France : « Mon cousin, vous avez peu entendre les beaux commencements qui avoient esté donnez en l'execution de l'establissement de la chambre, remise de la ville d'Agen en l'estat qu'elle doibt demeurer suivant iceluy edict, et par les conferences que nous avons eues ensemble les sieurs mareschal de Biron et de Foix.. »

[2] Jean de Beaumanoir, fait plus tard par Henri IV marquis de Lavardin, maréchal de France, gouverneur du Maine, chevalier du Saint-Esprit, etc.

[3] Témoignage à rapprocher des autres témoignages rendus à Janus Frégose et rappelés dans la notice qui précède ses *Lettres inédites*.

ma puissance, voyre ma propre vie, d'aussy entière et fidelle affection que je prie très humblement Dieu,

Madame, vous donner, en très parfaite santé, très longue et très heureuse vie.

D'Agen ce xxv<sup>e</sup> jour de juillet 1578.

Vostre très humble, très obéissant et très fidelle serviteur et subject

Le second président en la cour de parlement de Bourdeaulx

DE VILLENEUFVE.[1]

---

[1] Le 4 juin 1578, dit Labenazie (*Chronique agenoise*), « la chambre tri-partie tint sa première séance à la maison de ville. Il y fut chanté une grand'messe avec musique. M<sup>r</sup> le mareschal de Biron y assista avec le président Villeneuve et huit conseillers en robe rouge. Le premier huissier y était aussi en robe rouge. » M. l'abbé Barrère, qui d'ordinaire suit fidèlement Labenazie, s'éloigne ici quelque peu de son guide, disant (*Histoire religieuse et monumentale du diocèse d'Agen*, t. II, p. 328) : « Ils arrivèrent (les membres de la chambre) le dimanche 1<sup>er</sup> juin et *tinrent ce même jour leur première séance.* »

# L

Lettre écrite au Roi Henri III par les membres de la chambre tri-partie établie à Agen, pour répondre aux reproches qui leur avaient été adressés par le Roi, et pour le prier d'assurer le payement de leurs gages arriérés.[1]

26 Juin 1579.

Nostre Souverain Seigneur, nous avons reçeu vos lettres du dix-septiesme du present, par lesquelles il semble que vous nous imputez à connivence ou negligence le retardement de la punition de l'attentat commis en la ville de Langon[2] au prejudice de vostre edict de pacification et execu-

---

[1] Fonds français, vol 15561, p. 42.

[2] Dans une lettre du 12 juin 1579, qui provoqua sans doute la réprimande infligée par le roi Henri III aux magistrats de la chambre tri-partie, le roi de Navarre s'exprimait ainsi (t. I, p. 231), au sujet de la prise de Langon par les catholiques (prise qui est du 8 avril 1578) : « Je m'attendois de veoir quelque justice du cruel faict de Langon, lequel a rompu les beaulx et heureux commencemens d'establissement de paix qui estoient en mon gouvernement... Une prompte et exemplaire justice, à ces commencemens d'establissement de paix, eust faict un grand fruict et donné beaucoup d'advancement au bien de la paix. De telles impunitez ou retardemens de justice sont cause de la continuation des maulx et misères qu'on voit par deça. » Le roi de Navarre revient souvent, dans sa correspondance, sur ce sujet qui lui tient au cœur (t. I, p. 270, 290, 381 ; t. VIII, p. 131, 139, 144). En cette dernière page (du 22 août 1579), il dit à sa belle-mère que le maréchal de Biron continue « de plus en plus ses mauvais depportemens » envers lui, qu'il diffère toujours « de faire justice de la surprinse de Langon contre ce que le Roy, mon seigneur, et vous, luy avez si souvent et expressement commandé, » et qu'il va même jusqu'à « la desnier ouvertement et soustenir les coulpables. » M. Guadet a mis sous une lettre du 26 décembre (?) 1578, où le roi de Navarre se plaint au vicomte de Turenne de « ce qui est arrivé à Langon, » la note que voici : « La ville de Langon fut prise en pleine paix par les catholiques, *qui démolirent ses murailles et les maisons de plusieurs citoyens. Le roi de*

tion d'icelluy, mais nous vous supplions très humblement considerer que nous n'avons jurisdiction en ceste chambre sinon que les parties soient de la qualité portée par icelluy edict, et qu'elles le requierent, ou que par voz lettres patentes ladicte jurisdiction nous soit attribuée. Ce qui n'a esté faict que despuis quelques jours, et aussytost nous avons depputez deulx conseillers l'un catholicque, et l'aultre de la religion pretendeue reformée, pour informer desdits excez, ce qu'ilz ont faict, et l'information rapportée, l'avons decrettez de prinse de corps contre les nommez en icelle, qui sont cent ou davantaige, et par arrest a esté enjoinct à voz seneschaulx, baillifz et viz seneschaulx et aultres officiers de mettre le decret à exécution, et pour faciliter icelluy decret (si be-

---

Navarre ne cessa de réclamer la punition des coupables, mais ce fut en vain. » M. Guadet s'est trompé dans le passage que j'ai souligné : les catholiques qui s'emparèrent de Langon n'en démolirent ni les remparts, ni les maisons. Ce fut, plus tard, que ces démolitions furent faites par l'ordre du maréchal de Biron, comme on le voit dans une lettre du futur Henri IV (t. I, p. 381), classée par erreur parmi les lettres de juillet 1584, et qui est au moins antérieure de près d'un mois à la lettre du 12 juin 1579, car elle a dû être écrite bien peu de temps après l'événement : « L'edict commençoit à s'executer fort bien, et la paix à s'establir en ce gouvernement ; aucuns qui en sont ennemys ont surpris la ville de Langon, qui avoit obey entièrement à l'execution de l'edict et ne faysoit plus aucune garde, ont tué partye des habitans, violé femmes et filles, bruslé quelques maisons et sacagé la ville avec plus de cruauté qu'en temps de guerre. Monsr le mareschal de Biron a esté commys pour aller sur les lieux en faire la justice... Les murailles de la ville ont esté demantelées par ledict sieur mareschal, et les fossés comblés, qui est punir les oppressés, au lieu des oppresseurs ; etc. » Henri dit encore sur ce point, le 12 juin (t. I, p. 231) : « Pour toute satisfaction jusqu'icy on n'a eu aultre chose que la desmolition des murailles de la ville et de quelques maisons des habitans... De deux ou trois cens coupables dudict faict, il n'y en a encore ung seul pris ; et au lieu de raser leurs maisons, comme il avoit esté ordonné par la Royne, on a rasé les murailles de la ville et les maisons des officiers. »

soing estoit) avons permis au substitut de vostre procureur general employer le Roy de Navarre et le sieur mareschal de Biron, suyvant vostre commandement, et en oultre nous avons enjoinct à tous les seneschaulx et lieutenans criminels de ce ressort, d'imformer des controuventions à icelluy edict de pacification, et nous renvoyer et certiffier du debvoir qu'ilz feront, de moyz en moyz, et à tous voz subjectz dudict ressort de se contenir soubz le benefice de voz edictz de maniere que nous pouvons justement dire et nous attribuer que nous avons faict nostre debvoir à la descharge de vostre conscience et nostre non seulement en ce negoce, mais en tous aultres concernanz le repos de voz subjectz depuis que nous sommes en l'exercice de ceste charge extraordinaire, et avons empesché le renouvellement des troubles avec tout le soing et diligence à nous possible, et toutes fois voz financiers de la generalité de Guyenne (sans aulcune consideration à la despence qu'il nous convient faire icy, ne aux inconveniens que nous souffrons), ne tiennent aulcun compte de nous payer, de manière qu'à faulte du payement de noz gaiges de l'année passée, nous avions esté constraincts par necessité d'abandonner le service de la chambre, et nous retirer en noz maisons et avant qu'estre payés nous aurions despendu ce qu'aurions reçeu, et à present il nous est deu demye année entiere qui est cause que nous vous supplions très humblement qu'il vous plaise commander à voz officiers du bureau establiy à Bourdeaulx, qu'ilz nous facent payer ce qui est deu et, pour l'advenir, à la fin de chescun quartier. Aultrement, à faulte de moyens, nous serons contrainctz de nous retirer en noz maisons, car la volunté ne nous defauldra jamais de vous rendre la très humble obeissance que nous sommes obligez. Nous vous supplions aussy nous envoyer au plus tost le reiglement d'entre vostre cour de parlement de Bourdeaulx et ceste chambre pour eviter la contrarietté des Arretz dont s'ensuit le mespris de vostre justice et le dommage de voz subjectz, et nous esperons si vertueusement continuer au debvoir de noz charges que Dieu en sera loué et vous en demurerez satisfaict et content, priant le Createur vous donner,

Nostre Souverain Seigneur, en très bonne santé très longue et très heureuse vie, avec l'accomplissement de voz très haults et très nobles desirs.

Escript en la chambre par vous establye en vostre ville d'Agen, le vingt-sixiesme jour de juing 1579.[1]

Les gens de vostre cour de parlement de Bourdeaulx tenons la dicte chambre voz très humbles et très obeissans serviteurs et subjectz.

DE GAXIIS.

---

[1] A la fin de la lettre citée plus haut sous la date du 26 décembre 1578 — date que je ne puis m'empêcher de regarder comme fausse et que je proposerais de remplacer par une date beaucoup plus rapprochée de celle de la prise de Langon : Henri aurait-il, en effet, attendu plus de huit mois, pour se plaindre à un confident comme l'était le vicomte de Turenne, de ce qui, suivant son expression, *est arrivé à Langon?* — A la fin, dis-je, de cette lettre (p. 132), le roi de Navarre écrit, au sujet d'une enquête à faire à Lauzerte : « Ceux de la cour d'Agen, députés pour aller sur les lieux, disent qu'on ne leur donne aucun moyen pour executer leur commission. » Comme la prise de Lauzerte par les catholiques est du 5 mai 1578, je trouve là un nouvel argument contre la date assignée par M. Guadèt à ce document : les réclamations et protestations des habitants de Lauzerte durent suivre de près la prise de leur ville, et, tout bien pesé, je mettrais volontiers au milieu de mai la lettre rejetée à la fin de décembre.

## LI

Lettre du président-protestant de la chambre tri-partie d'Agen à Catherine de Médicis, où il l'entretient de ladite chambre, sans négliger ses propres affaires.[1]

31 Décembre 1579.

Madame, Nostre compaignie, après avoir veu les lettres qu'il a pleu au roy luy escrire sur le tesmoignage que Vostre Majesté luy a rendu de nos deportements, faict à Vostre Majesté une ample despeche de ce qui semble estre requis pour l'administration de la justice et repos de ceste province, et parce qu'estant sur le lieu vous avez mieulx recogneu touts nos deffautz qu'ilz ne vous peurent estre representés,[2] il vous plaira, Madame, y prouvoir selon vostre prudence accoustumée specialement pour la proportion ordonnée en nos jugements, l'observation de laquelle nous cognoissons de plus en plus estre impossible, la reunion ou translation de ceste justice en son corps de ville de Bourdeaux, le changement ou continuation des juges, l'assistance des vissenechaulx et aultres forces pour l'exequution de nos decrets, et generalement pour toutes les autres choses necessaires à la decoration et authorité de ceste chambre, si Vos Majestez jugent qu'elle puisse servir à l'effect de vos intentions. Particulièrement je supplieray très humblement Vostre Majesté, Madame, se souvenir de la controverse que

---

[1] Fonds français, vol. 15561, p. 263.

[2] Catherine de Médicis, accompagnée du cardinal de Bourbon, devança de quelques heures à Agen (11 octobre) sa fille Marguerite qui fit son entrée solennelle dans cette ville, le dimanche 12 octobre 1578 « sous un dais de damas blanc. » Les deux reines ne tardèrent pas à quitter Agen pour se rendre à Nérac.

je souffre en l'estat du quel j'ay esté honnoré, laquelle ne peust rester que par une bien expresse declaration ou remboursement de la finance que le sieur de Poynet, qui me faict ceste controverse,[1] aura fournie. Je suis contrainct si souvent vous en importuner, pour ce que sa reception en la cour de parlement de Bourdeaux en la qualité qu'il la poursuit, est mon exclusion et l'entiere privation de la grace que le Roy m'a faicte, et que vous m'avez montré vouloir m'estre continuée.

Madame, je prie Dieu pour la très longue et très parfaicte prosperité et santé à Vostre Majesté.

A Agen, ce dernier jour de décembre 1579.

Vostre plus que très humble et plus que très obeissant serviteur et subject.

CHAUVIN.[2]

---

[1] Quelque fils sans doute de ce second président de la Cour des Aides, Antoine de Poynet qui, le 7 janvier 1557, avait été reçu conseiller et président des requêtes au Parlement de Bordeaux, conformément aux lettres du roi et en conséquence de l'incorporation (Fonds français, vol. 22367).

[2] J'emprunte à M. Brives-Cazes (*Actes de l'Académie de Bordeaux* déjà cités, p. 369) cette note sur le président protestant de la chambre dont M. de Villeneuve était le président catholique : « Un édit déjà ancien avait créé un office de président et cinq de conseillers protestants pour le service de la chambre mi-partie [juin 1576]. Me Jean Chauvin avait été alors pourvu de l'office de président. Peut-être était-il plus que l'homonyme du célèbre Jean Chauvin, dit Calvin, *Calvinus*. Il ne fut admis à siéger comme sixième président du Parlement que le 27 juin 1585. Il abjura, plus tard, le 23 décembre 1579, au château de Beychevelle. »

## LII

Lettre du même au Roi Henri III, pour lui signaler les difficultés que la chambre tri-partie rencontre dans l'accomplissement de sa mission, et les dangers dont elle est menacée, ainsi que toute la province.[1]

13 Février 1580.

Sire, despuis les festes de Noel dernieres, nous qui restons icy de la compaignie que Vostre Majesté y a ordonnée pour l'administration de vostre justice souveraine, suivant vostre edict de pacification, avons resté la pluspart du temps pour les occasions contenues en nos lettres, et neanmoins craignants que l'entiere rupture de ceste chambre imprimast au cœur de vos subjects quelque sinistre opinion de la continuation de la paix, avons jusques icy tenu bon contre touts les oraiges qui se sont elevés, usants le mieulx et le plus prudement qu'il nous a esté possible de la foible puissance qui nous est demeurée, pour empecher que les choses ne soient venues aux extremités, et lier les mains à ceulx qui d'une part et d'aultre ne les ont que trop promptes à mal faire ; A quoy j'ay particulierement aporté ce que j'ay estimé estre de vostre intention et service : mais la paour des dangiers qui semblent encore prochains, a tellement saisy la plus part des juges tant catholiques que de la Relligion pretendue reformée, que je ne voy plus moyen aucun de les pouvoir retenir ny continuer,[2] qui est la cause que nous despechons ce porteur exprès par devers Vostre Majesté, pour luy faire

---

[1] Fonds français, vol. 15562, p. 39.

[2] La chambre tri-partie devait subsister une année encore à Agen, et, en vertu du onzième des articles adoptés « en l'assemblée et conférence faite au lieu de Flex, près la ville de Saincte-Foy, » une chambre de justice dut être envoyée, pour la remplacer, « au pais et duché de Guyenne. » Ce fut le 11 février 1581 que le roi Henri III adressa à la chambre tri-partie un édit qui lui apprenait qu'elle allait cesser d'exister et que, provisoirement, elle aurait à se transporter à Saint-Emilion. Ce lieu ne tarda

entendre tant l'estat et disposition nostre, que de ceste province, affin qu'il plaise à icelle Vostre Majesté y aporter les remèdes qu'elle trouverra estre plus convenables pour le bien de son service, et nous commander vos voluntez auxquelles je rendray perpetuelement la très humble et très fidèle obeissance et subjection que je doibs de la mesme devotion que je prie Dieu,

Sire, conserver Vostre Majesté en très longue et très parfaicte santé et prosperité.

A Agen ce xiii février 1580.

Vostre plus que très humble et plus que très obeissant serviteur et subject.

CHAUVIN.

---

pas à être changé, sur les instances du Parlement, en celui de Bordeaux, et des les premiers jours de mars, le tribunal exceptionnel fonctionnait, côte à côte du Parlement, dans le palais de l'Ombrière. L'édit du 11 février nous fait connaître la composition de la chambre tri-partie au moment où lui fut annoncé son propre décès : le président catholique était Joseph d'Eymar, le président protestant était l'immuable Chauvin. Les conseillers s'appelaient Gabriel de Gentils, Pierre de Pommiers, Geoffroy de Malvin, Geoffroy de Montaigne, Guillaume Alesme, François de Gasq, Bernard de Tustal, Pierre de Saint-Genest, Joseph Feydeau, Jehan de Gauffreteau, Jacques de Gueve, Jehan de Veinière. (*Actes de l'Académie de Bordeaux*, p. 374.) La plupart des hôtes de la ville d'Agen en 1580-81 étaient au nombre des membres les plus considérables du Parlement de Bordeaux : Joseph d'Eymar, qui avait été reçu conseiller le 27 juin 1554, et qui était devenu depuis un des présidents de cette Compagnie, avait été, en 1775, maire de la ville de Bordeaux ; les Gentils, les Pommiers, les Malvin, les Montaigne, les Alesme, sont tous célèbres dans les annales judiciaires de la Guyenne. Geoffroy de Malvin était non moins distingué par son origine que par son talent littéraire. (Voir sur lui une note de mon *Essai sur la vie et les ouvrages de Florimond de Raymond*, p. 69.) Jean de Gauffreteau composa une curieuse *Chronique*, dont quelques extraits m'ont été communiqués jadis par feu M. le baron de Montesquieu (Voir ce même *Essai*, p. 128), et qui, je l'espère, sera, pour notre plus grande joie, prochainement publiée par la Société des Bibliophiles de Guyenne.

## LIII

Lettre du même à la Reine-mère, où il lui raconte un entretien qu'il a eu récemment, à Nérac, avec le Roi de Navarre, en présence de la Reine Marguerite.[1]

13 Février 1580.

Madame, M'estant naguières trouvé à Nerac pour ung affaire particulier que j'ay avecques le Roy de Navarre pour rayson de quelques biens que je tiens en sa terre de Rions, j'y rencontray le president presidial de Condom, lequel je priay faire entendre à Vostre Majesté quelques particularités de ce qui se passe en ceste province, et de la supplication et requeste que je fys audict sieur roy de Navarre, la Royne sa femme présente, de faire paroistre par bons et certains effects à ce besoing extreme la bonne et saincte affection que chascun estime qu'il a au bien et repos de cest estat, rompre et dissiper ceste nuée de troubles qui semble nous menasser. A quoy je le trouvay disposé, et m'asseura qu'il en faisoit à Vos Majestées et par toute ceste province de bonnes et bien expresses despesches, se pleignant neanmoins des grandes allarmes que l'on prennoit de luy en ceste ville et ailleurs, ce que j'excusay sur la juste craincte qu'ont les villes d'estre surprinses par ceux qui ne recognoissent l'authorité du Roy

---

[1] *Ibid.*, p. 40.

ny la sienne contre lesquels il a trouvé bon de se garder. Il estoit aussi grandement esbahy de ce qu'il n'avoit eu nouvelles de Vos Majestées despuis le partement de Monsieur de Rambouillet[1] et autres qu'il avoit envoiés par devers icelles Vos Majestées, à quoy je pense il luy aura despuis esté satisfaict. Nous sommes cependant icy en l'incertitude et anxieté que vous verrez par nos lettres et entendrez par ce porteur que nous envoions exprès et en diligence par devers Vos dictes Majestées pour entendre vos voluntés et recevoir vos commandemens l'observation desquels me sera tousjours plus chere que la vie laquelle n'est dediée que pour vos services de la mesme devotion que je prie Dieu,

Madame, pour la très longue et très parfaicte santé de Vostre Majesté.

A Agen ce xiii febvrier 1580.

Vostre plus que très humble et plus que très obéissant serviteur et subject.   CHAUVIN.

---

[1] Nicolas d'Angennes, seigneur de Rambouillet, capitaine des gardes de Henri III. Sur le séjour en Agenais de cet ancien ambassadeur en Angleterre, voir les *Lettres inédites de Janus Frégose*, surtout une note mise sous la lettre IV et où il est question de l'affaire de Langon.

## LIV

Lettre de Bernard de Lacombe, abbé de Blasimond, au Roi Henri III, où il lui rend compte de la situation du diocèse d'Agen, et prodigue les éloges à l'évêque Janus Frégose, au président Lalanne, au sénéchal M. de Bajaumont.[1]

15 Février 1580.

Sire, encorre que M. d'Agen, nostre chef et prelat, escrive à Vostre Majesté du cours de l'estat de ceste seneschaucée, ce neanmoings, sçaichant que Vostre dicte Majesté a agreable les bons debvoirs que voz subjectz, soit en particulier ou en un corps general, s'efforcent de vous rendre, soubs cette consideration nous prennons l'hardiesse de vous escrire et faire entendre que, graces à Dieu, la fonction de l'estat ecclesiastique estoit bien acheminé pour restablir l'exercice de la religion catholique en ceste dioceze,[2] moyennant la continuation du bon et grand debvoir qu'y a apporté et apporte journellement nostre dict sieur evesque, et la bonne

---

[1] *Ibid.*, p. 45.

[2] Le *Dictionnaire de Trévoux* constate que deux savants ecclésiastiques ont fait le mot *diocèse* féminin, le P. Thomassin, dans son livre *De la Discipline de l'église*, et l'abbé Fleury dans son *Histoire ecclésiastique*. Les rédacteurs de ce Dictionnaire ajoutent : « Cela est contre l'usage ; jamais diocèse n'est féminin en notre langue. » *Jamais* est un mot imprudent, en philologie comme en politique. M. Littré (*Dictionnaire de la langue française*) renverse ainsi le fragile *jamais* de ses devanciers : « *Diocèse* a d'abord été féminin, conformément à l'étymologie. » Le savant académicien cite l'emploi du féminin dans un manuscrit du XIIIe siècle où l'on mentionne *la diocèse de Soissons* et dans ce passage de l'*Institution* de Calvin : chacune cité avoit *sa diocèse*. » — Quelques lignes plus loin, l'abbé de Blasimond donne encore le féminin à un mot qui, en raison de son origine (*Suffragium*), n'aurait, ce semble, pas dû perdre sa qualité jusqu'alors invariable.

acistance que nous avons de la manutention de M. le president Lalanne, despuis treize ou quatorze moys qu'il y a qu'il est en ceste ville,[1] lequel certainement a esté et est par tous ses bons offices et actions ung si très bon promotheur de l'advancement de ladicte religion catholicque, qu'il nous en a faict et faict ressentir tous les bons fruictz qui se pourroyent dezirer, n'ayans seulement tendu ny tendantz à ceste particularité ses deportemens, mais à replanter une bonne paciffication generalle, nous ayans remyz de l'estat contentieulx et brouilhé où nous estions, lorsqu'il vinct faire sa charge, en bonne unyon et concorde et y avons despuis ce temps la, pour sa bonne dexterité et conduicte, vescu avec toutz gratieulx comportementz et vivrions, sans les brouilhes que du party de ceulx de la religion pretendue refformée sont suscitez, desquelz, Sire, M. le seneschal d'Agenois vous escript, qui nous est occasion trop suffizante pour ne nous estendre en ceste cy de tel discours afin de n'importuner Vostre dicte Majesté, bien nous enhardirons nous, Sire, de vous dire que jaçoit que le grand zelle et bonne affection dudict sieur senechal au bien de vostre service et restablissement de la paix et de la religion catholicque, soit cogneu de Vostre dicte Majesté, toutesfois il nous semble ne luy debvoir taire que du bon soing, diligence et vertueux exploits dudict sieur senechal nous en raportons journellement de fort grandz biens, et selon voz commandemens et

---

[1] Le président Lalanne, qui avait sans doute succédé au président de Villeneuve et qui à son tour avait probablement été remplacé par le président d'Eymar, était cé Sarran de Lalanne reçu conseiller, le 29 novembre 1559, à la suite de la résignation de Gilles de Noailles, évêque de Dax après son frère François de Noailles, et qui mourut en 1594 (voir son éloge et son épitaphe dans la *Chronique bourdeloise*, p. 108.) La famille Lalanne a fourni, pendant près de deux siècles, une série non interrompue de magistrats au Parlement de Bordeaux.

intentions portez par voz edictz, supplions très humblement vostre dicte Majesté vouloir escrire ausdicts sieurs evesque d'Agen, president Lalanne et seneschal de continuer en leurs bonnes affections et recommandations, esquelles ils ont eu cest estat ecclesiastique, comme nous supplions très humblement Vostre dicte Majesté, Sire, avoir pitié d'icelluy, nous guerentissans de l'oppression de nos hayneulx et nous soullageans et allegeans aussy des payementz et foulles de tant de subscides, afin que, soubz une pauvreté et faulte de moyen, nous ne nous puyssions excuser de randre à Dieu le debvoir de nos charges ny de continuer à luy offrir toutes bonnes suffraiges et très humbles prieres pour vostre prosperité et santé, la suppliant les vous donner,

Sire, avec très longue vye,[1]

D'Agen ce xv<sup>e</sup> jour de febvier 1580

Voz très humbles et très obeissans subjectz et serviteurs,

DE LACOMBE,

*Grand arcidiacre et député pour ledict estat ecclesiastique d'Agenois.*

---

[1] Suit (p. 147) une lettre écrite, le même jour, par le même personnage à Catherine de Médicis. C'est un abrégé de la lettre que l'on vient de lire. En voici le début : « Madame, sçaichant que Vostre Majesté a agreable d'estre advertye de ce qui regarde l'honneur et service de Dieu et estat ecclesiastique, nous avons soubz ceste consideration prins l'hardiesse de vous escrire, comme à vostre parlement voz bonnes intentions et commandements au bien de la paix et concorde generalle furent tellement venerés de nostre cousté, que nous ne nous sommes en rien fourvoyés du fil de voz dictz commandements. » — Au triple éloge de l'évêque, du président Lalanne et du sénéchal, succèdent ces prières : « Qu'il vous plaize, Madame, prendre en vostre protection ce pauvre estat ecclesiastique, le faisant soullaiger en telle manière qu'il puisse faire sa fonction honorablement et selon Dieu. »

[2] Est-ce là le *Bernardus III de la Combe* du *Gallia Christiana*, ou le *Bernardus IV*, neveu du précédent (t. II, col. 1217)? Le premier, aumônier et conseiller du roi, prieur de Saint-Caprais, figure sur les registres

de l'évêque de Bazas en 1525, en 1557 et en 1571. Le second, aumônier et conseiller de la reine, prieur de Saint-Caprais, est mentionné, comme abbé commandataire de Blasimont, de 1583 à 1600. S'il s'agit du premier, c'est celui dont Monluc parle deux fois, d'abord dans ses *Commentaires* (t. III, p. 355), où il nous apprend que Messieurs de Blazimond et de La Lande, au nom du clergé d'Agen, lui promirent (octobre 1569) de l'aider à défendre jusqu'à la dernière extrémité cette ville menacée par les Huguenots, ensuite dans ses *Lettres* (t. IV, p. 112), où il nous apprend que dès l'ouverture des Etats d'Agen, le 12 mars 1561, l'abbé de Blasmont (*Sic* : la lettre *i* a été omise) fut député vers lui par l'ordre ecclésiastique pour lui donner l'assurance que l'on obéirait aux ordres du roi. Le même abbé représenta le clergé d'Agen aux États provinciaux qui, quelques jours après, furent tenus à Bordeaux. M. de Ruble, qui a tiré ce renseignement de la collection Dupuy (vol. 588, p. 37), ajoute (note de la p. 355 du t. III) que cet abbé, auquel il donne le prénom de *Bertrand*, fut, le 23 novembre 1579, un des témoins du mariage de la veuve de Monluc (Isabeau de Beauville) avec le comte des Cars. C'est aussi à Bernard III que le poète de Condom, Jean Paul de Labeyrie, adressa (*Carminum Sylva*, Toulouse, 1570) une charmante petite pièce (*Ad ornatissimum virum Combœum Blasimontii abbatem*) qui débute ainsi :

> Catulli memini te amare versus,
> Nugas, delicias, facetiasque,
> Lepores, Veneres, Cupidinesque,
> Totum denique te Catullum amare, etc.

Si, comme j'incline à le croire, la lettre que l'on vient de lire a été écrite par Bernard IV (Bernard III aurait été bien âgé, en 1580, quand même il aurait été nommé très jeune abbé de Blasimont avant 1525!) — il convient d'avancer de quelques années, dans la liste des abbés de Saint-Maurice de Blasimont (*de Blasiimonte*), l'époque où paraît pour la première fois Bernard IV, et de substituer 1580 au moins à 1583.

## LV

Lettre de Jean de Durfort, seigneur de Born, « à Monseigneur de Biron, Mareschal de France, » pour lui signaler l'attaque d'un château de l'Agenais par les Huguenots, et pour lui transmettre les plaintes de la noblesse à ce sujet.[1]

23 Février 1580.

Monseigneur, l'on me mande de Castillionès que, la nuict de dimenche dernier, les huguenotz faillirent de prandre le chasteau de Vallette qui est près de Montault,[2] et avoient desja faict ung trou à la murallie, mais ceulx de la meson se esvelliarent. Il ne fault pas que l'on die que ce soit querrelle particulliere, car la meson est à des junes enfens et leur pere lorsqu'il vivoit ne pourta jamais espée contre personne. La noblesse crie fort de ce que l'on ne ause courrir sus à telle rasse de gens. Il y en a force qui disent que si telz actes continuent qu'ilz monteront à cheval. Il y en a qui m'ont envoyé demander advis de ce que ils ont affere. Je leur ay mandé que je vous en advertirois, et que je sçavois que leur dire la dessus. Les Huguenotz dirent que l'on ne randra pas le chasteau de Bayac[3] que l'on ne rende Puynorman,[4] et quant je leur ay respondu que le roy de Navarre

---

[1] *Ibid.*, p. 65.

[2] Je ne sais rien sur ce château de Vallette (canton de Villeréal).

[3] Bayac est une commune du département de la Dordogne, arrondissement de Bergerac, canton de Beaumont.

[4] Commune du département de la Gironde, arrondissement de Libourne, canton de Lussac. Le château de Puy-Normand venait d'être surpris par les catholiques. Voir *Recueil des Lettres missives d'Henri IV*, t. I, p. 301.

n'a pas trouvé bon que vous y allissiez, ilz m'ont repliqué que l'on ne trouve pas bon aussi que ledit seignieur roy de Navarre allie audit Bayac aveques forces. Voilla comme l'on est appresent. En cest androit priuray Dieu,

Monseignieur, vous doner en sancté heureuse et longue vie

D'Agen ce xxiii febvrier 1580

Vostre très humble et hobeyssent serviteur

BORN.[1]

---

[1] Jean de Durfort fut lieutenant général de l'artillerie de France. C'est de lui qu'il est question dans un passage de la *Remonstrance* de Darnalt (1606, f° 131, v°), où l'orateur signale une « ancienne synagogue, » dans « la maison possédée maintenant par le seigneur de Born, lieutenant général de l'artillerie de France. » Sa nomination de chevalier des ordres du roi est de 1597. On mentionne, dans un volume des manuscrits de Leydet et de Prunis, l'hommage rendu au roi, en 1606, par ce Jean de Durfort, chevalier de ses ordres, « pour la terre de Born, en Agenais, et pour la châtellenie de Monflanquin, avec les biens nobles qu'il tient en la vicomté de Brulhès, juridiction de Layrac, au comté d'Armagnac. » Sur le château de Born, qui appartint plus tard à la famille Belzunce de Castelmoron, voir d'intéressantes pages de M. le chanoine Anastase Capot : *Monseigneur de Belzunce. Souvenirs du château de Born (Recueil des travaux de la Société)*, 1872, p. 281-292.

## LVI

Lettre de Philippe Strozzi au Roi Henri III, pour lui rendre compte de la situation des choses en Agenais, et notamment de ce qui regarde la chambre tri-partie.[1]

26 Mars 1580.

Sire, au mesme temps que j'ay pancé trouver Monsr de Verac[2] de retour, je n'ay failly à m'en venir à Nerac pour effectuer ce que Vostre Majesté me commandera sur sa despeche. J'ai passé par Agen lequel [c'est-à-dire Verac] incontinent s'est rendu à la Chambre comme je luy diz de la part de Vostre Majesté. Elle pourra entandre la responce que les seneschaulx ont faicte sur le faict de grands jours que me gardera de luy en escrire. Bien puis asseurer Vostre Majesté que par une voye ou aultre il est très necessaire establir quelque justice en ses quartiers, y estant les affaires si débordés comme ils y sont. Il sera de besoing que prontemant Vostre Majesté [donne] ordre au faict de la Chambre, aultrement la s'en va abandonnée. Il hy a aulcuns que se sont retirez d'eulx mesmes, de quoy ceulx de la chambre se plainment bien fort. Il sera bien faict de leur en escrire un mot. Monsr de Fontainillée[3] part d'icy dans un jour ou deux,

---

[1] *Ibid.*, p. 94.

[2] Joachim de Saint-Georges, chevalier de l'ordre du roi, seigneur de Vérac, baron de Coutras, etc. Plusieurs lettres lui furent adressées par Henri IV, à partir de l'année 1576 (t. I, p. 86, 87, 107, 271, 599, 673).

[3] Philippe de La Roche, baron de Fontenilles, seigneur de Castéra-Lectourois, gentilhomme ordinaire de la chambre du roi, chevalier de l'ordre, capitaine de cinquante hommes d'armes des ordonnances, etc. Voir *Recueil des lettres missives de Henri IV*, t. II, p. 117, et surtout *Commentaires et lettres de B. de Monluc, passim*. On sait que Philippe de La Roche avait épousé, en janvier 1555, Françoise de Monluc, fille de Blaise

fort bien informé des affaires de ce pays, ce que me gardera d'en faire plus long discours à Vostre Majesté. Les ungs et les aultres se plainnent toutjour qu'il y a entreprice sur villes. [Ce] sont petitz feux qu'il est aysé d'estendre [*sic* pour *esteindre*], si prontemant l'on y met remede. Mes, en delayant, est à creindre que mal aysément l'on y puisse donner bon ordre.

Sire, je prie Dieu de vous donner très longue et très heureuse vie.

de Nérac, ce 26 jour de mars 1580

Vostre très humble et très obeissant serviteur et subject,

STROSSE.[1]

---

de Monluc et d'Antoinette Isalguier, sa première femme, et qu'il se remaria avec Paule de Viguier, si fameuse par sa durable beauté et proclamée par ses contemporains non-seulement la merveille de Toulouse, mais encore la merveillle de l'Univers. Voir le bizarre monument élevé à la gloire de la *belle Paule* (Lyon, 1587, in-8°) par l'enthousiaste Gabriel de Minut, auquel on peut appliquer, à cause de ses indiscrètes descriptions, le vers de Boileau :

Un cousin, abusant d'un fâcheux parentage.

[1] Philippe Strozzi, seigneur d'Eperray et de Bressuire, colonel général de l'infanterie française, fils du maréchal de France Pierre Strozzi. Il allait être tué, deux ans plus tard (26 juillet 1582), en un combat naval près des Açores. Voir sur la lâche cruauté des Espagnols à l'égard de Strozzi, vaincu et blessé, une note de la p. 59 des *Lettres inédites de François de Noailles, évêque de Dax* (1865). Le roi de Navarre écrivait à Henri III, le 3 mars 1580, au sujet de la venue de Strozzi en Guyenne (t. I, p. 277) : « Ce m'a esté beaucoup d'honneur d'entendre vostre volonté et intention par le s<sup>r</sup> Strosse qu'il vous a pleu m'envoyer. » M. Berger de Xivrey, d'après le *Journal* de l'Estoile, rappelle que Strozzi apportait au roi de Navarre l'assurance des intentions toutes pacifiques du roi de France. Voir encore *Lettres inédites de Janus Frégose*, n<sup>os</sup> VIII, IX et X.

## LVII

Lettre du même au même, sur le même sujet.[1]

30 Mars 1580.

Sire, au temps que j'ay pansé Mons<sup>r</sup> de Verac de retour, je me suis acheminé jusques à Nerac tant pour savoir ce que Vostre Majesté me commanderoit, que pour prier le Roy de Navarre vouloir donner quelque ordre pour le quartier d'Alby et aultres lieux circonvoisins où il est très necessaire d'y protemant *(sic)* remedier, et aussy necessaire que Vostre Majesté fasse pourvoir pour ceste chambre d'Agen suyvant ce que luy en escript Monsieur le president Nemon [2]

---

[1] *Ibid.*, p. 98.

[2] François de Nesmond, d'abord avocat du roi au présidial d'Angoulême, puis conseiller au grand conseil, président au Parlement de Bordeaux (1569), conseiller d'Etat, etc. Son fils, André, seigneur de Chezat, fut premier président du Parlement de Bordeaux. François vivait encore le 22 avril 1603, époque où il fit un partage de ses biens entre ses enfants. (*Les origines de la maison de Nesmond. Rectification au Dictionnaire de la noblesse de La Chesnaye des Bois* par G. BABINET DE RENCOGNE, Angoulême, 1869). Voir deux lettres du président de Nesmond à Henri III et à Catherine de Médicis, du 8 mars 1580, où il est question de M. de Strozzi et de « la chambre de la justice establié à Agen, » dans les *Archives historiques* (t. II, p. 152, 153). André de Nesmond présida, en 1601 et 1602, la chambre de l'Édit établie à Nérac. Voir les *Extraits de la chronique d'Isaac de Pérès* publiés en ces mêmes *Archives historiques* (t. I, p. 397, 399.)

si par aultre voyc y n'y est proveu. Nous faisons ce que pouvons pour contenir ce mal un chascun en attendant sa resolution. Il se comet tout jour quelque desordre et jusques à ce que la justice y soit establie, il n'y a aparance que ce mal cesse. Ayant seu ce que Vostre Majesté me commandera par sa responce, je paraschevere quelques miesnes affaires particulières, si aultre chose ne ce presentera pour le service d'icelle. Mons⁰ de Fontainillée luy dira des affaires du pays que m'en gardera d'en escrire particulièrement à Vostre Majesté.

Sire, je prie Dieu de vous donner très longue et très heureuse vie.

Du Port Sainte Marie ce 30 jour de mars 1580

Vostre très humble et très obeissant serviteur et subgect

STROSSE.

## LVIII

Lettre de M. de Bajaumont au maréchal de Biron, au sujet de la tenue des États en la ville d'Agen et au sujet des mauvaises dispositions de la plupart des habitants de cette ville.[1]

1<sup>er</sup> Avril 1580.

Monsieur, depuis la tenue de nos estatz [à] Agen, je vous ay escript trois lettres et vous ay aussy envoyé les cayers, mais je m'estois resollu de ce faire par celluy que j'envoye à la Cour, comme ie fais. J'ay esté un peu long à les despecher, mais je vous en diray la raison. Je le feray partir demain ou lundy grand matin. Ce pendant je vous diray comme j'ay miz Monsieur de La Salle[2] avec quarante arquebouziers

---

[1] *Ibid.*, p. 100.

[2] Peut-être le même que ce « cappitaine de La Salle, qu'estoit à Monsieur de Vaillac, » qui se trouvait à Bordeaux lors du coup de main des Huguenots sur le Château-Trompette, le 25 juin 1562 (*Commentaires*, t. II, p. 418), et qui fut envoyé à la Cour (Lettre à la reine du 16 juillet 1564, t. IV, p. 349) pour obtenir que la garde particulière de 25 arquebusiers, dont il avait été le commandant, fût rendue, au moins pour quatre mois, à Monluc menacé de mort par « ceulx de la nouvelle religion. » Ce serait, dans ce cas, Jean de Cours, sieur de La Salle et de Villeneuve, gouverneur du Port-Sainte-Marie et de Clermont, nommé, le 9 février 1562, capitaine d'une compagnie de trois cents hommes, etc., fils de Pierre de Cours, seigneur de La Salle, et de Jeanne de Preissac, et petit-fils de Jean de Cours, seigneur de La Salle, et de Jeanne de Mondenard de Moncaup, alliée à la famille de Monluc. Voir *Maisons historiques de Gascogne*, par J. Noulens (t. I, 1865, p. 289-291). Le personnage mentionné dans la lettre du sénéchal d'Agenais pourrait encore être le frère aîné de Jean de Cours, François de Cours, seigneur de La Salle, qui fut nommé gouverneur de Damazan en 1560, et qui se maria, en 1569, avec Serène de Luppé, fille de Carbon de Luppé, seigneur d'Arblade, et, en 1572, avec une Agenaise, Isabeau d'Estrades. L'auteur des *Maisons de Gas-*

dans Agen, lequel j'ay faict paier pour ung mois. Il est vray que j'ay advancé la moytié de l'argent, car il n'y a que l'Eglise qui aye baillé deux cens livres. Les officiers en doibvent bailler cent, mais la plus part ne veullent pas paier. Je pense qu'il n'y a ville en Guyenne où la plus part du peuple soit plus mal affectionné que celluy d'Agen. Je voldrois que vous sceussiez la peyne que j'ay eu à mectre les hommes dedans. Je m'en vins hier matin céans pour faire ma feste après y avoir ordonné tout ce qui y estoit nécessaire. Ce jor d'huy j'ay receu celle qu'il vous a pleu m'escripre. Je ne doubte poinct que vous ne soiez bien en peyne de contenir les catholiques veu les infractions quy se commectent tous les jours à l'Edict par ceulx de la Religion. Le Roy de Navarre m'a escript que vous aviez mandé de prandre les armes aux catholicques sur ceste assamblée qu'on avoit faict d'aller à Montaignac.[1] Je luy ay faict responce n'en avoir rien entandu et que vous ne m'en aviez rien escript ni mandé et qu'il n'y avoit personne en ceste

*cogne* (p. 294 et 295) a reproduit deux lettres écrites à François, l'une par le roi de Navarre, d'Agen le 20 novembre 1576, dans laquelle il lui demande amicalement des levriers, l'autre par Henri III, de Blois le 30 mars 1577, et où « le guerrier agenais, « comme l'appelle M.' Noulens, reçoit de vives félicitations pour son zèle et sa valeur.

[1] M. Berger de Xivrey a publié ( t. l, p. 95 )' une lettre écrite quatre années auparavant ( 29 juin 1576 ) par le roi de Navarre « à Monsieur de Bayaumont, chevalier de l'ordre du roy, gentilhomme ordinaire de sa chambre et général [ *Sic*, pour Sénéchal ] d'Agenois, » lettre où le prince réclame, au nom du maire et des jurats de Bordeaux, la restitution de quelques pièces d'artillerie menées, pendant les troubles, en la ville d'Agen. M. Berger de Xivrey consacre au prétendu *général* d'Agenois cette petite notice où, sans parler des fautes d'impression, on compte autant d'erreurs que de lignes : « *Hector Regnaud* de Durfort, *comte de Launac* en Agenois, baron de Bajaumont et *de La Fosse* près Agen, fils d'*Amanjeu* de Durfort et de Jeanne de *La Dague*. «

seneschaussée quy eust bougé ni quy bougeat. C'est ung grand cas que, pour nous garder, ilz cryent et ilz surprennent tous les jours villes et chateaux et ne veulent pas que nous cryons et nous conservyons. Je ne vous feray plus longue lettre pour ceste heure, attendant le partement de celluy que j'envoye à la Cour et y mectray fin et prieray Dieu,

Monsieur, vous donner en très bonne santé longue et prospère vye.

De La Fotz ce premier avril 1580.[1]

[De la main de Bajaumont] : Monsieur je n'è poinct eu nouvelles de vous depuis le xii mars qui me faict craindre estre esloygné de vous bonnes graces. Je suis entyerement vostre servitur *(sic)* au demeurant. Il s'en va ung gentilhomme de se pais à la Court par lequel le Roy de Navarre escript. Je ne vous dire autre chose.

Vostre très humble et obeyssant cousin et servitur affectionné                    BAJAUMONT.

Monsieur de Biron mareschal de France.

---

[1] Le 20 janvier précédent, jour où la nouvelle de la paix fut publiée dans Agen, on fit un grand feu de joie et ce fut M. de Bajaumont qui eut l'honneur de l'allumer. (Labenazie, *Chronique agenoise.*) Trois années auparavant, le 14 octobre 1577, c'était le roi de Navarre qui avait allumé, sur la place publique d'Agen, le feu de joie par lequel on avait fêté la paix de Poitiers (*Idem. Histoire de la ville d'Agen*, p. 269.)

## LIX

Lettre de M. de Bajaumont, « à Monsieur de Biron, maréchal de France, » où il lui annonce que Marmande et Villeneuve seront probablement bientôt l'objet d'une entreprise des troupes protestantes, et que la ville d'Agen est si mal gardée, qu'elle peut d'avance être considérée comme perdue.[1]

6 Avril 1580.

Monsieur, je cuyde que, se souer, mon homme que j'envoye à la Court sera arrivé devers vous, par lequel je vous ay averti de toutes choses. Despuis je reçeu deux avertissemens : par l'un il m'est mandé que toutes les eglises sont mandées et que tous doibt prandre les armes bien toust, par l'autre que set dans le quinsieme de se mois et qu'il y a entreprise sur beaucoup de villes qui se doyvet exsecuter dans le dit temps. Les villes de Marmande et de Villeneufve sont du nombre de celles que l'ons veut donner. Je les ay averties incontinant. Je ne creins pas Marmande, mais je doubte fort Villeneuve pour la mauvese garde qu'ils font.[2] Ils mirent judi ceux de la relligion ors la ville.[3] Le roy de

---

[1] Fonds français, vol. 15572, p. 146. La lettre est entièrement autographe.

[2] Ni Marmande, ni Villeneuve ne furent surprises par les protestants. Autour de Marmande, il y eut seulement, dans l'été de 1580, diverses escarmouches entre la garnison de cette ville et les soldats du roi de Navarre campés à Tonneins *(Notice sur la ville de Marmande,* p. 78-80).

[3] Henri, le 12 avril 1583, écrivit au maréchal de Matignon, pour que « ceulx de la religion reformée de Villeneuve d'Agenoys » eussent « l'exercice de leur religion dans l'enceinte de la ville » (t. I, p. 513).

Navarre m'en a escript par monsieur Destross et faict grande instance pour les remettre. Je y ay envoyé pour se fere. Le dit sieur Destros en a esté de cest avis. Ils font [se qu'ils ne doyvet pas fere, et ce qu'ils doyvet fere ils ne font pas. Ils n'ont jamais voulu fere les fortifications que je leur ay ordonné. Je vous ay souvent escript la mauvaise garde qu'on faict Agen. Je tiens la ville pour perdue. Les soldats y servent de beaucoup, mais passé se mois je ne vois pas moyen de les y entretenir, par quoy, monsieur, je vous supplie y vouloyer prouvoyer. Monsieur Destross e parti se matin pour retourner à Nerac.[1] J'atans demein de ses nouvelles sur la depeche que Verac luy aporte et sur ce je prye nostre Seigneur vous donner, Monsieur, en santé très heureuse et très longue vie.

D'Agen ce vi avril [2]

Vostre très humble et obeyssant cousin et serviteur affectionné.

BAJAUMONT.

---

[1] Nous avons vu ci-dessus que le premier voyage fait par Strozzi d'Agen à Nérac est des derniers jours du mois de mars.

[2] On a par erreur classé cette lettre, dans le volume 15572, parmi les dépêches de l'année 1586, sans observer que, cette année-là, Biron n'était plus lieutenant général en Guyenne et surtout que Bajaumont n'était déjà plus de ce monde.

## LX

**Lettre de M. de Bajaumont à Henri III, pour appeler son attention sur l'importance de la ville de Puymirol, et pour le prier de ne point accorder cette ville aux protestants comme place de sûreté.**[1]

20 Novembre 1581.

Sire, encore bien que j'aye souvent representé à Vostre Majesté, tant par courrier exprès que par lettres, l'importance de vostre ville de Puymirol, et mesmes ces jours passés par ung courrier que Monsieur le mareschal de Matignon vous a envoyé,[2] si est ce que s'en allant le sieur de Fregose[3] vers Vostre Majesté, je l'ay prié de vous faire encore entendre l'importance de la dicte ville au bien de vostre service et repos de vos subjectz de ceste seneschaucée, lesquelz m'ont tous prié tant la noblesse que les habitans des villes de Agen, Puymirol, Moissac et plusieurs autres entre ces deux rivieres de Garonne et de Loth, de vous supplier très humblement, Sire, de ne vouloir point accorder la dicte ville de Puymirol à ceux de la religion pretendue reformée au lieu

---

[1] Fonds français, vol. 15565, p. 201.

[2] Jacques de Goyon, comte de Matignon, maréchal de France en 1579, avait été nommé lieutenant général en Guyenne, à la place du maréchal de Biron, dans l'automne de 1581. Il fit son entrée à Bordeaux, « le dimanche 16 octobre 1581 » (*Chronique bourdeloise*, p. 94).

[3] Soit l'évêque d'Agen, soit celui de ses frères qui lui survécut, César Fregose.

de Perigueux. Si le dict Puimirol leur est accordé, c'est mettre vostre ville d'Agen au hasard d'estre surprinse par eux, attendu les comoditez qu'ils peuvent tyrer à cause de la fertilité du pays, et m'asseurant que ledict sieur Fregose vous fera bien entendre le tout, mesme le desespoir où sont les habitans du dict Puymirol, si la dicte ville est accordée à ceux de la dicte religion,[1] je n'importuneray plus avant Vostre Majesté par ceste icy que pour suplier Dieu

Sire, qu'il vous doinct très longue et très prospère vie.

D'Agen ce xx novembre 1581.

Vostre très humble et très obeissant subjet et serviteur :

BAJAUMONT.

---

[1] Le roi de Navarre écrivait, le 8 décembre 1580 (t. I, p. 335) : « Le Roy nous accorde bien tous nos articles, mais il ne veult aucunement entendre de la Reolle. Monsieur nous offre Montsegur et Pemeyrol ou Figeac, les deux que nous vouldrons choysir de ces troys... » Voir (*Ibid.*, p. 415) une autre lettre, du 27 novembre 1581, adressée au maréchal de Matignon, au sujet de la garnison de Puymirol qui était sous les ordres de Henri de Lusignan. (Voir, enfin, (*ibid.*, p. 422) une lettre, du 1er décembre 1581, qui prouve que la requête de M. de Bajaumont ne fut pas favorablement accueillie, car le roi de Navarre y dit au maréchal de Matignon : « Je suis bien ayse que le Roy mon dict seigneur ayt eu agreable l'eschange de Perigueux et de Pemyrol, avec les cinquante mille escuz. » Les traducteurs de l'*Histoire* de J. A. de Thou (Liv. CXXIV) ont appelé, à l'occasion de la substitution de Puymirol à Périgueux, la première de ces deux villes « bicoque près d'Agen. »

## LXI

Lettre de Madame de Noailles, « à la Reyne mère du Roy », au sujet des tentatives de réconciliation entre le Roi et la Reine de Navarre faites par diverses personnes.[1]

18 Décembre 1583.

Madame, il n'ha que deux jours que je vous ay escript par le conterroleur de la reyne de Navarre, vostre fille, que s'en allast à Paris, et, despuis, Monsieur de Birague [2] est arrivé de Mon de Marsan, où il a laissé le roy de Navarre,[3] et me asseurant, Madame, que il escript à Vostre Magesté tout ce que c'est passé, et ce que il a seu du Roy de Navarre, il n'est besoing de vous en dire davantage cy net asseurer Vostre dicte Magesté que Monsieur de Birague a de beaucoup servy en ce voyage par le service de Vous dictes Magestés, et

---

[1] Fonds français, vol. 15556, p. 227.

[2] Charles de Birague, conseiller d'Etat, avait été nommé chevalier des ordres du roi en 1580. C'était le frère de René de Birague, successivement garde des sceaux, chancelier, cardinal, et qui venait de mourir à Paris, le 24 novembre de cette année.

[3] Le roi de Navarre séjourna, du 22 novembre au 25 décembre, à Mont-de-Marsan, dont il s'était emparé dans la nuit du 21 au 22 novembre (*Lettres missives*, t. I, p. 591). On assigne trop souvent une date erronée à la prise de Mont-de-Marsan : il en est qui se trompent de mois et qui mettent l'événement en octobre ; d'autres se trompent d'année et font entrer le roi de Navarre à Mont-de-Marsan en 1581, le président de Thou, par exemple, qui a été suivi par M. Lud. Lalanne (*Dictionnaire historique de la France*, 1872, article *Mont-de-Marsan*).

par selluy de la Reyne de Navarre vostre fille. Il a telle affection à son service que, suyvant le commandement que vous luy en avez faict, il n'a voullu l'abandonner que il ne la voye près du Roy son mary, et de moy Madame, j'ay la meme voullonté comme je are toute ma vie, Madame, de hobeir à vous commandemens. Bien veus-je supplier Vostre Magesté de me faire ce bien de me faire bailler l'argent que le Roy et vous aves commandé que me fut baillé par ce vouiage qu'a esté beaucoup plus long que Vous dictes Magestes ne pansans *(sic)*. La Reyne de Navarre, vostre fille, ce donne beaucoup d'enhuy voiant ce retardement, et de veoir que il y a des personnes près du roy de Navarre, son mary, que luy font de très mauvais offices et le conseillent fort mal, comme il se peult assez cognoistre par la responce que il a faict à Monsieur de Bellievre,[1] que a esté trouvée bien mauvaise de tous les serviteurs de Vous Magestez,[2] mais j'espère tant en Dieu que

---

[1] Pomponne de Bellièvre, tour à tour ambassadeur, surintendant des finances, chancelier de France. Jouissant de la double confiance de Henri III et du roi de Navarre, il pouvait réussir mieux que personne dans les délicates négociations dont il fut chargé, après le scandaleux outrage infligé à la reine Marguerite, en août 1583. Il faut consulter sur ces négociations les détails et documents réunis dans les œuvres de d'Aubigné, de Du Plessis-Mornay, dans l'*Histoire du maréchal de Matignon*, par Jacques de Caillière (1661, in-fo), dans les *Lettres missives de Henri IV* (aux années 1583, 1584 et 1585), dans les *Lettres inédites du roi Henri IV au chancelier de Bellièvre*, publiées par E. Halphen (Paris, 1872), etc.

[2] « On peut voir, » dit M. Berger de Xivrey (t. I, p. 513), « dans le *Journal de l'Estoile*, à la date du 8 août 1583, le mot plein de verve, mais un peu libre, par lequel le roi de Navarre accueillit ce message. » Du mot plus qu'*un peu libre* rapporté par l'Estoile, il faut rapprocher une réponse plus sérieuse, mais bien piquante encore, mise par Burbec dans la bouche du mari offensé (*Epist.* XXVIII) et reproduite par M. Lud. Lalanne (*Notice* en tête des *Mémoires de Marguerite de Valois*, Bibliothèque Elzévirienne, p. XVIII).

les choses prendront telle fin que le Roy et vous, Madame, desirez, priant Dieu vous donner,

Madame, en toute prosperité et santé, très longue et bien heureuse vie.

De Agen ce xviiie decembre 1583.[1]

Vostre très humble et très obeissante sugette et servante [2]

Jehanne DE GONTAUT.

---

[1] A la page 246 du volume 15556 du Fonds français, on trouve une lettre sans signature avec cette inscription au dos : *Doble de la lettre que j'ay escrit au roy de Navarre*. De cette lettre, datée « d'Agen ce darnier de 1583, » je détache ces lignes : « Je supplye très humblement Vostre Majesté de croyre que j'ay faict, de mon costé, tous les bons offices que peut faire un bon serviteur du roy et vostre, afin que les choses passées passassent le plus doulcement que je peut, et n'ay rien omis de ce qu'estoit en mon pouvoir, et prie Dieu me face grace que le cueur soit si bien prins, comme je l'ay escrit de très fidelle affaition pour le desir que j'ay que Vostre Majesté en receuve contentement, et qu'il luy plaise aussy oster la royne, vostre femme, de la peigne où Sa Majesté peut penser qu'elle est, demeurant si longuement ors de la presence de Vostre Majesté, de laquelle elle s'asseure tant et de sa bonne volonté et de ce qu'il luy a pleu y mander, et par moy particulièrement, que quant du costé de la Court quelque chose fust trouvé aygre ou demeurast en resoulu, que Vostre Majesté ne la laissera plus en ceste afflicion qu'elle ne le puisse voir au plus tost, comme elle le désire, et moy comme très humble serviteur et par le contentement vostre, Sire, et d'elle, je luy en suplye très humblement. »

[2] Jeanne de Gontaut, fille de Raymond de Gontaut, seigneur de Cabréreiz (en Quercy), avait été mariée, le 30 mai 1540, avec Antoine, seigneur de Noailles, chevalier de l'ordre du roi, gentilhomme ordinaire de sa chambre, capitaine de cent hommes d'armes, ambassadeur en Angleterre, chambellan des enfants de France, amiral des mers de Guyenne, lieutenant du roi en cette province, gouverneur et maire de Bordeaux, etc. Madame de Noailles fut successivement attachée, comme dame d'honneur, à Catherine de Médicis, à la reine d'Espagne (Elisabeth) et à la reine Marguerite.

## LXII

Lettre de M. de Bajaumont au Roi Henri III, où il l'entretient de l'entrevue du Roi de Navarre et du maréchal de Matignon à Astaffort, des cruels excès commis par la garnison protestante de Puymirol contre les habitants de La Sauvetat-de-Savères et de Combebonnet, de l'abbaye de Saint-Maurin accordée au sieur Fabry, protégé du sénéchal, etc.[1]

28 Mai 1584.

Sire,

Venant Mʳ le mareschal de Matignon trouver le roy de Navarre à Astafort,[2] il me manda, estant en chemin, de me rendre vers luy pour l'accompaigner en ce voyage, ce que j'ay faict, ne voullant oncques espargner acistant, de mon service tant de ma personne que des moyens que Dieu m'a donné, les ministres de voz volontez et commandementz, et despechant mondict sieur mareschal vers Vostre Majesté pour luy faire entendre la communicquation qui a esté entre

---

[1] Fonds français, vol. 15568, p. 131.

[2] D'après les *Séjours et itinéraires de Henri IV* (p. 579), le roi de Navarre passa les journées du 23 et 24 mai à *Estafort* (sic). M. Berger de Xivrey écrit, du reste, le nom d'Astaffort, comme l'écrivait Henri IV lui-même dans une lettre, du 25 octobre 1582, « à messieurs de la cour du parlement en la chambre de la justice séante en la ville d'Agen, » lettre où — j'en avertis en passant, — on trouvera de curieux renseignements sur l'histoire d'Astaffort pendant les guerres de religion des précédentes années (t. I, p. 477). Notons ici que l'orthographe de Henri IV a été, de nos jours, reproduite par bien d'autres que par M. Berger de-Xivrey, et, par exemple, par M. Victor Cousin (*Madame de Longueville pendant la Fronde*, 3ᵐᵉ édition, 1867, p. 103); M. C. Moreau, l'éditeur de l'*Histoire de la guerre de Guyenne*, par *Balthazar*, 1858) hésite (p. 314) entre *Staffort* et *Astaffort*. M. de Cosnac, lui, n'hésite pas, et écrit bravement *Staffort* (*Souvenirs du régne de Louis XIV*, t. I, 1866, p. 398, 413, etc.).

ledict sieur Roy de Navarre et luy, et les resolutions qu'ilz en ont faict, je ne seray si hardy d'en escrire à Vostre Majesté. Seullement, diray-je, Sire, que j'ay representé en la dicte communicquation la gravité du très cruel excès commis par la garnison de Puymirol contre voz subjectz de la Salvetat[1] et Combe bonnet, et ne voy-je pas qu'on en aprehende la detestation et execration en telle sorte qu'on veuilhe que justice en soit faicte, laquelle cessant en cest endroict reviendra à plus grand scandalle et consequence qu'on ne l'a voullu concevoir. Mondict sieur mareschal et Mr de Believre ont en cela faict très bien leur debvoir, comme ilz font en toutes autres choses. Sire, j'ay receu vostre lettre du XXIX d'avril de l'octroy que Vostre dicte Majesté a voullu faire, à ma contemplation, de l'abbaye de Sainct-Maurin à Fabry, docteur en théologie, dont j'en remercye très humblement Vostre dicte Majesté, et mesmement comme elle m'a monstré en cela la liberalité de sa beneficence et bonne volonté, qui me donne pour l'advenir une si bonne esperance, n'es-

---

[1] On lit dans une lettre écrite par le roi de Navarre à Henri III, le 10 mai 1584 ( t. I, p. 657) : « Et parce que j'ay entendu, Monseigneur, que aucuns eut poussé quelques habitans de la Sauvetat, village prochain de Puymirol, de depputer vers Vostre Majesté pour demander justice du meurdre qui y a esté commiz, je n'ay voulu faillir d'en escrire à Vostre Majesté, non pour les excuser, mais pour l'en informer au vray... Pour le regard de Puymirol, ceulx de la dicte garnison, auxquels il estoit deub sept mois de leur soulde et entretenement, estans allez aux villages voisins pour recouvrer quelques vivres, offrans de les payer lorsqu'ils seroient payez, les paysans des dicts villages auxquels on avoit mandé d'empescher ceux de la dicte garnison de prendre aucuns vivres, avec asseurance qu'ils seraient soustenus, tindrent fort en leur maison et tuèrent un soldat, nommé Lartigolles, qui avoit esté de mes lacquais ; ce qui les eschauffa tellement qu'ils voulurent forcer la maison où estoient les paysans, auxquels arriva le secours de touttes parts. Le feu y fut mis, qui fit mourir une grande partie de ceulx qui estoient dedans : qui est un accident advenu mal à propos, dont je suis trez marry, et qui mérite punition. »

tant mort l'abbé qui la tenoit et tient [1] et n'ayant vacqué à ceste occasion la dicte abbaye.[2] Que advenant vacation de ceste la ou d'autre bien, Vostre dicte Majesté en vouldra semblablement gratiffier à ma contemplation et faveur personnage ydoine et cappable que je vous nommeray, et qu'à ce moyen, le cas advenant, je ne debvray craindre d'en supplier Vostre dicte Majesté, ains en prendray-je la hardiesse si occurence s'en presente. Sire, suyvant vostre commandement et pareillement ce que Mr le mareschal de Matignon m'a dict, de vostre part, d'assembler et tenir ma compagnie de gensdarmes preste, soudain je y ay pourveu et la tiens en estat pour promptement faire service à Vostre dicte Majesté. Il est vray, Sire, que l'on a faict quelque bruict que nous ne debvons faire monstre que pour ung cartier, surquoy les gensdarmes et archiers disent que ce n'est pas leur advancer grand moyen pour se metre et tenir en bon équipage actendu le long temps qu'il y a qu'ilz n'en ont faict et presque poinct, et cependant ilz se sont tenuz montez et armez le mieulx qu'ils ont peu et à très grands fraiz, veu la charté et prix estrange des chevaulx, qui les fasche fort, par tant, Sire, pour d'aultant plus en tirer service ce leur seroit une

---

[1] Cet abbé qui eut le mauvais goût de tromper les espérances que l'on mettait en sa mort prochaine, était Jacques de Pompadour, lequel ne quitta ce monde que le 1er juillet 1591. Le malheureux Fabry dut se résigner définitivement à se passer de l'abbaye, car le successeur de Jacques de Pompadour fut un prêtre d'Agen, Pierre de Villamont (*Gallia Christiana*, t. II, col. 949). Je publierai prochainement des *Notes pour servir à l'histoire de l'abbaye de Saint-Maurin*, tirées d'un manuscrit de la Bibliothèque Nationale, notes qui complèteront la notice du *Galliana Christiana*.

[2] Le sénéchal et son protégé font penser à ces « deux compagnons » trop prompts à vendre « la peau d'un ours encore vivant. » Moins d'un an après avoir écrit cette lettre remplie d'illusions, M. de Bajaumont n'était plus, devançant ainsi de six années l'abbé dont il avait escompté le trépas.

grande [ récompense de leur ]¹ bonne volonté, si Vostre Majesté leur faisoit faire la monstre pour une année suyvant vostre ordonnance, de quoy je vous supplie très humblement, et me vouloir pourveoir pour me donner moyen de supporter les grandes despences que je fais journellement pour vostre service, suppliant Dieu,

Sire, vous donner en très parfaicte santé très longue et très heureuse vye.

D'Agen ce xxvii may 1584.

Vostre très-humble et très obeyssant subject et serviteurs.

BAJAUMONT.

---

[1] J'ai cru pouvoir remplacer ainsi deux mots enlevés par une déchirure.

## LXIII

Lettre de Madame de Noailles à Catherine de Médicis, lui donnant des nouvelles de la santé de la Reine Marguerite, de sa réconciliation avec le Roi, son mari, de l'arrivée du duc d'Epernon à Nérac, de l'entretien de ce grand favori de Henri III. avec la Reine de Navarre, etc.[1]

5 Août 1584.

**Madame,**

S'en retournant le sieur de la Roche treuver Vostre Majesté, j'ay bien vollcu par luy, Madame, vous faire entendre des nouvelles de la Royne de Navarre (vostre filhe) qui se porte bien, la grace à Dieu, et mesmes despuis qu'elle a esté assurée de vostre santé. Le Roy son mary arriva en ce lieu sapmedy [2] et Monsieur de Pernon aussy.[3] La Royne de Navarre vostre filhe luy a faict fort bonne chere, sçaichant, Madame, que vous l'auriez bien agreable comme ledict La Roche vous pourra dire. Le Roy de Navarre à son retour a faict fort bonne chere à la Royne, sa femme, et luy a teneu

---

[1] *Ibid.* p. 233.

[2] D'après le tableau des *Séjours et itinéraires du Roi de Navarre* (p. 580), Henri, qui avait dîné le 2 août à Gimont (probablement avec le duc d'Epernon), le 3 août à Roquelaure, le 4 août à Francescas, était venu, le soir de ce dernier jour, souper à Nérac.

[3] Je ne trouve pas un mot sur ce voyage de Louis de Lavalette à Nérac dans l'*Histoire de la vie du duc d'Epernon par M. Girard* (édition de 1730, in-4°). En revanche, le biographe donne beaucoup de détails sur l'entrevue à Pau du roi de Navarre et du négociateur choisi par Henri III (p. 29, 33). On a mis par erreur en l'année 1585 (à la marge de toutes ces pages) l'entrevue de Pau qui appartient aux derniers jours de la première dizaine de juillet 1584. Voir une lettre du roi de Navarre (3 juillet 1584), où il annonce qu'il attend la très prochaine visite du *duc d'Espernon* (t. I, p. 672). Le 13 juillet, Henri était déjà à Lectoure (t. II, p. 580).

tant d'honnestes propos qu'elle en a beaucoup de contentement, et croyez (Madame) qu'elle faict tout ce qu'elle peult et que vous pouvez desirer pour conserver son amityé,[1] et me remectant audict sieur La Roche, je ne vous en diray davantaige sy n'est, Madame, vous assurer du fidelle et très humble service que je desire vous faire pour ma vye et de vous rendre l'obeissance que je vous doibs. Madame, je n'ay poinct eu encore les mille escuz que Voz Majestez avoient ordonné qui me fussent baillés, et celluy à qui j'avois baillé mon blancq pour les recepvoir (qui est un des gens de Monsieur le general de Gourgues)[2] m'a escript que Messieurs des finances n'ont volleu bailler ce que vous, Madame, leur avez commandé (et le Roy aussi) qui me faict vous supplier

---

[1] Ai-je besoin de signaler l'intérêt de ces renseignements intimes fournis sur d'aussi délicates questions par une personne qui voyait de si près toutes choses? La présente lettre ne devra pas être négligée de celui qui voudra retracer enfin la véritable histoire de la première femme de Henri IV. M. F. Guessard, l'éditeur des *Mémoires et lettres de Marguerite de Valois*, disait, en 1842, à la fin de sa spirituelle préface : « C'est une tâche qui, pour être menée à bonne fin, demanderait un habile. » J'ai eu l'honneur de travailler autrefois, aux Archives nationales, à côté d'un homme qui s'occupait avec passion de cette tâche et qui, je le crois, aurait été l'homme « habile » réclamé par le savant académicien; je veux parler de M. L. de Saint-Poncy, que la politique a, depuis, enlevé à la littérature. Espérons que lui et beaucoup d'autres, reviendront à *leurs premières amours*. Pour M. de Saint-Poncy je l'espère d'autant mieux, que son travail était déjà plus avancé, et qu'il allait même, quand on le nomma préfet, en publier quelques fragments dans la *Revue des questions historiques*. (Voir, à ce sujet, dans la livraison du 1er janvier 1870, le début d'un article intitulé : *Trois lettres inédites de Marguerite de Valois* (p. 254).

[2] C'était Jean de Gourgues, général des finances du roi de Navarre. Il ne faut pas confondre ce « général de Gourgues », comme l'appelle Henri dans une lettre du 6 mars 1578 (t. I, p. 161), avec Ogier de Gourgues, baron de Vayres, trésorier de France et général des finances à Bordeaux, et frère de l'héroïque Dominique de Gourgues.

de leur faire encores nouveau commandement que j'aye esté partye de mille escuz, de quoy j'ay bien besoing et je prieray Dieu,

Madame, de vous donner en toute prosperité et santé très longue et bien heureuse vye.

De Nérac ce v$^{me}$ aoust 1584.

Vostre très humble et très obeissante subjecte et servante

Jehanne DE GONTAUT.[1]

Madame, despuis ma lettre escripte Monsieur de Pernon a parlé si longuement à la Royne de Navarre vostre filhe, qu'elle m'a dict qu'elle estoit fort comptente de luy. Il m'a dit aussi le semblable et s'en retournet aussy comptent qu'il pouvoit desirer, et je m'assure, Madame, que vous aurez plaisir de sçavoir ceste nouvelle. Le dict Sieur de Pernon vous en rendra de plus certayne dans peu de jours.

---

[1] Voir sur Jeanne de Gontaut (*passim*), les *Lettres inédites de François de Noailles, évéque de Dax* (1865). *les Papiers de Noailles de la bibliothèque du Louvre* par M. LOUIS PARIS (1 vol. grand in-8°, 1874), et s'il m'est permis, après avoir, à cette occasion, cité le *passé* et le *présent*, de citer encore le *futur*, un travail intitulé : *Antoine de Noailles à Bordeaux*, qui paraîtra prochainement dans un volume des *Publications de la Société des Bibliophiles de Guyenne*.

## LXIV

Lettre de M. de Bajaumont à Henri III, en faveur du sieur Camus, syndic du pays d'Agenais, qui avait été l'objet de faux rapports et contre lequel avait éclaté la colère royale.[1]

16 Juin 1584.

Sire,

Ayant entendu que par le moyen de quelques rapportz qui ont esté faictz à Vostre Majesté contre Camus, scindic de ce pays,[2] vous auriez esté indigné contre luy,[3] j'ay prins l'hardiesse de vous escrire ceste icy en bon et fidele serviteur de Vostre dicte Majesté pour vous rendre ce tesmoniage que je n'ay cognu que par ses deportemens il aye tendu qu'à l'accomplissement de voz volontez et commandemens comme en ce qui a dependu de son particulier moyen et pouvoir. Il en

---

[1] *Ibid.*, p. 173.

[2] Est ce le même que Jehan Camus, licencié et avocat, qui fut premier consul d'Agen en 1576, en 1583, en 1591? Labenazie (*Chronique agenoise*) appelle ce magistrat « M. de Camus, » à l'endroit où il enregistre, sous la date du 12 avril 1583, l'achat par les consuls d'Agen de « la grande maison de La Cassagne, jardin, fours, basse-cour et pactus, pour faire un collège de Jesuistes qui a cousté sept mille livres. » Ce fut, ajoute le chroniqueur, « le premier establissement des Jesuistes dans Agen. »

[3] L'indignation de Henri III alla si loin, que Camus fut mis en prison, comme nous l'apprend cette lettre du duc d'Epernon écrite au roi « de Gymont le XIIIe jour de juing 1584, » et que je tire du volume 15568 (p. 162) : « Sire, j'ay esté pryé par monsieur le seneschal d'Agenoys et par les principaulx officiers et serviteurs de Vostre Majesté de la ville d'Agen de vous faire une très humble prière en faveur de Camus, leur scindicq, à ce qu'il pleust à Vostre dicte Majesté commander son eslargissement et le rendre à sa patrie, ce que, Sire, je ne leur ay peu reffuser, ayant cogneu avec quelle affection le dict sieur seneschal et vos dicts officiers embrassent ce qui est de vostre service en ces quartiers, dont j'ay bien voullu donner advis à Vostre dicte Majesté par ceste presente et la supplier très humblement qu'il luy plaise leur accorder la très humble requeste que je vous en faictz de leur part. »

a donné par deçà très bonne cognoissance et pareillement ès assemblées generalles de ce pays esquelles il a taché d'augmenter à cest effect les volontez de ceux qui estoient officieux et reduire et affectionner ceux qui ne l'estoient pas. Et à cette fin de pouvoir continuer à vous rendre ce debvoir il accepta plus volontiers pour ceste occasion le voiage d'aller vers Vostre dicte Majesté que pour autre chose, de manière, Sire, que de ma part sçachant que Vostre Majesté desire d'estre faicte certaine des bons zeles de vos serviteurs au bien de vostre dict service, je m'enhardis soubz ceste consideration de vous suplier très humblement de le faire ressentir de vostre clemence et bonté, osant bien encore adjouster que c'est un personnage très necessaire en ce pays pour tenir la main à l'advancement tousjours des effectz de voz commandemens en ce qui regarde les finances, quoy qu'on puisse avoir rapporté à Vostre Majesté, et suis-je, Sire, instamment prié de vos subjectz de ma seneschaussée de vous faire ceste très humble requeste, de laquelle l'interinement je m'asseure qu'il les rendra d'autant plus promptz à l'obeissance très humble qu'ilz doibvent à Vostre dicte Majesté et ont volonté de perpetuellement la vous rendre, et encore,

    Sire,

Je supplieray Dieu vous donner très longue et très saine vie avec toute autre prosperité.

    D'Agen ce xvi juing 1584

Vostre très humble et très obeyssant subject et serviteur

                  BAJAUMONT.[1]

---

[1] Puisque c'est la dernière fois que nous rencontrons dans ces pages le nom du sénéchal d'Agenais, ajoutons aux indications déjà données sur son compte, la mention d'un passage d'une lettre de Henri III, écrite vers la fin de janvier 1584 à M. de Bellièvre, passage où le roi de France rend hommage à la fois à la fidélité des habitants d'Agen et à celle du « sieur de Bajaumont. »

## LXV

Lettre du Maréchal de Matignon à Jacques de Lau, capitaine de cinquante hommes d'armes des ordonnances du Roy, pour lui annoncer que les ennemis, profitant du départ de plusieurs de ses capitaines, se sont mis en campagne, ont tiré des troupes de Bergerac, Sainte-Foy, Clairac, etc.; qu'ils l'ont obligé à se retirer à Marmande; que Nicole, Montazet et Monheur viennent de se rendre, que Damazan va être attaqué, etc.; pour le prier de marcher avec sa compagnie en Condomois en lui recommandant la plus grande célérité.[1]

24 Mai 1585.

Monsieur, incontinent que les ennemis sceurent que vous avec autres sieurs et cappitaines de gensdarmes vous estiez retirez et que j'estois demeuré seul, n'ayant que si peu que j'ay d'Albanoys, ilz se sont miz à la campagne, ayant en peu d'heures assemblé ce qu'ilz ont peu de forces de Bergerac, Saincte Foy, Cleyrac et autres lieux, comme ilz ont faict aussi ce qui estoit du dela la Garonne; ont prins les armes à Cleyrac; font venir celle de Leyctoure, à ce que l'on m'a adverty. Il m'a fallu à mon grand regret habandonner le fort que Vivant[2] fait fere et me retirer en ceste ville. Les fortz

---

[1] Archives du château de Xaintrailles.

[2] Ici, comme je l'ai déjà fait pour un autre document, je renverrai à l'édition des *Mémoires de Geoffroy de Vivant*, que M. Magen nous promet, et dont j'annonçais déjà la publication dans mon opuscule : *De la fondation de la Société des Bibliophiles de Guyenne* (1866, p. 26).

de Nicole hault et bas, la maison de Montezet[1] et Monheur[2] se sont renduz, tout auprez de Damazan qu'ils veullent prendre. En outre pour le depart de la cavallerie la fonction s'est tellement perdue et esvanouye, que je nay pas plus de quatre cenz harquebuzierz, ayant esté contrainct de promectre à si peu de soldatz qu'il y avoit aux regimentz du sieur Descluseaux et Aubeterre de s'en aller, qui est cause, et affin que nous nous puissions opposer au mal qui pourroit davantaige advenir, que jenvoye le sieur Rocquepine present porteur[3] vers les sieurs et capitaines de gens d'armes à qui j'escriptz et prie de s'advancer avec leurs compagnies et le plus de leurs amyz qu'ilz pourroient, vous priant d'affection de vous rendre avecq la vostre au jour promis, huit du prochain, en Condomois, au plus tard, et cependant si l'ennemy attaquoit quelque plasse de vous jeter dedans en attendant que je puisse estre à vous pour tous ensemble nous opposer et resister à ce qui se pourroit presenter de dommage. J'escriptz à Condom

---

[1] La maison ou château de Montazet s'élevait non loin de Nicole et de Monheurt, entre le premier de ces villages et Aiguillon. C'est à ce château qu'emprunta son nom une branche de la famille de Malvin. Voir, tant sur cette branche que sur la famille même de Malvin, la généalogie très complète qui en a été donnée par d'Hozier dans le cinquième registre (seconde partie) de l'*Armorial général ou registres de la noblesse de France*.

[2] Selon un document cité par M. l'abbé Barrère (t. II, p. 338), Matignon aurait encore repris Monheurt et Nicole en janvier 1587.

[3] Olivier de Roquepine, fils naturel de Jean III du Bouzet, seigneur de Roquepine. M. J. Noulens dit de lui (*Maisons historiques de Gascogne*, t. I, p. 29) : « Il fit fort jeune les guerres de Piémont. Le maréchal de Matignon, qui l'avait sous ses ordres en 1589 [on voit qu'il faut avancer la date], le dépêcha avec une compagnie pour couvrir Condom, menacé par Fabas, et l'établit ensuite dans la forteresse de Moncrabeau, etc. »

et à Auch où j'estime qu'ils pourront tourner beaucoup de seigneurs cappitaines et noblesse de se rendre. La dilligence est si requise que je la vous recommande et de ne perdre poinct de temps, veu l'importance de cest affere, me recommandant affectueusement à vous je prie Dieu de vous donner, Monsieur, en parfaicte santé ce que vous desirez.[1]

Au camp de Marmande ce xxiiii may 1585.

Vostre obeyssant amy

MATIGNON.

---

[1] Jacques de Lau, chevalier de l'ordre du roi, gouverneur d'Armagnac, etc., était fils de Carbon de Lau et de Françoise de Pardaillan. Voir une lettre de Henri IV à lui adressée (18 mai 1595), et tirée des archives du château de Lau, dans le *Bulletin du comité d'histoire et d'archéologie de la province ecclésiastique d'Auch* (t. IV, p. 459).

## LXVI

Lettre du baron de Lusignan à Henri IV sur le voyage du sieur de Montpezat en Espagne, sur la tenue des Etats à Moissac par le marquis de Villars, sur divers mouvements populaires en Guyenne et sur la nécessité du prompt retour du maréchal de Matignon.[1]

5 Janvier 1594.

Sire,

Encore que je sache que Votre Majesté a esté avertie du voiage du sieur de Monpezat en Espaigne,[2] le devoir neamoins d'un tres humble sujet et fidelle serviteur ne m'a

---

[1] Fonds français, vol. 24066. Ce volume, qui n'était pas paginé quand je l'ai eu entre les mains, appartenait alors à la collection dite des Missions étrangères, où il était classé sous le numéro 215.

[2] Un des quatre fils de Melchior des Prez, seigneur de Montpezat et du Fou, et de Henriette de Savoye, Henri, le cadet, connu sous le titre de seigneur de Montpezat : il fut un moment évêque de Montauban, mais ayant abandonné la mitre, qui le gênait beaucoup, il devint capitaine de cinquante hommes d'armes, gouverneur de Muret et de Grenade, et il mourut le 14 août 1619, n'ayant pas eu d'enfant de sa femme Susanne d'Aure, fille d'Antoine, seigneur de Gramont, vicomte d'Aster, etc. — Sur les menées de Henri des Prez et sur le blocus de son château de Montpezat, voir deux lettres du maréchal de Matignon à Henri IV, du 22 octobre 1594 et du 29 janvier 1595 (*Archives historiques du département de la Gironde*, t. XIV, p. 324, 335). On conserve aux Archives départementales de Lot-et-Garonne (B. 3) le traité passé, en 1595, entre le maréchal de Matignon et Balthazar de Thoiras, seigneur de Causac, pour la reddition du château de Montpezat, traité ratifié par Henri IV et accompagné de lettres d'abolition pour M. de Causac.

permis de tere ce que j'en se.[1] Ses memoires, à ce que j'entens, portent beaucoup de plaintes des choses passées, sur ce que le Roy d'Espaigne ne leur a tenu ce qil leur avet promis aveq remontrences fort particulieres du mal que cela leur a porté, à qoy il a suplié de mieus porvoier à l'avenir. Ils en rejetent le defaut sur ses ministres et agens, lui fezent astheure de nouveles demendes aveq ofre de recommense la gerre et la persuivre d'une grende resolution et ne faut que Vostre Majeste doubte que tout ne conclue à cela. Toutesfoies lesdites demendes sont teles et si grendes qil se peut ases juge q'eles tendent à deux fins : c'et q'en les obtenent, ce qi ne se desespere, ils aront de qoy porter le fes de la gerre et assurence de reussirs en touts evenemens, ou bien quennuiés d'icele ils veulent que son refus leur serve de pretexte et occazion de fere la pes et suivre une plus juste et heureuze voie. La particuliarité de l'infante d'Espaigne q'on m'a dit etre le principal poinct de leurs dites demendes, et quils veulent avoir avant toutes chozes en leur puissence, tesmoigne q'ils tendent ausdites fins. Cet, Sire, ce que j'en ay apris et y a beaucoup d'aperence, veu les particuliarités q'on m'en a dit, que cela soit. Cependent Monsieur le marqis de Vilars[2] s'en va à Moisac teni les Etats du peis, lesqels il prolongera, s'il peut, jusqes à ce q'il ait seu ce que son frere ara[3] icy, q'i

---

[1] La singulière orthographe de cette lettre n'en est pas, ce me semble, la moindre curiosité.

[2] Le frère aîné de Henri, Claude et Jacques des Prez, Emmanuel Philibert des Prez, marquis de Villars, chevalier du Saint Esprit, tué en 1621 au siége de Montauban.

[3] Pour *fera*. C'est notre mot patois.

lui doit envoie homme pour l'averti de teny en ces dits etats et assemblees qi se font de dessa par les villes et communautes il ne se trete autre choze qun raliement de puble aveq rezolution, comme ilz dizet tout haut, de fere une treve entre eus et ne consenti que la guerre se fase plus ni de paie autre choze qe la taille ordinere et le taillon. Les villes et tout le puble, desirieus de cela et alechés de cete esperence, y preter l'oreille y acouret mesmes celes qi ont tesmoigné plus de zele au servisse de Votre Majesté, à qoy il y [a] bezouen de porvoier où il se pourret forme quelque choze de prejudiciable et qui ne seret aizee a rompre, veu qe cela se fey sens l'autorite de Votre dite Majesté. Il semble qe le moien seret d'i fere oppoze ceus qi ont les charges principales qy refrenent les audacieus et reprezentent ce qil faut aus autres, à qoy touts vos bons serviteurs se tiendront. Il ne peut etre que l'esloignement de Monsieur le Marechal de Matignon ne porte dommage au servisse de Votre dite Majesté s'il demeure giere absent. Je ne doubte pas q'ele ne pervoie à tout ainsin qu'il sera plus expedient et necessere la Gascoingne, l'Agenez, le Qerci et le Rouergue tendent à s'uni pour ce dessus et suivre la trace de ceus de Lengedoc, voire s'estendre beaucoup plus outre. Le gentilhomme dont j'avez donné charge à mon fis de parler à Votre Majesté qe j'ay veu, ces jours passés, et trouvé très rezolu et du tout devotieux de la bién et fidelement servi, envoiera vers elle un gentilhomme dans sept ou huit jours, aveq le sieur de Gignan qui va recevoir ses commandemens, et sens marchandé se contentera de ce q'ele trouvera bon de fere pour lui et l'emploié en ce q'il se trouvera etre propre. Il est à propos que mon dit sieur mareschal soit de dessa qui a manié cest affere et auquel elle commendera ce q'elle verra etre bon. J'espere q'il s'en tirera utilité pour le servisse de Votre Majesté, à qoy et en toutes autres chozes qi la concerneront j'apportere tousjours une tres fidelle affection.

Sire, je supplie Dieu quil lui pleze maintenir Vostre Majesté en très heureuse prosperité et très entière senté.

A Lesignan ce 5 janvier de l'an 1594.

Vostre très humble très obéissant et très fidelle sujeet et serviteur

LUSIGNAN.[1]

---

[1] Henri de Lusignan, baron de Lusignan, fils de Jean de Lusignan, est, selon une note de M. Berger de Xivrey (t. I, p. 180), qualifié capitaine de cinquante hommes d'armes des ordonnances par les lettres qui le confirment dans le gouvernement des ville et château de Puymirol, le 30 septembre 1590. Il est question de lui dans plusieurs lettres du roi de Navarre, notamment dans une lettre de juillet 1578 et surtout dans une lettre du 10 avril 1580, adressée à la reine Marguerite, et où nous lisons (t. I, p. 286) : « Je vous pris, M'amie, commander pour vostre garde aux habitans de Nerac. Vous avez là monsr de Lesignan pour en avoir le soing, s'il vous est agreable, et qui le fera bien. » Labenazie (*Histoire de la ville d'Agen et pays d'Agenois*, p. 268, 269) assure que, quand le roi de Navarre, à la suite de l'aventure de M$^{lle}$ de Cambefort, quitta la ville d'Agen pour se retirer à Nérac (1576), il laissa dans la première de ces villes M. de Lesignan pour y commander, et que ce seigneur la lui garda jusqu'à la paix (octobre 1577), ajoutant que les Huguenots, favorisés par le gouverneur, y devinrent les plus forts pendant ce temps-là. Henri de Lusignan épousa, en juillet 1594, Madeleine de Saint-Gelais, veuve de Louis de Neuchèze ou Nuchèzes. Le fils dont il parle dans la présente lettre était issu d'un premier mariage contracté, le 1er décembre 1565, avec Isabeau d'Isalguier. Voir, sur ce dernier point, un mémoire sur *la Question des Lusignan* que M. Denis de Thezan m'a fait l'honneur de m'adresser (*Revue d'Aquitaine*, t. XIII, 1869, p. 389, 407).

## LXVII

Lettre du même au même, pour lui recommander le capitaine Conmin, pour lui apprendre que MM. de Monluc, de Montesquiou et autres gentilshommes se rallient à la cause du Roi, et que plusieurs villes de l'Agenais tendent, à leur exemple, à rentrer dans l'obéissance.[1]

14 Mars 1594.

Sire,

Le cappitene Conmin,[2] qi a eu cet honeur d'estre nourri en la mezon de Vostre Majeste, s'en va la trouve et parce qe son merite et valeur sont fort recommendables, je la supliere tres humblement d'avouer agreable de le vouer, m'assurent q'ele en tirera ci aprés de tres bons et fidelles servisses. Il en a jusqes ici rendeu de bons et ne se trouvera incapable de charge quant il sera commendé, qi me fet très humblement suplie Vostre dite Majesté qe, où mon neveu de Villemade [3]

---

[1] *Ibid.*

[2] Est-ce le même nom que *Comin*, et, dans ce cas, faut-il voir, dans le capitaine Comin, un membre de la famille Comin, qui, sous les deux derniers règnes, a fourni des maires à la ville de Scs? — Je ne trouve rien sur le capitaine Conmin ou Comin, pas plus dans les livres de notre temps, que dans ceux du XVIe siècle.

[3] S'agit-il là de ce baron de Villemade (N. de Bar) que nous voyons, dans les *Mémoires du marquis de Castelnaut* (à la suite des *Mémoires du duc de La Force*, t. IV, p. 238), concourir, en 1621, à la défense de Montauban?

continuerey en la volunte quil a eu de se desfere de la compagnie qil a à Pemirol, de laqelle il se veuley descharge en faveur de son cappitene St-Ourcins,[1] de preferer cestui ci à tous autres. Il sen est rendeu si digne qil m'a senble, pour le servisse de Vostre Maiesté, devouer ce tesmoignage, à laqelle je fere ausi tres humble reqeste de voulouer commende à Monsieur de la Boissiere de fere remetre entre ses meins les biens apertenens audit feu St-Oureins, afin qe le fis qi y reste de lui ne perde le merite du pere et q'unne fame for dezolée puisse etre aszistée de moiens. Je se combien votre Majesté affectionne telles chozes, les siens et s'il lui pley fere cet honeur audit cappitene Conmim de l'entendre, il lui dira l'estat des afferes de dessa, comme je l'en ay chargé et comme Monsieur de Monluc,[2] de Montesquiou[3] et force autres à leur exemple se

---

[1] Ce Saint-Ourens devait être un huguenot, comme tous les officiers de la garnison de Puymirol, et la différence de religion, plus encore que la différence de nom, m'empêche de voir en lui quelque parent de François de Cassagnet, le vaillant compagnon d'armes de Blaise de Monluc, celui qu'il appelle (*Commentaires*, t. II, p. 348) le « jeune Tilladet, qu'est aujourd'huy Monsieur de Sainct-Orens. »

[2] Charles de Monluc, fils de Pierre Bertrand de Monluc et de Marguerite de Caupenne, et petit-fils de Blaise de Monluc. Voir les renseignements sur lui et les documents de lui donnés par M. Ad. Magen dans son curieux et savant mémoire intitulé: *La ville d'Agen sous le sénéchalat de Pierre de Peyronenc, seigneur de Saint-Chamarand.* (1865, p. 16, 17, 18, 40, 41, 42, etc., du tirage à part.) Je ne tarderai pas à publier une série de lettres inédites de Charles de Monluc.

[3] Adrien de Monluc, cousin germain du précédent, fils de Fabien de Monluc, seigneur de Montesquiou, prince de Chabanais (le quatrième enfant du maréchal), et de Anne de Montesquiou, marié, depuis le 22 septembre 1592, avec Jeanne de Foix, fille unique d'Odet de Foix, comte de Carmain, et de Jeanne d'Orbessan.

sont decleres les serviteurs, avecq dezir d'esmende le passé et rendre preuve de leur affection. Ils en sont très dignes et espere que Vostre Majeste en recevra beaucoup de contentement, comme aussi l'obeyssence des villes principales de dessa, qi montre la vouloir reconoictre, et sen ce qil y en a encore qi les [opprime], cela fut fey. Je ne doubte pas que ce ne soiet bientot, a qoy la prezence de celui qui a le comendement serviret beaucoup. De mon couté, je y apportere fidelement tout ce que peut un très fidelle sujet.

Sire, je suplie Dieu quil lui pleze donner à Vostre Majesté très heureuse et très prospere felicité, de laquelle je suis très humble très obeissent et très fidelle sujet et serviteur,

LUSIGNAN.

Ce 14 mars 1594.

# LXVIII

Lettre de M. de Monferrant à Henri IV, pour lui annoncer sa soumission et pour lui promettre d'exciter les habitants de Villeneuve-d'Agenais à en faire autant.[1]

15 Avril 1594.

Sire,

Je suplie tres humblement Vostre Majesté de croyre que le seul zele que je ay de ma religion, que je prefere à toutes les choses du monde, m'a mis et m'a reteneu au party que j'ay teneu jusques issy. Mais meintenant que par vostre heureuse conversion an la religion catholique, je sans an ma consiansse ceste occasion amortye et voyre estrangeé du très humble devoir que j'ay à vostre servisse, je desire, aus des pans de ma vye, y satisfere et l'anploier pour icelluy tant qu'il m'an restera, come le plus hobeissant et fidelle de tous vos subjects et de tesmognier à Vostre Majesté, Sire, que, après le servisse de Dieu, je n'ay rien tant an honeur et an affection que le devoir que j'ay au vostre, le louant de se que, par vostre conversion, il a doné ceste paix à ma consciansse de panser et de croyre, come je fais apresant fermemant, que an vous servant, je le sers et satisffais à son comandemant, se que je usse des premiers tesmognié à Vostre Majesté comme aiant soudein après vostre conversion ceste resolue intansion, n'eust esté, Sire, que je croyois qu'un

---

[1] Fonds français, volume 24066.

chescun seroit sy touché de ceste mesme cognoissance de son devoir, que ugne hobeissance generalle à Vostre Majesté s'an ensuivroit par le bien d'ugne paix, an laquelle asseuransse la tresve et prolongation d'ycelle m'a plusieurs moys nourry, mais voiant que les choses ne sont poinct sy prontes à prandre ceste voye, je suplie très humblement Vostre Majesté, Sire, de recevoir à gré ma soubmission et ma recognoissance, et me doner les moiens que j'ay resmontré par mes amys très humblemant à Vostre Majesté pour pouvoir induire les abitans de ceste vostre ville de Villeneufve d'Agenes à me immyter en cella et se ranger en l'hobeissansse qu'ils vous doivent et au devoir de vos très humbles subjects, se que, atandant et desirant, je supliere Dieu,

Sire, qu'il doint à Vostre Majesté très heureuse très longe et très prospere vye et à moy la grasse que vous ayez agreable l'afection que j'ay de vous tesmognier aus despans de ma vye combien je suis et seray à jamés

Vostre très humble, très hobeissant et très fidelle subject et serviteur . DE MONFERRANT.[1]

A Villeneufve ce 15 avril 1594.

---

[1] Ce Monferrant, dont le style, on l'a sans doute remarqué, a une saveur toute particulière, était François de Monferrant, chevalier de l'ordre du roi, vicomte de Foncaude, qui est mentionné, à titre de légataire universel, dans le testament de son frère ainé, « messire Jean de Monferran, chevalier de l'ordre du roi, capitaine de cinquante hommes d'armes de ses ordonnances, seigneur baron de Cancon et autres places, etc., » document conservé aux archives départementales de Lot-et-Garonne (Registre des Insinuations B. 37,) et omis, malgré son importance, dans l'*Inventaire-Sommaire* rédigé par M. Bosvieux. On voit par ce testament (enregistré le 12 octobre 1590) que les deux frères étaient fils de « feue dame Marie de Cardun, dame de Can-

con, » et que Jean avait épousé une personne qui devait être doublement sa parente, puisque son nom de jeune fille et son nom de femme sont les mêmes que le nom du testateur, personne ainsi désignée : « Dame Marguerite de Monferrant, veuve de feu messire Charles de Monferrant, en son vivant seigneur dudit lieu et premier baron de Guyenne, dame de Molinat, » à laquelle ledit Jean laisse une somme de trois mille livres. Ces renseignements sont d'autant plus dignes d'attention, que les généalogistes ont négligé davantage les Monferrant de l'Agenais, et que, par exemple, le chevalier de Courcelles (*Généalogie historique de la maison de Faubournet de Montferrand*, extraite du tome XVII du *Nobiliaire universel de France*, 1820) ne s'est occupé que des *Montferrand* du Périgord, lesquels, du reste, me semblent tout-à-fait distincts des *Monferrant* de Villeneuve. J'ai retrouvé le correspondant de Henri IV dans des cahiers de reconnaissances féodales des premières années du XVIIe siècle : il y est appelé « messire François de Monferrant, chevalier de l'ordre du roi, capitaine de cinquante hommes d'armes de ses ordonnances, vicomte de Foncaude, seigneur et baron de Cancon, Casseneuil et en partie de Gontaud. » Sa femme, dans les mêmes pièces, figure sous le titre de « haute et puissante dame Claire de Casseneuil. » Le maréchal de Matignon écrivait, de Bordeaux, à Henri IV, le 4 janvier 1592 (Collection Dupuy, vol. LXI, p. 230) : « La ville de Villeneufve d'Agenois s'est déclarée de la Ligue. Le sieur de Foncaude, qui y avoit tousjours eu autorité (comme il a encores) m'avoit jusques icy asseuré de se vouloir continuer comme vostre bon subject et serviteur. » Si Matignon annonce la faute, Scipion Du Pleix annonce ainsi la réparation (*Histoire de France*, t. V, p. 142, à l'an 1594) : « Le baron de Monferran ramena aussi au service de Sa Majesté Villeneuve d'Agenois, Pene et quelques autres places. » Déjà, dans le tome I de son *Histoire*, où il y a tant de choses à recueillir, au milieu de beaucoup de fatras, sur notre Sud-Ouest, Du Pleix avait dit (1631, p. 467) : « Cassigneul en Agenois possédé par les vicomtes de Foncaude, dans la maison desquels est entrée celle de Monferrant, première baronnie de Bourdelois, toutes deux des plus illustres d'Aquitaine. » Je me propose de m'étendre un peu plus sur les Monferrant, considérés comme seigneurs de Gontaud, dans une notice sur ma chère petite ville natale.

## LXIX

Lettre de M. du Saumont à Henri IV, au sujet du gouvernement de la ville et du château de Sos qui lui a été donné par le Roi et que le sieur de Castillon refuse de lui céder.[1]

5 Mai 1594.

Sire,

J'ay receu tant d'honneur de ce qu'il a plu à Vostre Majesté me faire cognoistre que vous aviez agreable l'offre qui vous a esté faite par Monsieur de Monluc de mon très humble service, qui sera toujours suivi d'une très grande fidelité, à laquelle je suis obligé naturellement, et pour la gratiffication que Vostre Majesté a uzé en mon endroit du gouvernement de la ville et chasteau de Solz, lequel lhors que, par vostre commandement, Sire, il me sera mis entre les mains, j'espère vous y servir si dignement que Sa Majesté en demeurera contante. Le sieur de Castilhon y faict quelque difficulté comme Vostre Majesté verra par la responce qu'il luy en faict.[2] Je vous supplieray très humblement d'y interve-

---

[1] *Ibid.*

[2] Cette réponse, datée de Sos le 3 mai 1594, est dans le présent volume, p. 215. M. de Castilhon y prie le roi de considérer qu'il a été un des premiers à lui jurer obéissance, qu'il a chassé de Sos les ennemis de Sa Majesté, et fidèlement gardé cette place, dont il demande instamment à rester gouverneur. Ni M de Castilhon, ni M. du Saumont, ne sont mentionnés dans la *Monographie de la ville de Sos*, publiée par M. J.-F. Samazeuilh (*Revue de Gascogne*, t. XII, 1871, p. 34-47 et 69-79). M. Samazeuilh donne même une indication qui ne s'accorde pas trop avec le présent document (p. 45) : « Les ducs d'Albret, rois de Navarre, y tenaient un gouverneur. On voit, par exemple, dans les comptes conservés aux archives de Pau, qu'en 1581, c'est un sieur Jean de Labourdaizière, valet de chambre de Henri, roi de Navarre, qui se trouvait revêtu de cette charge. Jeannet Dubousquet commandait dans le château de Sos en 1593 et 1594 (mêmes archives). » Je recommande l'examen de cette petite difficulté à ceux qui ten-

nir de vostre aulthorité pour laquelle aulgmenter je prieray toute ma vie le Createur,

Sire, vous conserver avec toute félicité et accroissement de vostre estat en parfaite santé, longue et heureuse vye.

Du Saumont ce 5ᵉ may 1594

Vostre très humble, très obeissant serviteur et subjet

Du Saumont.[3]

---

teront de perfectionner la monographie de Sos par le vétéran des travailleurs de l'Agenais. Déjà, je tiens à le rappeler ici, elle a été parfaitement complétée, au point de vue ecclésiastique, par M. Léonce Couture (*Notes pour l'histoire de la paroisse et du chapitre de Sos*, dans la Revue de Gascogne, t. XII, p. 166-178.)

[3] Je ne puis, à mon grand regret, presque rien dire de ce M. du Saumont. Ce qui me console un peu, c'est qu'un actif et savant travailleur, M. Guadet, n'a pas été plus heureux que moi. Imprimant (*Lettres missives de Henri IV. Supplément*, t. VIII, p. 259) une lettre du 31 décembre 1583, adressée à M. de Scorbiac, conseiller au Parlement de Toulouse et à la chambre de l'Isle d'Albigeois, dans laquelle le roi de Navarre recommande « ung procès » qu'avait « le sʳ du Saumont à l'encontre d'un nommé Camefort, marchand de la ville d'Agen, » il n'a pas même indiqué le nom patrimonial de celui que le roi proclame « ung de mes meilleurs serviteurs. » Ce nom nous est révélé par M. Jules de Bourrousse de Laffore (*Etudes historiques sur le quinzième siècle*, publiées dans notre Recueil, t. VI, p. 191-219). Le consciencieux auteur, après avoir reproduit divers documents du XVᵉ siècle relatifs à la seigneurie du Saumont, alors possédée par la maison d'Albret, rappelle, en une intéressante note (p. 219), quelles furent les destinées successives de cette seigneurie, et nous apprend qu'au XVIᵉ siècle, elle appartenait à MM. de Béarn, lesquels descendaient, non des anciens vicomtes de Béarn, mais d'un fils non légitime de Gaston Phœbus, comte de Foix. Après avoir esquissé l'histoire de cette petite partie du Bruilhois, M. de Laffore a retracé l'histoire du Bruilhois tout entier, traitant cette histoire comme on traite un sujet de prédilection, et il faut le prier de ne pas garder plus longtemps dans l'ombre trop modeste de son cabinet un travail si digne de la pleine lumière.

## LXX

Lettre écrite aux consuls de Condom, au nom des prétendus États d'Agenais, pour les convoquer à une assemblée qui devait se tenir en la ville de Nérac.[1]

Juin 1594.

Messieurs,

Les occasions vous sont assez cogneues de l'oppression et tirannie que le peuple a souffert et souffre à cause de la guerre par les ennemiz du Roy, ce qui a ezmeu le paiz des trois receptes de dessa la riviere de Garonne faire une convoquation generalle des bons et fidelles serviteurs de Sa Magesté en la ville de Nerac, prinse pour la commoditté dudict paiz pour tous ensanble, soubz l'authorité [tant] de Sadicte Magesté, que des sieurs gouverneurs et commandanz audict paiz pour Sadicte Magesté, proposer, deliberer ce qui est à faire pour exterminer telz perturbateurs et establir la paix, suivant l'intantion du roy, qu'est pour vous supplier vous y vouloir joindre, comme nous vous sommons, et, pour cest effect, de nommer des depputtez pour vostre dicte ville, en laquelle ville de Nerac, au vingt-huictiesme de ce mois, [on se réunira], car cest le vray moien de nostre repos et soulagement, et sommes certains que vous estes desireux de mesme chose, et qu'aucung pretexte ne vous en pourroit

---

[1] *Ibid.* — Copie.

destourner. En attendant, prierons Dieu, Messieurs, vous donner tres heureuse et longue vie.

Voz bien humbles et affectionnez serviteurs les Estatz par commandement desdictz Estatz

De La Fite.[3]

D'Agen ce [2] juing 1594.

(A Messieurs les consulz de la ville de Condom, à Condom).

---

[2] On a écrit *dernier*, mais c'est une erreur évidente, puisque le rendez-vous à Nérac est donné pour le 28 du même mois ; il aurait peut-être fallu lire : *douzième* au lieu de *dernier*.

[3] Ce nom est sans nul doute un nom de guerre. Le document mystérieux que l'on vient de lire, mérite, comme le document suivant, d'être rapproché de diverses protestations contre la Ligue, qui, en 1594, se produisirent en si grand nombre, et qui prouvèrent si bien que, selon le mot expressif de Henri IV, la France était *affamée* d'avoir un roi.

## LXXI

Lettre écrite aux consuls de Monsempron, au nom des mêmes États, pour les convoquer à une assemblée qui devait se tenir à Villeréal, et où serait prise une résolution en faveur de la reconnaissance de l'autorité du Roi dans tout l'Agenais.[1]

Sans date, mais de juin 1594.

**Messieurs,**

Pour certaines considerations, et mesmes touchant les doleances à nous faictes des foules, oppressions et ignominies, qu'on a continué praticquer et journellement practiquent sur le pouvre peuple, par advis et deliberation du tiers estat d'Agenois, chascune des dictes villes a esté ordonné viendront, mecredy prochain, au lieu et ville de Villereal, ou qui que ce soit ung consul ou autre ayant ample pouvoir de leur jurade, pour deliberer et faire une resolution qui veult le secours du Roy, lequel avons deliberé faire recognoistre en toute l'estendue du païs d'Agenois au bien, soulagement et liberté du pouvre peuple.[2] Declairons les villes qui n'obeiront rebelles et ennemies du Roy et du repoz publicq et la ruyne desquelz sera jurée. Le tiers estat du paiz de Periguord a promis de nous assister de trante mil hommes si besoing est, comme aussy de se trouver en nostre dicte ville et deliberation.

Voz bons amis et humbles serviteurs les gens du tiers estat d'Agenois.

(A Messieurs les consulz de Monsenpron pour faire tenir à M. de Vivan).

---

[1] *Ibid.*

[2] Même après que les villes principales de l'Agenais (Agen, Marmande, Villeneuve) eurent fait leur soumission (mai et juin 1594), il resta quelques bandes de ligueurs endurcis — encore plus pillards que fanatiques — dans certaines villes moins importantes et surtout dans certains châteaux fortifiés. C'est contre ces *retardataires* que sont dirigés les documents adressés aux consuls de Condom et à ceux de Monsempron.

## LXXII

Lettres des consuls de la ville d'Agen à Henri IV, pour le remercier d'avoir si bien accueilli leurs députés et pour lui faire part de leur joie, de leur reconnaissance, et, comme ils le disent, de leur *dévotion*.[1]

4 Juillet 1594.

Sire,

Nous voz tres humbles subjectz et fidelles serviteurs les consulz de vostre ville d'Agen, tant pour nous qu'au nom de tous les habitans d'icelle, rendons graces très humbles à Vostre Majesté de ce qu'il luy a pleu ouir et recepvoir favorablement les supplications de noz deputez, et avons rendu et rendons à jamais actions de graces à Dieu de ceste vostre immence liberalité et clemence royale en nostre endroict, ce que nous avonz receu avec aultant de contentement que nous pourrions recepvoir chose du monde, ainsi que nous l'avons tesmoigné par feu de joie,[2] processions, et generalles acclamations d'ung chascun et avec toutes aultres demonstrations d'alegresse qu'il nous a esté possible, comme le sieur prieur de Sainct-Caprazi, present pourteur, qui nous a beaucoup aidez à la delivrance et reduction de ceste ville et qui est fidelle tesmoing de noz actions,[3] pourra plus par-

---

[1] *Ibid.*

[2] Ce fut le 21 juin que le feu de joie fut allumé par le sénéchal, Charles de Monluc (Labenazie, t. I, p. 305). Le 28 août 1589, les Agenais avaient fait un feu de joie en l'honneur du cardinal de Bourbon, l'éphémère successeur de Henri III.

[3] Bernard IV de Lacombe, abbé de Blasimond, prieur de Saint-Caprais, archidiacre-mage de Saint-Etienne, etc.

ticullierement assurer Vostre Majesté. Puis doncques (Sire) qu'il vous a pleu nous recevoir en vostre bonne grace, nous supplions très humblement Vostre Majesté nous continuer les effectz d'icelle et croire que nous continuerons de nostre costé toute nostre vie nous maintenir en la très humble devotion que nous avons au service de Vostre Majesté et prions Dieu,

Sire, qu'il maintienne et accroisse sa prosperité avec l'heureux succes de tous voz desirs.

De vostre ville d'Agen ce quatriesme juillet 1594

Voz très humbles et très obeissans subjectz et serviteurs les consuls d'Agen

BOYSSONNADE[1] consul, DE LENDAS[2] consul, GAULTIER[3] consul, AMAT[4] consul, ANSELIN[5] consul.

---

[1] Michel de Boyssonnade, avocat. C'était un ligueur converti. Henri IV écrivit de Laon, le 26 juin 1594, à cet ancien adversaire une lettre qui est rapportée par le chroniqueur Malebaysse et dans laquelle il le remercie du zèle qu'il a mis à favoriser sa cause dans Agen. Michel de Boyssonnade avait été déjà plusieurs fois premier consul de sa ville natale, en 1566, en 1567, en 1575, en 1582, en 1589.

[2] Jehan de Lendas, avocat.

[3] Jehan Gaultier, marchand.

[4] Jehan Amat, bourgeois et notaire royal.

[5] Pierre Anselin, docteur en médecine.

## LXXIII

Mémoire de ce que le Prieur de Saint-Caprais d'Agen représentera au Roi de la part des consuls de la dite ville.[1]

4 Juillet 1594.

Ledict sieur Prieur, estant en cour, presentera, s'il luy plaist, au Roy la lettre desdicts consulz faisant entendre de vive voix à Sa Majesté l'estat de la dicte ville d'Agen en son obeissance et le debvoir faict par lesdicts consulz et habitans de tirer hors le sieur marquis de Villars et ses forces de la Ligue estans dedans la dicte ville.

Qu'en hayne de ce, ledict sieur marquis ha mis lesdictes forces en garnison dans les chasteaux de Monpezat, Madaillan, de Aguillon appartenans à madame sa mère, qui font des courses jusques aux portes dudict Agen, et font prisonniers hommes et bestail, à ce qu'il plaise à Sa Majesté ordonner dans ladicte ville une forte garnison de cent cinquante soldats, commandés par les consulz, pour resister ausdictes forces aux despends du pays et ordonner à Monseigneur le Mareschal et à Monsieur de Monluc, nostre seneschal, assembler des forces pour delivrer le pays desdictes oppressions;

*Item* de presenter au Roy leur requeste sur la descharge de leurs impositions extraordinaires et en poursuivre l'ordonnance et provisions necessaires à ces fins;

---

[1] *Ibid.*

Se souvenir supplier très humblement de leur part Sa Majesté, en empliant le premier article de son edict expedié à leurs depputez, que l'exercice de la religion pretendue ne soit faicte à une lieue dans la banlieue d'Agen ny dans la jurisdiction d'icelle qui en tout n'est pas de plus d'estandue ;

Aussi de requerir et obtenir commission du roy pour imposer à trois diverses années consécutives sur la dicte ville et jurisdiction d'Agen en ses aydes les sommes que ladicte ville doibt suyvant l'estat à luy baillé desdictes debtes contractz à cause des troubles et pour remettre la ville en l'obeissance de Sa Majesté.

Faict à Agen le quatriesme jour de juillet mil V<sup>e</sup> quatre vingtz quatorze

BOYSSONNADE consul, DE LENDAS consul,[1] AMAT consul, GAULTIER consul, ANSELIN, consul.

---

[1] On retrouve ce Jehan de Landas consul en 1602, en 1603, et, en cette dernière année, il obtint du maréchal d'Ornano la permission de chasser (Archives départementales de Lot-et-Garonne, B. 6.). Joseph Scaliger, dans sa lettre à Janus Douza si bien traduite et si bien annotée par M. Ad. Magen, dit (p. 200 du volume de 1873 de notre *Recueil*) : « Je fus tenu sur les fonts baptismaux dans l'église de Saint-Hilaire [août 1540], par un homme de noble origine, Gérard Landas, qui ne me donna pas son nom parce qu'il ne l'aimait pas, mais qui m'appela Joseph Juste. » L'éditeur des *Documents sur Jules-César Scaliger et sa famille* ajoute qu'un M. de Landas [peut-être le parrain de Scaliger] assistait à la jurade du 21 avril 1531, avec la qualité d'avocat du Roi, et qu'un Ysaac de Landas figure, comme écuyer, dans le cadastre de 1648.

## LXXIV

Lettre du président et des juges du présidial de la ville d'Agen à Henri IV, au sujet de la soumission de cette ville à son autorité.[1]

4 Juillet 1594

Sire,

Comme il a pleu à Dieu toucher noz cœurs et les conduyre à une legitime et naturelle recognoissance du service deu à Vostre Majesté, aussi vous nous avez receuz avec une plus que paternelle benignité et rellevez de la faulte en laquelle la malice du temps nous avoit faict glisser. Nous rendons grâces à Dieu de nous avoir disposés à une si juste resipiscence et à Vostre Majesté, Sire, de l'avoir si favorablement agrée, ainsi que nous avons aprinz tant par la lettre qu'il a pleu à Vostre Majesté nous escripre, et par le recit de nostre collegue et deppute qui nous donne très ample signiffication de vostre bienveillance, et tant nous supplions très humblement Vostre Majesté hounhourer de ses faveurs le vœu que nous faisons de noz vies et de tout ce qui deppend au bien et honneur de vostre service, resoluz d'y perseverer et nous

---

[1] *Ibid.*

y ensevelir avec autant de zelle et d'affection que prions Dieu,

Sire,

qu'il luy plaise conserver et accroistre en toute prosperité la grandeur de Vostre Majesté.

Voz très humbles et très obeyssans serviteurs et subjetz.

D'Orty président et juge-mage,[1] de Ramond,[2] Laroche, de Philippon, Gardes.[3]

De vostre ville d'Agen, ce 4ᵉ de juillet 1594.

---

[2] D'Orty (Jean), président et juge-mage au siége présidial d'Agen. Antoine de Boyssonnade devint président et juge-mage au même siége (1605), Jean d'Orty lui ayant résigné ses fonctions en lui donnant pour femme Françoise, sa fille aînée. La fille cadette de Jean d'Orty et de Nicolle de Nort fut mariée (20 septembre 1609) avec Robert de Raymond.

[3] Ce *Ramond* est un des frères du fameux controversiste Florimond de Raymond, Jean de Raymond qui fut, comme l'avait été son père, Robert de Raymond premier du nom, comme devait l'être son fils Robert II de Raymond, conseiller du roi au siége présidial d'Agen. Jean de Raymond, qui mourut le 5 mars 1606, avait épousé, le 13 juillet 1581, Serène de Redon, fille de ce Pierre de Redon, écuyer, sieur du Limport, et lieutenant principal en la sénéchaussée d'Agenais, dont il a été déjà question dans un des documents qui précèdent.

[4] Plus deux noms illisibles que j'ai dû laisser de côté.

## LXXV

Lettre de Mgr de Villars, évêque d'Agen, à Henri IV, pour lui annoncer qu'il est venu à Bordeaux prêter le serment de fidélité devant le Parlement et pour le prier de le maintenir et de le confirmer dans sa possession de la charge de trésorier de la Sainte-Chapelle.[1]

20 Juillet 1594.

Sire,

Encores que j'aie assez tesmoigné mon affection au service de Vostre Majesté, despuis qu'il a pleu à Dieu la fere revenir au giron de l'Eglise, par la reduction de la ville d'Agen et par le deputé de nostre clergé qui avoit specialle charge et procuration de moy de fere toutes les submissions que doibt le subject à son souverain, toutesfois jay bien volu pour satisfere à vostre edict et fere paroistre d'autant plus la très humble servitude que je vous ay voué, m'acheminer jusques en ceste ville pour y prester le serment de fidelité entre les mains de vostre court de parlement, attendant que le tempz vous apporte plus de repos et à moy plus de moien d'aller fere la reverence à Vostre Majesté et luy rendre toute l'obeissance qu'elle scauroit attendre d'un très humble serviteur et fidelle subject. Sire, par vostre edict vous avez declaré que vostre intention estoit de maintenir aux offices et benefices ceulx qui les auroient obtenuz durant la qualité de Monsieur de Mayenne en prennant nouvelle provision de Vostre Majesté, qui me donne esperance qu'elle ne voudra pas me rendre de pire condition que ses aultres subjectz et que le don qui m'avoit esté faict de la thresorerie de la Saincte-Chappelle du pallais à Paris me sera entretenu.

---

[1] *Ibid.*

Comme elle ne scauroit bailler ce benefice à personne en qui elle trouve tousjours plus de volunté, de devotion à son service, ceste asseurance me donne la hardiesse de supplier très humblement Vostre Majesté d'ordonner à tous aultres qui pourroient avoir obtenu quelque provision de ladicte thresorerie de s'en desister et ne m'inquieter en ma possession, et oultre que vous entretiendrez par ce moien vostre edict, vous obligerez d'autant plus ung pauvre evesque à prier Dieu continuellement pour vostre prosperité et santé, en laquelle je la supplie vous donner,

Sire, très longue et très heureuse vie.

de Bordeaux ce xx° juillet 1594

Vostre très humble et tres obeissant serviteur et subject

N. DE VILLARS, *E. d'Agen*.[1]

---

[1] Sur Nicolas de Villars (natif du diocèse de Lyon, d'abord conseiller au Parlement de Paris, puis trésorier de la Sainte-Chapelle, enfin évêque d'Agen de 1589 à la fin de 1608), voir l'*Histoire du diocèse* d'Agen par M. l'abbé Barrère (t. II, p. 351 et suivantes), ainsi qu'une note du Mémoire déjà cité de M. Magen sur *la Ville d'Agen sous le sénéchalat de Pierre de Peyronenc* (p. 5). Après avoir rappelé, dans cette note, d'après la *Satire Ménippée* et le *Journal* de l'Estoile, la grande part que M. de Villars prit, à Paris, aux délibérations et aux processions de la Ligue, M. Magen reproduit (p. 24, 25) deux lettres écrites par cet évêque aux consuls d'Agen et à ceux du Port-Sainte-Marie, en octobre 1589, lettres dont les originaux sont conservés aux Archives municipales d'Agen. — Il paraît que, malgré toutes les protestations de fidélité dont la présente lettre déborde, N. de Villars resta suspect à plusieurs des partisans du roi, car on lit dans une lettre du maréchal de Matignon à Henri IV (22 octobre 1594) : « Tout plain de noblesse me vint trouver au dict Agen, laquelle je recongneus très affectionnée au service de Vostre Majesté, ceux de la ville aussy, mesmement les officierz et consulz, en presence desquelz je parlay à l'Evesque et aucunz du clergé de se tenir en debvoir, ou qu'aultrement j'y emploierois mon auctorité de sorte qu'ils serviroient d'exemple. »

## LXXVI

Lettre des consuls de Clairac à Henri IV, pour réclamer sa protection contre les Ligueurs et pour obtenir de lui une garnison de gens de pied.[1]

27 Septembre 1594

Sire,

Les calamitez que nous souffrons et les necessitez ausquelles nous sommes reduictz pour avoir sur noz bras tous les ligueurs de l'Agenoys et du Quercy logez a une lieue de nous dans Montpezat, avec le sieur dudict Montpezat, leur chef, nous contraint d'avoir recours à Vostre Magesté pour vous supplyer très humblement d'avoir compassion de noz communes miseres et vouloir remettre la garnison de gens de pied cy devant establie en ceste ville, soubs l'authorité de Monsieur le Gouverneur, et, en son absence, des consuls et la faire coucher sur l'estat de Guienne, affin que nous puissions repousser l'esfort et viollence de voz ennemiz. Les villes circonvoysines, qui ont des garnisons establyes, les laissent courir avec toute liberté aymantz plustot leur payer les doubles tailles et autres impositions, qu'avec les armes leur resister, mais nous n'ayantz voulu condescendre à telles condictions pour ne nous mettre autre chose devant les yeux que vostre service, sommes par eux très mal traictez, à raison de quoy vous supplyons, Sire, nous vouloir ottroyer l'esfect du conteneu en nostre letre, affin que par ce moyen nous vous puissions tesmoigner la très humble affection que nous avons d'employer et noz moyens et nostre vie pour vostre très humble service, priant Dieu, Sire,

vous augmenter ses graces et benedictions.

De vostre ville de Clairac ce xxvii septembre 1594

Voz très humbles sujectz et serviteurs les consuls de Clairac

DALLEGRE     DENYS.

---

[1] *Ibid.*

## LXXVII

Lettre des consuls d'Agen à Henri IV, pour l'avertir de la découverte d'une conspiration qui avait failli replacer la ville sous le joug des Ligueurs.[1]

1er Décembre 1594.

Sire,

Comme nous estions jour et nuit à rafermir les habitans de ceste vostre ville d'Agen pour les maintenir en l'obeissance naturelle deue à Vostre Magesté, voz ennemis qui tachent de nous surprandre en avoient tellement praticqué aucunz, que ladicte ville estoit à la veille de sa totale ruyne et subvertion sans la grace de Dieu, qui a permiz que la conspiration a esté descouverte et les coulpables pugnis selon leurs demerites, ainsi que le presant pourteur, nostre collegue, fera entendre plus particullierement à Vostre Magesté,[2] laquelle nous supplions en toute humillité nous accorder noz très humbles requestes, et nous prierons tousjours la divine bonté vous continuer,

Sire,

en toute prosperité et santé très longue et heureuse vie.

De vostre ville d'Agen ce premier decembre 1594

Voz très humbles et très obeissans subjectz les consulz d'Agen

BOYSSONNADE consul     REDON[3] consul
DE LENDAS consul     AMAT consul.

---

[1] *Ibid.*

[2] Les divers annalistes de l'Agenais ne disent rien ou presque rien de cet incident. Espérons que M. Magen, qui a si bien retracé l'épisode du sénéchalat de Pierre de Peyronenc, retracera tout aussi bien l'épisode de la conspiration si peu connue de décembre 1594, et qu'il ajoutera ainsi un chapitre de plus à cette histoire de sa ville natale, que son patriotisme, son savoir et son talent lui imposent le devoir de nous donner, un jour, tout entière.

[3] Charles de Redon, sieur de Fort, était le frère de Serène de Redon qui,

comme je l'ai rappelé dans une précédente note, épousa Jean de Raymond, dont descend en droite ligne Madame la comtesse Marie de Raymond, à laquelle je dois, sur ce point comme sur une infinité d'autres, des renseignements qui m'ont été trop utiles, et qui surtout m'ont été trop gracieusement donnés, pour que je ne consigne pas ici la respectueuse expression de ma plus vive reconnaissance. D'Hozier (*Armorial général ou registres de la noblesse de France*, registre 5e, seconde partie, 1764), rappelle que noble Charles de Redon, l'un des consuls de la ville d'Agen, fut donné en ôtage au marquis de Villars, par les consuls et habitants d'Agen, suivant un acte du 8 juillet 1594.

## LXXVIII

Lettre des députés des églises protestantes de Guienne réunis à Clairac, au Roi Henri IV, pour le prier de permettre que le sieur de Gachon remplaçât, dans la chambre de l'Edit établie à Nérac, le sieur Trellier, démissionnaire.[1]

15 Septembre 1601.

Sire,

La France a beaucoup plus d'obligation à Vostre Majesté qu'elle ne scauroit jamais estimer en son esprit, moins exprimer de bouche, et encore moins recognoistre par effect. Mais ceux de la Religion reformée, ayans ce grand bien et honneur singulier de Dieu d'estre du nombre des serviteurs et subjects très humbles, très obeissans et très fideles de Vostre Majesté, n'en ont pas moins. Entre les benefices qu'ils en ont reçeus et reçoivent tous les jours, cestuici n'est pas des moindres concernant l'establissement des chambres, pour la distribution de la justice ès provinces de vostre

---

[1] Fonds français, vol. 24167 non paginé (*Olim* tome CCCXVI de la colection des Missions étrangères).

Royaume. Ceste province de Guyenne, Sire, en sent desja les effects, et en sentira de plus beaux ci aprez, sous la faveur de Dieu et le bon plaisir de Vostre Majesté. Il importe de beaucoup que ces chambres soient fournies de personnes de capacité, de conscience, de prud'homie et fidelité. Nostre province y avoit pourveu, le mieux qu'elle avoit peu, par la nomination des officiers qu'elle en avoit faite à Vostre Majesté au commencement de l'érection de la chambre de l'Edict en Guyenne. Mais depuis l'un d'iceux, M. Trellier, conseiller en la dite chambre de l'Edict en vostre ville de Nerac, se trouve tellement chargé de vieillesse et travaillé d'indisposition corporelle, qu'il est contraint (sous le bon plaisir de Vostre Majesté) de resigner son office; ce qu'aussi il a fait en nostre assemblée, qui s'est tenue à Clairac, par la permission de Vostre Majesté, à laquelle assemblée il en a escrit expressement et prié qu'on voulust approuver et recevoir sa resignation, et trouver bon que maistre Arnaud de Gachon, advocat en la cour de Parlement de Bordeaux,[1] fust nommé par les Eglises, et presenté à Vostre Majesté

---

[1] Arnaud de Gachon, ou Gaschon, sieur de La Mothe, fut, selon la *France protestante*, député, en 1601, par la Basse-Guienne à l'assemblée politique de Sainte-Foy : il y remplit les fonctions de secrétaire. Cette même année, il fut chargé d'une mission à Lyon, où Henri IV se trouvait alors, pour faire entendre à ce prince les plaintes des Églises au sujet des obstacles que le Parlement de Bordeaux apportait à l'installation de la chambre mi-partie. En 1602, il fut pourvu de la charge de conseiller au même Parlement, charge dans laquelle il eut pour successeur (1618), son fils Pierre (marié avec Sybille de Bacalan).

aux fins qu'il lui plaise le pourvoir dudit office de conseiller en ladite chambre de Guyenne au lieu et place dudit sieur Trellier. Sur quoi ladite assemblée, ayant meurement deliberé, a jugé la resignation du dit sieur Trellier raisonable, juste et acceptable, et trouvé bon que ledit sieur de Gachon soit nommé par les églises de ceste Province à Vostre Majesté comme personnage doué de grande piété, vertu et fidélité ; et remarqué pour sa capacité et experience non petite, dont il a, dès long temps, fait preuve aux Eglises ; lesquelles aussi pour cest'effect s'affectionnent et agreent fort d'un commun consentement : supplians tres humblement Vostre Majesté qu'il lui plaise approuver la dite nomination que les Eglises de Guyenne lui en font et pourvoir le dit sieur de Gachon du dit office de conseiller en la dite chambre de Guyenne. En quoi outre l'obligation particuliere que le dit sieur de Gachon en aura à Vostre Majesté, il y a plus que toutes les Eglises reformées de ceste Province vous en auront une plus grande et très estroite obligation pour le bien et soulagement qu'elles esperent et attendent de la piété, justice, prud'homie et fidélité dudit sieur de Gachon, lesquelles aussy continueront de prier le Dieu eternel pour la santé, longue vie et heureuse tranquillité de Vostre Majesté et de tout son Royaume.

A Clairac ce xv<sup>e</sup> de septembre 1601.

Par les très humbles, très obeissans et très fideles serviteurs de Vostre Majesté ceux de la Religion reformée de sa Province de Guyenne assemblez en la ville de Clairac sous le bon plaisir et permission de Sa Majesté et au nom de tous,

LUSIGNAN[1]  LAMBERT, ministre de la parole de Dieu et modérateur de l'assemblée synodale.[2]

---

[1] François de Lusignan, baron, puis (août 1618) marquis de Lusignan, a été souvent confondu avec son père, Henri de Lusignan, et souvent aussi avec son propre fils qui, comme lui, portait le prénom de François. Henri de Lusignan était déjà mort en 1601, car, à cette date, on trouve, aux Archives départementales de Lot-et-Garonne (registre des Insinuations, B, 31, p. 307), une donation faite « dans le château de Lesignan en Agenais, » par « Messire François de Lesignan, seigneur et baron dudict lieu et autres places, chevalier de l'ordre du Roy, cappitaine de cinquante hommes d'armes, gouverneur pour le Roy de Puymirol, » à Pierre Coudert, capitaine de la ville de Puymirol, pour ses « agréables services, » à l'égard de « feu hault et puissant seigneur messire Henry de Lesignan, père dudit seigneur constituant, etc. » François, dont M. Ph. Lauzun (*op. cit.*, p. 97), trompé par M. Samazeuilh, prolonge la vie jusqu'en 1650, était mort avant le 17 avril 1639, car, à cette date, est inscrit au registre des Insinuations (B. 62, p. 162) l'acte de mariage de noble Anthoine de Chaunac, seigneur de Lauzac, habitant de la ville de Gourdon en Quercy, avec dame Olympe de Lusignan, « fille de feuz messire François de Lusignan, en son vivant chevalier de l'ordre du Roy, conseiller en ses conseils d'Estat et privé, seigneur dudit Lusignan, Galapian, Monbalen et autres places, et de damoiselle Marguerite de Nuchèze. » Comme son père, François de Lusignan fut un des chefs du parti calviniste en Agenais. On peut, à ce point de vue particulier, consulter les *Mémoires* du duc de la Force et l'article de la *France protestante*. Nous le retrouverons dans un des documents suivants, où l'on puisera, tant pour son histoire que pour celle de sa famille, des renseignements destinés à compléter ceux qui ont été réunis déjà par M. J.-F. Samazeuilh, par M. Philippe Lauzun et par M<sup>me</sup> la comtesse Marie de Raymond, laquelle, je le déclare sans la moindre nuance de galanterie, me paraît avoir mieux que personne débrouillé (notes inédites) un écheveau généalogique qui semblait inextricable.

[2] Voir pour ce ministre l'article de MM. Haag. Y joindre le peu qui en est dit dans une lettre au duc de La Force, du 4 août 1594, à la suite des *Mémoires* (t. I, p. 248).

## LXXIX

Arrêt du Conseil d'Etat « touchant les élections des magistrats, consulz et autres charges de la ville de Monflanquin qui sont déclarez communes à ceux de l'une et l'autre religion.[1] »

25 Juin 1602.

Sur la requeste presentée au Roy de la part des consulz, manauz et habitanz de la ville de Monflanquin, suivant l'arrest de la chambre de Nerac du 12 decembre 1601, à ce qu'il plaise à Sa Majesté ordonner que les eslections des consulz et autres charges de la dite ville qui se feront à l'advenir seront et demeureront libres, sans qu'aucun puisse estre admis et receu ausdites charges soit catholiques ou de la religion pretendue reformée, sinon qu'il soit esleu à la pluralité des voix et par les formes accoustuméez en tel caz, et sans que les supplianz soient abstrainctz à nommer ung gentilhomme pour premier consul de la dite ville, et aussi qu'il plaise à Sa Majesté evoquer à son conseil l'instance d'appel interjetée par les habitanz catholiques de la dite ville des reglemenz et ordonnancez faictez en execution de l'edict de Nantes par les subdeleguez des sieurs de Refuge[2] et de

---

[1] Bibliothèque nationale. Collection Brienne, t. CCIX, p. 331. (Extrait des registres du Conseil d'Etat).

[2] Eustache de Refuge, seigneur de Précy et de Courcelles, maître des requêtes, chargé, dès 1599, de faire vérifier l'Edit de Nantes en Languedoc et en Guyenne. Voir *Mémoires* du duc de La Force (t. I, p. 120, 121). Dans une lettre des derniers jours de mai 1599, M. de La Force écrit, de Périgueux, à M$^{me}$ de La Force (*Ibid.* p. 312) : « J'espère que nous serons demain à souper à La Force ; il faut du poisson, car M. du Refuge ne mange point de chair ; s'il y en a assez, l'on pourra mettre chair et poisson. »

La Forse,[1] commissaires deputez par Sa Majesté pour l'execution dudit edict, et ce faisant, casser et revoquer le dit arrest en ce qui concerne la restitution de la dite instance et commission donnée à deux conseillers d'icelle pour se transporter sur les lieux, et ce qui s'en seroit ensuivy :

Veu ledict arrest, donné en la chambre de Nerac du 12 decembre 1601, ensemble la copie du reglement des ditz subdeleguez,

Le Roy, en son conseil, a ordonné et ordonne qu'en toutes eslections qui se feront cy après de la charge consulaire et autres de la dicte ville de Montflanquin, la liberté des voix et suffrages sera gardée et observée selon les formes accoustumées sans qu'il soit loisible ausdicts habitanz de la dicte ville tant d'une que d'autre religion d'estre receuz et installez ausdictes charges, sinon par la dicte eslection en la maniere accoustumée, et avant que faire droict sur la requeste desditz consulz de n'estre abstraintz à eslire ceux de la noblesse en la charge de premier consul, Sa dicte Majesté a ordonné et ordonne que les ditz de la noblesse seront assignez en son conseil pour eulx ouyz estre ordonné ce que de raison, et en enterinant la dicte requeste en ce qui regarde l'evocation requise Sa Majesté

---

[1] Voir (*Mémoires* du duc de La Force, t. 1, p. 317) la commission donnée par Henri IV aux sieurs de La Force et du Refuge pour pourvoir avec le maréchal d'Ornano, « à l'exécution et entérinement de l'Edit, en l'étendue de notre province de Guyenne. » La commission est datée du 17 avril 1600. Il faut lire sans doute **17 *avril* 1599**, puisque nous venons de voir, dans la précédente note, que vers la fin de mai 1599, La Force et du Refuge faisaient déjà exécuter l'Edit dans la sénéchaussée de Périgord.

sans avoir esgard quant à ce audict arrest a evocqué et evoque à soy et à son conseil l'instance d'appel intentée en ladicte chambre par les habitanz catholiques de la dicte ville de Montflanquin des ordonnances et reglementz faictz en execution du dict edict de Nantes par les subdeleguez des dicts sieurs de Refuge et de la Forse commissaires deputez par Sa Majesté pour l'establissement dudict edict, avec defenses à la dicte chambre et touz autres juges d'executer ledict arrest pour ce regard.

Faict au conseil du Roy tenu à Paris le 29ᵉ jour de juin 1602.

Signé : FORGET.[1]

---

[1] Rappelons ici que Pierre Forget, sieur de Fresne, secrétaire d'Etat, fut un des principaux rédacteurs de l'Edit de Nantes.

## LXXX

Lettre de la Chambre de l'Edit de Guienne à Henri IV.[1]

22 Décembre 1862.

Nostre Souverain Seigneur, tant et sy très humblement que faire pouvons à vostre bonne grace nous recommandons.

Nostre Souverain Seigneur, nous avons reçeu celle qu'il vous a pleu nous envoyer par le sieur de la Force lequel nous a faict entendre vostre volonté.[2] Nous ne fairons faulte d'effectuer tout le contenu en voz commandementz et ledict sieur de la Force vous pourra rendre tesmoignage avec nous en quel bon et paisible estat il a trouvé tout ce ressort. Nous y avons tousjours tenu la main à ce que aulcun n'alterat ce qui estoit de vos edictz et ordonnances et à vivre en union, repos, tranquilité ( Nostre Souverain Seigneur) nous continuerons faire de plus en plus et nous

---

[1] Fonds français, vol. 24026 (*Olim* vol. 175 de la collection des Missions étrangères).

[2] On lit dans les *Mémoires* du duc de La Force (t. I, p. 158) : « De là, [de Bergerac], il s'en va à Nérac vers Messieurs de la Chambre de l'Edit, suivant la commission qu'il en avait reçue du Roi. » Cette commission était datée du 4 décembre. Henri IV, craignant que la présence du duc de Bouillon en Guyenne, n'y suscitât « quelque remuement fâcheux pour son autorité, » avait donné l'ordre à M. de La Force de se rendre aussitôt dans cette province, pour y « agir comme il le jugeroit à propos. »

maintenir bien avec vostre cour de parlement de Bourdeaux et y avoir bonne correspondance avec icelle, ne taschant que d'observer vos edictz et ordonnances et à tenir ung chascun au mesme debvoir et obeissance, et sy aulcun y contrevient, nous ne fauldrons luy faire souffrir les peines portées par lesdicts edicts, affin qu'il serve d'exemple et de terreur aux aultres, pour ne cheoir en semblables faultes, qui importent le repos de vostre estat, pour le service duquel nous y apporterons nos propres vies et toutes les graces que Dieu nous aura desparties priant le Createur [vous donner],

Nostre Souverain Seigneur, en très parfaicte santé, très longue et très heureuse vie, avec l'accomplissement de voz tres heurets et très nobles desirs.

Escript à Nerac en la chambre de Guienne par Vostre Majesté establie suivant l'Edict, le vingt-deuxiesme decembre 1602.

Voz très humbles et très obeissans serviteurs et subjectz

Les gens tenans la chambre de Guienne par Vostre Majesté establie suivant l'Edict.

DE POURCASTEL.

## LXXXI

Lettre de Nicolas de Villars, évêque d'Agen, à Henri IV, pour le remercier de l'envoi d'un brevet.[1]

1er Avril 1603.

Sire,

Le sieur le Berche, qui est à Monsieur le Mareschal d'Ornano,[2] m'a rendeu la lettre et le Brevet dont il a pleu à Vostre Majesté m'honnorer,[3] me tesmoignant par la le contentement et satisfaction que vous daigniez prendre de mes actions et deportementz, qu'est tout le bonheur et felicité qu'un vray subject peult desirer et s'acquerir au service de son Roy. Sire, le peu de merite et capacité que je recognoys

---

[1] *Ibid.*

[2] Après avoir tant crié : *Vive la Ligue,* N. de Villars ne cria pas moins fort : *Vive le Roi!* Le maréchal Alphonse d'Ornano avait délivré à l'ancien membre de l'assemblée des Quarante, dans une lettre écrite d'Agen à Henri IV, le 25 janvier 1603, ce certificat qui ne laissait rien à désirer : « J'avois oublyé de luy mander [ à Sa Majesté ] par mes precedentes la bonne assistance que j'ay receue de monsieur l'evesque d'Agen, depuis que je suis en ceste ville, l'ayant recongnu en tout ce qui s'est offert pour le bien de vostre service autant remply de zèle et de fidélité que prelat de ceste province. Je la supplye de luy escrire le contentement qu'elle en a affyn de l'obliger à continuer ceste affection et de pryer Dieu, comme je feray toute ma vye, pour la prosperité et santé de Vostre Majesté. »

[3] Probablement le brevet du don de la charge de trésorier de la Sainte-Chapelle, don déjà réclamé dans une précédente lettre de l'évêque au roi et qui ne lui auroit pas été accordé plutôt, à cause des soupçons excités par celui qui, selon le mot de Henri III à Saint-Chamarand ( lettre du 3 avril 1589 citée par M. Magen, p. 5 de sa brochure ), avait été « des principaux factieux. » On aurait pu penser qu'il s'agissait ici du brevet de l'ordre du Saint-Esprit, mais je ne vois pas le nom de Nicolas de Villars sur la *liste chronologique* des chevaliers de cet ordre, depuis son origine jusqu'à son extinction, publiée par M. A. Teulet ( *Annuaire-bulletin de la Société de l'histoire de France pour 1863.* )

chez moy m'esloignoyent toutalement de la recherche de telle qualité, et pour me l'auser promettre, vostre bon et rare jugement, qui est une autre pierre de touche à toutz voz subjectz, s'est voulcu contenter d'unne ancienne très fidelle et affectionnée volunté au service très humble de Vostre Majesté. Ainsi la recognoissance a devancé le merite, d'aultant plus l'obligation m'en demeure grande et la recherche plus desirée, qu'avec l'honneur de ses commandementz desquels Sa Majesté me jugera capable je puisse randre quelque effect digne du bien et honneur quil luy a pleu me despartir; ce pendant j'en remercie très humblement Vostre Majesté et la supplie de croire qu'elle ne sera jamais trompée de moy pour la fidelité et affection quelle peult desirer et s'asseurer d'un sien très humble serviteur et subject et qui ne fera jamais aultre loy que de voz voluntés et intentions.

Sire, je supplieray nostre Seigneur les bien heurer [1] et fortiffier de la saincte grace et assistance et conserver Vostre Majesté en parfaicte santé longuement et heureusement.

Vostre très humble très obeissant et tres obligé subject et serviteur,

NICOLAS, É. *d'Agen.*

D'Agen, le premier d'Apvril 1603.

---

[1] *Bienheurer*, rendre heureux. Du Bartas a dit (*Septiesme jour de la Sepmaine*) :

> Pères, si vous voulez que vos sages enfans
> Par leur propre bonheur *bienheurent* vos vieux ans.

Et Pierre de Brach (*Tombeau de Blaise de Monluc*) :

> O heureux qui se peut, comme luy, *bienheurer*
> Par une heureuse mort, par une heureuse vie,
> D'une telle mémoire après la mort suivie !

## LXXXII

Lettre des consuls de Nérac à Henri IV, pour lui annoncer l'envoi d'un député, du nom de Dupleix, qui va se plaindre des agissements d'un habitant de la ville, le sieur de Brassay.[1]

16 Décembre 1603 (?)

Sire,

Nous envoyons expressement devers Vostre Majeste le sieur Dupleix, present porteur, qui est ung de nostre corps de ville,[2] pour vous fere entendre ung trouble et division auquel ung des habitans de ceste ville nommé mestre Thobie de Brassay[3] nous a micz et qui est pour croistre et s'augmenter.

---

[1] *Ibid.*

[2] Guillaume Du Pleix, fils de Scipion Du Pleix et d'une nièce du poëte Imbert, et neveu de l'autre Scipion Du Pleix, l'historiographe, fut président du siége de Nérac. Il eut, de son mariage avec Luce de Loupès, deux enfants : Louis, né en 1645, et François, né en 1648. ( J. Noulens, *Maison Du Pleix de Cadignan*, 1861.)

[3] Thobie de Brassay, baron de Samazan, était frère de Nicolas de Brassey, auditeur ou secrétaire à la chambre des comptes à Nérac, dont la fille, Marie ou Marthe, épousa (8 décembre 1597) Isaac de Jausselin. Thobie épousa Madelaine de Malvirade et fit, en mars 1630, son testament en faveur d'un fils de son frère, Jean de Jausselin de Brassay. ( J.-F. Samazeuilh, *Biographie de l'arrondissement de Nérac*, p. 357-359. ) M. Samazeuilh emprunte à la *chronique* d'Isaac de Pérès le récit d'un différend entre les consuls de Nérac et Thobie de Brassay, quand ce dernier fut devenu « secrétaire de chancellerie en la cour de Bordeaux » dans les premiers jours du mois de mars 1605. Si le récit d'Isaac de Pérès s'appliquait à l'année 1603, j'y trouverais l'explication de la plainte portée par les magistrats municipaux de Nérac contre M. de Brassay, qui avait eu la témérité de faire dresser dans le temple de cette ville un banc trop rapproché de celui de ces messieurs, attentat pour lequel il fut assigné devant la chambre de l'Edit. Y aurait-il eu donc, à deux années d'intervalle,

Nous supplions Vostre Majesté vouloir ouyr ledict sieur Dupleix qui le vous faira entendre et vous en presenter requeste pour nous y fere pourvoir de vostre justice.

Nous continuerons tousjours à prier Dieu,

 Sire,

pour vostre grandeur, santé et prosperité.

Vos très humbles et très obeissantz subjectz et serviteurs

  Les consulz de la ville de Nerac

DE LABALADE.[1]  LAFORET.  LEVENYER.  PUYFERRE.

De Nerac ce xvi Decembre 1603.

---

deux querelles entre les consuls de Nérac et M. de Brassay ? Peut-être, après tout, une date a-t-elle été mal lue, et faut-il ne voir qu'une seule et même affaire dans les affaires, distinctes en apparence, de 1603 et de 1605 ? Quand plus de deux siècles et demi ont blanchi et presque effacé une écriture qui, tout d'abord, n'avait pas trop de netteté, il est facile de confondre un chiffre avec un autre et de prendre 1605 pour 1603.

[1] M. Samazeuilh a consacré une notice ( *Biographie de l'arrondissement de Nérac*, p. 455-458), à la famille *Lavalade, La Vallade*, ou *La Valade*. Le plus célèbre des membres de cette famille fut Bertrand de Lavalade, procureur général de la reine de Navarre au duché d'Albret et en la chambre des Comptes de Nérac (1566), maître de requêtes ordinaire du roi de Navarre (1582), président en la chambre des Comptes de Nérac (1598 et 1604). Henri IV lui écrivit, le 28 janvier 1591, une lettre imprimée dans le recueil de M. Berger de Xivrey, (t. III, p. 330). Le consul de 1603 ou 1605 est probablement un fils du président de Lavalade. — M. Samazeuilh ne nous dit rien des trois collègues de M. de Lavalade.

## LXXXIII

Lettres d'interdiction au Parlement de Bordeaux et d'évocation à la chambre de l'Edit à Nérac, délivrées par le roi Louis XIII à Isaac Dupred et François Blanchard, du Mas-d'Agenais.[1]

3 Août 1616.

Louis, par la grace de Dieu Roy de France et de Navarre, à nos amez et feaulx conseillers les genz tenanz nostre court de parlement de Bourdeaux, salut.

Noz chers et bien amez Isaac Dupred et François Blanchard, prisonniers, detenus en la conciergerie de nostre dicte court, nous ont faict dire et remonstrer qu'en hayne de ce qui se seroit passé entre nos subjectz catholiques de nostre ville du Mas d'Agenois et eulx audict lieu du Mas d'Agenois le 23e decembre dernier pour faict de guerre,[2] nos

---

[1] Collection Brienne, t. CCXI, p. 67.

[2] On trouvera beaucoup de détails sur ce *faict de guerre* dans le *Mercure François* (t. IV, p. 370, 374, etc.) Le *Discours de ce qui est advenu devant la ville du Mas d'Agenois en Gascongne au duché d'Albret* n'a pas, ce me semble, été, jusqu'à ce jour, assez utilisé par les historiens de l'Agenais. Il faut le rapprocher de divers documents insérés dans le tome II des *Archives historiques du département de la Gironde*, notamment d'une commission donnée, le 13 octobre 1615, par le maréchal de Roquelaure au conseiller Du Duc (Jacques Du Duc ou Duduc, d'une famille parlementaire de Bordeaux qui a fourni à la Compagnie de Jésus un de ses plus savants et de ses plus célèbres religieux, le P. Frontin Du Duc), pour se transporter au Mas, et y prendre toutes les mesures nécessaires au maintien de la tranquillité (p. 199); d'une convention entre le duc de Rohan et le même magistrat, conclue le 7 novembre 1615 (p. 200); d'une lettre de Roquelaure au même magistrat, écrite le 8 du même mois (*Ibid.*); enfin d'une lettre de Louis XIII au même, du 9 du même mois (p. 201), où le roi le félicite en ces termes de sa ferme et habile conduite : « J'ay reçeu

dicts subjects catholiques ayant arresté les dicts exposanz comme prisonniers de guerre, leur auroient depuis imposé plusieurs accusations et sur ce decretté contre eulx prinse de corps, dont lesdicts exposanz ayanz relevé appel en nostre chambre de l'Edict, à Nérac, ilz auroient esté conduictz en la conciergerie de nostre dicte cour, sur quoy desiranz se purger et justifier des cas à eux imposez, ilz vous auroient demandé renvoy pardevant nostre chambre de l'Edict, comme faisantz de tout temps profession de la religion pretendue reformée, à quoy vous leur auriez faict quelque dificulté, et ayanz eu sur ce recours à nous et estimanz que cette difficulté procede plustost de ce que ladicte chambre n'estoit encore lors restablie que d'aucune autre cause, voulons leur subvenir en cet endroict en consequence de noz edictz accordez en faveur de noz subjectz de la dicte religion pretendue reformée ;

A ces causes, nous voulons et vous mandons que, s'il vous appert lesdicts exposanz estre de la dicte religion pretendue reformée, et en faire profession depuis six mois et plus auparavant le dict emprisonnement, vous ayez à les renvoyer à nostre chambre de l'Edict à Nérac pour y estre ledict procès, circonstances et dependances, jugé et terminé suivant noz edictz et ordonnances, luy en attribuant à ceste fin toute

---

la lettre que vous m'avez escrite du VIII<sup>e</sup> de ce moys, par laquelle j'ay veu comme vous vous estes avec les habitans de la ville du Mas, si courageusement deffandus, que vous avez contrainct le duc de Rohan, qui vous avoit assiégé avec les trouppes de ceulx qui se sont eslevez contre mon auctorité, de se retirer honteusement avec dommage et perte de grand nombre de leurs gens, en quoy vous avez bien faict paroistre que si vous m'avez cy devant bien et fidellement servy en vostre charge en ce parlement, que vous ne l'avez pas moing bien sceu faire hors de vostre profession en ceste action, ayant monstré la valleur, courage et fidellité que ung bon servitéur et subject pouvoit faire paroistre à son roy... »

cour jurisdiction et congnoissance, et icelle vous avons interdicte et interdisons par ces presentes et à tous autres nos juges, faisant deffenses ausdictes parties d'en faire aucunes poursuittes ailleurs que par devant ladicte chambre, sur peine de nullité, cassation de procedures, despens, dommages et interestz, vous ordonnons en outre de faire sortir lesdicts exposanz des prisons de nostre dicte cour et iceux faire conduire en celles de nostre dicte chambre de l'Edict de Nerac, et faire aussi porter ou envoyer par le greffier de la dicte cour au greffe de nostre dicte chambre ledict procès criminel avec les informations et procedures sur ce faictes. Mandons pareillement au premier nostre huissier ou sergent sur ce requis de faire pour l'evocation de ces presentes tous exploitz et significations à ce necessaires sans pour ce demander *placet visa* ne *pareatis*, car tel est nostre plaisir.

Donné à Paris le IIIe iour d'aoust l'an de grace **1616** et de nostre regne le septiesme.[1]

---

[1] MM. Haag (article *Dupré*, de la *France protestante*), après avoir rappelé que Calonges, commandant du château du Mas [ c'était Jacques de Chaussade, baron de Calonges ] ayant essayé de s'emparer de la ville, en *1616* (sic), et ayant échoué, Dupré et Blanchard furent arrêtés comme complices, ajoute que le Parlement de Bordeaux ne tint pas compte de l'injonction royale : il fallut que Louis XIII nommât quatre commissaires, deux catholiques et deux protestants (ces deux derniers furent Jean Vigier, conseiller au Parlement de Bordeaux, et Boisse-Pardaillan, conseiller d'Etat) ; et encore, malgré le jugement des commissaires, le Parlement persista à garder les deux prisonniers, en sorte que, sur les plaintes redoublées de l'Assemblée de La Rochelle, le roi fut obligé de donner, en 1617, des lettres d'abolition particulières aux deux prévenus pour les faire remettre en liberté.

## LXXXIV

Requête adressée par le marquis François de Lusignan à la Chambre de l'Edit de Guyenne contre son fils François de Lusignan.[1]

Sans date, mais de 1630.

Supplie humblement François de Luzignan, seigneur marquis dudict lieu, Galapian, Monbalein et autres places, disant qu'au mois de may dernier François de Luzignan, filz aisné du suppliant,[2] s'estant saisy et emparé de Olimpe de Luzi-

---

[1] Archives du château de Xaintrailles.

[2] De même que Henri de Lusignan s'était marié deux fois, son fils François s'était aussi marié deux fois, d'abord avec Marguerite de Nuchèze, fille de Louis de Nuchèze et de Madeleine de Saint-Gelais (voir Filleau, *Dictionnaire des familles de l'ancien Poitou*, au mot *Nuchèze*), ensuite avec Anne de Constantin. Cette dernière lui survécut, comme le constate cet extrait d'un document dont, par malheur, quand je compulsai d'une main rapide et fiévreuse les archives du château de Xaintrailles, j'oubliai, dans le feu de l'action, de relever la date : « En la ville et cité de Bourdeaux ont été présents messire François Peyrarède, advocat en la cour de Parlement de Bourdeaux, fils naturel et légitime de feu Pierre Peyrarède, quand vivait cappitaine et gouverneur pour le Roy du château de Bergerac, et de damoiselle Jeanne de La Plasse, ses père et mère, d'une part ; et damoiselle Magdelaine de Lusignan, fille naturelle et légitime de feu messire François de Lusignan, seigneur, marquis dudict lieu, Galapian, Monbalen et autres places, chevalier, conseiller du Roy en ses conseils et cappitaine de cinquante hommes d'armes de ses ordonnances, et de dame Anne de Constantin, veufve dudict feu seigneur de Lusignan, etc. » Historiens et généalogistes avaient ignoré jusqu'à ce jour le mariage de François 1 de Lusignan avec Anne de Constantin, ainsi que le mariage de Madeleine de Lusignan avec ce Peyrarède qui était évidemment de la même famille que Jean de Peyrarède, natif de Bergerac, érudit et poëte dont il est si souvent parlé dans les *Lettres de Jean-Louis Guez de Balzac*

gnan[1] damoizelle, sa sœur, et fille du suppliant, et la retenant par devers luy contre le gré et volonté dudict sieur suppliant, et au prejudice des commandemens quil luy faisoit de la remettre en son pouvoir, sur peyne de desobeissance, le suppliant fut contrainct de se pourvoir en la cour, de presenter requeste à icelle aux fins quil luy fust permis d'informer desdits excez, et que neantmoins il fut enjoint audict sieur de Luzignan filz de luy remettre sa fille, ce que la

---

(1873, in-4º, p. 327 à 392). François II, de Lusignan, qui s'était marié, le 28 mai 1621, avec Jeanne d'Escodéca de Boisse, fut père de François III de Lusignan, qui joua dans les troubles de la Fronde un rôle aussi actif que l'avait été celui de ses aïeux dans les guerres de religion. En 1651, le 19 mars, François III épousa Anne de Montpezat. De cette union provint un fils, Armand, mort à Agen, sans postérité, le 19 janvier 1684, lequel céda tous ses droits à son oncle, Pierre de Lusignan, baron de Galapian, devenu, par cette cession, marquis de Lusignan. Pierre, ayant épousé (11 juin 1645) Rose de Loubatery, petite-nièce par sa grand'mère (Jeanne de Raymond) de l'écrivain Florimond de Raymond, en eut une fille unique, Anne de Lusignan, mariée (22 septembre 1676) avec le comte de Lau (Jean-Joseph). Dans la pensée de Madame la comtesse Marie de Raymond, comme dans la mienne, les résultats consignés ici ne sont pas définitifs : nous reconnaissons que certaines preuves manquent, que certains anneaux sont peu solidement soudés, mais jusqu'à de nouvelles découvertes, ces renseignements paraissent devoir être acceptés, comme les plus vraisemblables.

[1] Olympe de Lusignan, nous l'avons déjà vu, fut mariée, en 1639, avec Antoine de Chaunac. Mais, fidèle aux traditions presque constantes de sa famille, elle contracta deux unions; dans l'acte de 1639, elle est dite veuve de « feu noble Anthoine Arnaud de Borroilhan, seigneur et baron dudict lieu. » Sa sœur Madeleine la dépassa, car elle n'eut pas moins de trois maris, François de Peyrarède que nous connaissons déjà, Jean du Lion, seigneur de Sireuil (1619), François du Pouget, chevalier, baron de Nadaillac (M. de Thézan, qui le premier a indiqué le mariage de la veuve du seigneur de Sireuil avec le futur capitaine et gouverneur du château de Boussac, n'en marque pas la date). Une autre fille de François I de Lusignan, Marie, ne manqua pas, elle non plus, d'observer l'héréditaire cou-

cour ayant trouvé tres juste et resonnable, luy ottroya par Arrest sur ladicte requeste du vingt quatriesme juillet dernier, en consequence duquel Arrest et de la commission sur yceluy obtenue, le suppliant se seroit pourveu par devant maistre Jean de Blavignac, juge royal de Granges,[1] par devant lequel il auroit long temps y a fait faire une grande et ample information des excez commis par son dit filz, mais neantmoins esperant toujours que sondit fils recognoistroit sa faute et se remettroit en son devoir, le suppliant auroit laissé ladicte information en sursoyance ; cependant il est arrivé que dimanche dernier, dixiesme du present mois, le suppliant seroit allé au presche à Galapian, où, ayant trouvé ladicte Olympe sa fille, le suppliant lui auroit demandé sy elle ne vouloit pas s'en revenir avec luy à Luzignan, qui auroit fait responce quelle estoit toute preste de le suivre et qu'elle n'avoit autre volonté que de luy rendre l'obeissance à laquelle Dieu et la nature l'obligeoit, et de fait le suppliant

---

tume d'un double hymenée : mariée une première fois, le 27 décembre 1603, avec Odet de Verduzan, baron dudit lieu, fils de noble Blaise de Verduzan et d'Alix de Montlezun, elle convola en secondes nocces le 17 février 1622, devenant, ce jour-là, Madame Joseph de Laurière, baronne de Moncaup. — Deux des filles de François I de Lusignan avaient été gardées, comme otages, par le Parlement de Bordeaux quelques années auparavant (1622) : « Le Parlement de Bordeaux, » disent MM. Haag (article *Lusignan*), « ayant fait arrêter ses deux jeunes filles et cinq caisses pleines de ses effets les plus précieux, qu'il avait envoyées dans cette ville, Lusignan, pour recouvrer à la fois ses enfants et ses trésors, vendit Clairac dont l'Assemblée de la Rochelle venait de lui donner le commandement (Fonds de Brienne, vol. CCXXV). » Voir aussi le *Mercure françois* (t. VIII, p. 469).

[1] On trouve dans le *Mercure françois* (t. VIII, p. 465-466) le récit très détaillé d'une expédition de François I de Lusignan contre « l'abbaye et le chasteau de Granges, » pendant le siége de Tonneins (mars-mai 1622). Conférez les *Mémoires* du duc de La Force (t. II, p. 182-183) et les *Mémoires* du marquis de Castelnaut (t. IV, p. 371, 373-383).

l'ayant prinse par la main, elle l'auroit suivy d'une franche volonté, donnant tesmoignage d'estre contente d'executer la volonté de son père, de quoy ledit filz du suppliant ayant eu advis monta dès aussytost à cheval, et avec tant de personnes qu'il peut ramasser tant à pied que à cheval, tant dudict lieu de Galapian que du voisinage, il courut au devant, fit faire le baffroy[1] à Fregimon, se saisit des passages, mesmes le pont appelé de Lauriolle sur lequel il falloit que le suppliant passast, en telle sorte que le suppliant estant arrivé audict pont, il y trouva un nommé Coulombié et un nommé Cazabet, avec douze ou quinze autres personnages, armez tous d'arquebuzes, qui luy crierent tous d'une voix avec divers blasphemes qu'ilz estoyent resolus de le tuer ou de luy oster sa fille et quilz avoient ce commandement de son dit filz, ce qui occasionna le suppliant, qui n'estoit accompagné que de deux de ses enfans puisnés,[2] et de deux ou trois de ses domestiques seulement, pour eviter tout scandale et le mal qui eust peu arriver, de se retirer par un autre chemin et s'en aller au chasteau de Praissas chez le seigneur de Tayan.[3] Neantmoins, en faisant son chemin et allant au-

---

[1] C'est-à-dire sonner la cloche d'alarme, le tocsin. Ce mot s'est conservé dans le patois de l'Agenais. *Baffroy* est la même chose que *beffroi*. On trouve également, dans la basse latinité, les mots *balfredus* et *belfredus* pour désigner, soit la tour où était suspendue la cloche, soit la cloche elle-même.

[2] Ces deux enfants étaient Guy de Lusignan, baron de Lusignan, qui ne vivait déjà plus en 1658, et Pierre de Lusignan, seigneur et baron de Galapian, qui, en 1641, était lieutenant-colonel d'un régiment de gens de pied, et celui-là même qui hérita du marquisat de Lusignan, comme je viens de le rappeler.

[3] Hector de Lau, capitaine de cinquante hommes d'armes, fils de Jacques de Lau, capitaine de cinquante hommes d'armes, chevalier de l'ordre du roi, et de Françoise de Cassagnet, fille du seigneur de Saint-Orens, Roquetaillade, etc., avait épousé (20 avril 1608) Anne de Montlezun, fille

dict Praissas, le filz du suppliant le costoyait tousjours avec des gens de cheval, armez, criant tousjours à l'avant : Coupez luy le chemin, gagnez les passages, et autres paroles de menaces indignes d'estre proferées par un filz contre son pere ; qui plus est, le suppliant ne fut pas arrivé audit chasteau de Praissas, que son dit filz se presenta à la porte avec grand nombre de gens armez à pied et à cheval en resolution d'enlever ladicte Olimpe, damoizelle, par force et violence des mains du suppliant, ce qu'ilz se fussent efforcez de faire sans que ledict sieur de Tayan s'y opposa, qui fut constraint de faire fermer les portes pour eviter l'effect de leur resolution, et despuis pria le suppliant de luy laisser sa fille et qu'il tascheroit de ramener son filz à son devoir, et que s'il n'en pouvoit venir à bout, il lui remettroit sa fille entre les mains. A quoy le suppliant se seroit laissé porter pour eviter pour lors un plus grand mal ; neantmoins, il remonstre à presant que la procédure de son dit filz est du tout extraordinaire et se sont des excez des plus grands et attroces qui se puissent commettre par un filz, car de se voir si desnaturé que de s'en prendre avec armes contre son pere et luy ravir de ses propres mains, contre son gré et volonté, ce sont des excez punissables capitallement et exemplairement, à cause de quoy le suppliant entend en faire informer de l'authorité de la Cour puisqu'elle en est aussy saisie long temps y a par l'arrest qu'elle a cy-devant donné, joint que la Cour est seule competente de cognoistre de telles matieres, et il est juste que sa dicte fille luy soit remise en main, et que le dict Arrest soit pour ce regard entièrement executé.

---

du baron de Tayan et de Catherine de Montpezat. Le mariage fût célébré dans ce château de Prayssas où, 22 ans plus tard, devait être amenée Olympe de Lusignan.

En outre, le suppliant represente qu'au prejudice de la litispendance qui est de la Cour, le filz du suppliant s'est pourveu devant le seneschal de la presant ville où il y a obtenu appointement sur requeste que le suppliant seroit assigné par devant ledict seneschal, et que cependant toutes choses demeureroyent en l'estat, qui est une procedure du tout nulle et abusive comme faite par et devant juge incompetant, à cause de quoy le suppliant, dès aussytost qu'il en a esté adverty, s'en est rendu appellant comme appelle par ces presantes pour en demander la cassation avec despans dommages et interetz ;

Ce consideré, il vous plaize de vos graces tenir l'appel du suppliant dudit appointement dudit seneschal pour bien relevé et exploité, en payant les droitz du Roy, et faisant droit dudict appel, casser ledit appointement comme donné par juges incompetans, avec despans dommages et interestz; en tout cas ordonner que sur ledict appel et cassation les parties viendront plaider au premier jour et, ce pandant, faire exhibitions et deffances audict de Luzignan fils de se pourvoir y faire aucune poursuite ailleurs qu'en la Cour, et audit seneschal d'en prendre aucune cognoissance, à peyne de dix mille livres, nullité et cassation de procedures, et de tous despans, domages et interestz, et au surplus permettre au suppliant d'informer des susdictz excez et autres qu'iceluy suppliant baillera par *intendit* pour, l'information faite devers la Cour rapportée, estre decretée de tel decret que vos discretions adviseront, et au surplus, en executant ledict arrest, et conformement a iceluy, ordonner que la dicte Olimpe de Luzignan sera incontinent et sans delay remise au pouvoir du suppliant, son pere, et, à ces fins, attendu la qualité des parties, ordonner que deux des nos ditz seigneurs qu'il plaira à la Cour deputer, se transporteront audict chasteau de Praissas, et ailleurs où besoing sera, pour la remise de la dicte Olimpe, et pour cet effect enjoindre à tous prevostz, visseneschaux, leurs lieutenans, consulz des villes et autres subjectz et officiers du Roy, prester main forte a l'execution des arretz, et ferez bien.

CARMEL, pour ledict seigneur de Luzignan.[1]

---

[1] La date approximative de ce document est fournie par un arrêt entre MM. de Lusignan père et fils, rendu le 23 juillet 1630, arrêt mentionné dans les papiers du château de Xaintrailles.

## LXXXV

Lettre d'Antoine de Boissonade, conseiller du Roi, président et juge-mage d'Agenais, etc. — « \ Monseigneur le garde seaulx de France, » pour féliciter Pierre Séguier de sa nomination, pour lui demander s'il veut lui maintenir la commission qu'il avait de poursuivre certains faussaires, pour protester contre les procédés de quelques partisans et contre l'établissement projeté d'un siége de sénéchal en la ville de Sainte-Foy.[1]

20 Mars 1633.

Monseigneur,

La cognoissance que j'ai eu de la bonté et douceur de vostre naturel, m'a fait prendre l'hardiesse de vous escrire ses lignes, croyant que la dignité, en laquelle il a pleu à Dieu et à nostre roy de vous relever,[2] n'auroit pas apporté du changement en ce qui estoit des vertus particulières qui paroissoit en vos actions, ains au contraire, un accroissement affin qu'elles puissent reluire avec plus d'esclat et de splendeur. Vous me permetrez donc, s'il vous plaist, Monseigneur, que je vous rende avec toute l'humilité possible mes debvoirs et mes très humbles services, et que je joigne mes vœux avec touts les officiers de France, pour vostre prospérité, affin qu'il plaise à Dieu de nous maintenir longues années soubs vostre authorité et grandeur,[3] pour d'aul-

---

[1] Bibliothèque nationale, Fonds français, vol. 17367, p. 190.

[2] Pierre Séguier avait été successivement conseiller au Parlement de Paris, maître des requêtes, président à mortier, lorsque Louis XIII, ou plutôt le cardinal de Richelieu, qui appréciait la souplesse de son caractère non moins que la fermeté de son esprit, le nomma garde-des-sceaux ( 28 février 1633). Voir sur lui le livre tout récent de M. René Kerviller : *Pierre Séguier, second protecteur de l'Académie française. Etude sur sa vie privée, politique et littéraire* (Paris, in-8º, 1874).

[3] Les vœux d'Antoine de Boissonade furent exaucés : Séguier garda les sceaux pendant presque tout le reste de sa longue vie, d'abord jusqu'en

tant, Monseigneur, qu'il pleust au Roy, et à Monseigneur vostre predecesseur¹ de m'honorer d'une commission pour informer contre les sargents et autres officiers de ceste seneschaussée, mal pourveus, et contre quelques persones qui debitoint des provisions de sargents faulses et avec un faulx seau, et en ayant fait executer à mort quelques uns avec Monsieur de Miromenil, maistre des requestes, qui fust envoyé esprès pour le jugement de ses faulsaires,² je vous supplie très humblement, Monseigneur, me faire la faveur de me faire sçavoir si vous trouverez bon que je continue à travailler en vertu de la mesme commission parce que je descouvre touts les jours de nouvelles faulcetés, et j'attendray l'honneur de vos commandements.³ Je suis obligé aussi,

---

1650, puis d'avril à septembre 1651, enfin de 1656 jusqu'à sa mort (28 janvier 1672).

¹ Le prédécesseur de Séguier était Charles de Laubespine, marquis de Châteauneuf, qui avait remplacé Michel de Marillac en 1630.

² Le même probablement que ce « Pierre Diel de Miromesnil, conseiller d'Etat, qui fut un des juges de Cinq-Mars et de ses complices. Ce magistrat n'est mentionné ni dans le *Moréri*, ni dans le *Dictionnaire historique de la France*. Il mériterait pourtant un souvenir de l'histoire, car, comme le remarque Tallemant des Réaux (*Historiettes*, édition de M. Paulin Paris, t. II, p. 256), « il eut le courage d'ouvrir l'avis de l'absolution » pour le malheureux de Thou, et « le cardinal, s'il eust vescu plus longtemps, ne luy en eust pas voulu du bien. » Tallemant, en un autre passage (t. VI, p. 484), nous apprend que ce Miromesnil était Normand et qu'il fut intendant de justice en Normandie.

³ Dans une autre lettre, du 4 mai 1633 (*Ibid*. p. 322), Ant. de Boissonade revient sur le même sujet : il envoie au garde-des-sceaux la copie de sa commission, ajoutant qu'il a obligé beaucoup de sergents qui n'étaient pas « deument pourveus, » à obtenir de nouvelles provisions, le suppliant « de vouloir accorder cette grace à ceux qui la demandent, avec quelque moderation de taxe, à cause de la pouvreté et misère qui est dans le païs, qu'à grand peine peust-on trouver de persones pour l'exercice de ces offices. »

Monseigneur, de vous donner advis, que je suis persecuté touts les jours par quelques partisants, et en ma persone et en mes biens, pour payer certaines sommes grandes et excessives pour quatre deniers pour livre que l'on atribue aux offices de commissaires examinateurs par toutes les enchères d'adjudication des biens par decret, quoyque je n'aye pas ses offices en ma personne, ayant esté incorporés à nostre siége, et estants communs à touts. C'est une charge si excessive pour nous qu'il est impossible de la pouvoir suporter, nous voulant faire payer une taxe de vingt et deux mille livres, quoyque le revenu desdits quatre deniers pour livre, ne puisse revenir touts les ans à trois cents livres de revenu, outre que c'est une rente fort casuelle, ce qui nous faict perdre touts les procès de decretz, d'autant que les parlements et chambres de l'Edict, et touts les ordinaires des seigneurs en sont exempts, et par ce moyen, nostre siége est ruiné, mais ce qui est encore plus insuportable, que l'on nous veuille contraindre au payement de ce droit par emprisonnement de nos personnes, saisies de nos gages et de nos biens, qui est une procedure de laquelle on ne s'est jamais plus servi en France contre les officiers de justice, qui en effect ne se peuvent enrichir dans leurs charges qui ne sont que de pouvretés honorables.[1] Et encores se trouve-t-il de partisants qui nous veulent establir un siege de seneschal en la ville de Saincte Foy pour achever de perdre et ruiner nostre siege, quoyque nous ayons une declaration du feu Roy Henry le Grand qui nous en exempte avec de grandes

---

[1] C'est encore trop vrai de nos jours, et j'ai entendu un éminent magistrat, qui, après toute une vie de travail austère, ne gagnait pas, chaque année, ce que gagne, en une soirée, une cantatrice à la mode, s'écrier que la carrière de la magistrature était une de ces *carrières* dont le spirituel poëte Philoxène aurait pu dire avec désespoir, comme de celles de Syracuse : *Qu'on m'y ramène !*

considérations.¹ Vous nous permetrés, s'il vous plaist, Monseigneur, d'en presanter requeste au Roy et à Messeigneurs de son conseil, m'asseurant que vous ne souffrirés pas toutes ses opressions contre de pouvres officiers qui se sont ruinés pour le payement du droit annuel et du sixiesme denier que nous avons esté contraints de payer pour nous garentir d'une ruine totale, vous demandant très humblement pardon, si j'ay ozé vous entretenir si longuement, mais la necessité m'y contraint et l'esperance que j'ay de trouver du soulagement en vostre authorité et justice laquelle j'implore avec toutes les submissions et respects possibles, comme estant,

Monseigneur,

Vostre très humble et très obeissant serviteur,

D'Agen ce 20 mars 1633.²     Boissonnade,

*Président et lieutenant général à Agen.*

---

¹ Dans la lettre du 4 mai que je viens de citer, le président de Boissonnade annonce à Séguier qu'il a remis pour lui au greffier Descayrac, « s'en allant à la cour, » une copie des lettres accordées par les rois à la ville d'Agen, « concernant le prétendu siége de Seneschal à Sainte-Foy. » Descayrac ou d'Escayrac est mentionné dans l'*Inventaire sommaire des archives du département de Lot-et-Garonne* (2ᵉ livraison, p. 25).

² Le même jour, « les gens tenant la cour presidialle d'Agenois en Gascoigne » écrivirent au nouveau garde-des-sceaux (*Ibid.* p. 194) pour lui offrir leurs félicitations. Au début de cette lettre, laquelle porte la signature du greffier Descayrac, agissant « par commandement de mesdicts sieurs » les magistrats rappellent à Séguier qu'ils ont eu l'honneur de le voir « en ceste province de Guiene dans l'intendance de la justice du Roy. » On conserve, aux Archives départementales de Lot-et-Garonne (Registre B, 13), la commission d'intendant de police et justice au gouvernement de Guyenne près du duc d'Epernon, gouverneur et lieutenant-général en ladite province de Guyenne, délivrée à Lyon par Louis XIII, le 18 décembre 1622, à Pierre Séguier, seigneur d'Autriy, conseiller d'Etat, après le rappel du sieur de Bélesbat, qui exerçait précédemment les mêmes fonctions auprès du duc de Mayenne, ci-devant gouverneur de Guyenne. Voir aussi (*Ibid.*) une impor-

tante ordonnance rendue, en 1625, par Séguier, à la requête de Pierre Sauveur, chanoine théologal et syndic du clergé d'Agenais, au sujet du rétablissement de toutes les cérémonies du culte catholique dans le diocèse d'Agen. Cette ordonnance est très bien analysée dans l'*Inventaire sommaire* (2⁰ livraison, p. 8).

[3] A ce que j'ai dit d'Antoine de Boissonade en une précédente note, j'ajouterai cette citation tirée du manuscrit de Labenazie (t. I, p. 370) : « Si ces familles se sont eslevées par l'espée, il y en a plusieurs autres qui se sont eslevées dans la robe. MM. de Boissonade père et fils ont exercé la charge de président et juge-mage [ce fils fut Géraud de Boissonade, qui reçut le prénom de son grand-père, docteur en médecine, — lequel docteur figure dans le tome I⁰ʳ, p. 308, des *Histoires prodigieuses* de Pierre Boaistuau (édition de 1597), — et qui, le 25 avril 1657 (date indiquée par l'acte d'ouverture du testament conservé dans l'étude de M. G. Recours), fut le successeur de son père]... son cadet [du dernier juge-mage] a esté fait evesque de Bazas [Guillaume, qui siégea de 1668 à 1684 et que le *Gallia Christiana*, qui se trompe au sujet de la profession du père du prélat, donne à tort pour le fils de Madeleine de Beaumanoir, belle-sœur de Guillaume]; le sieur Dorty, son puisné, après avoir passé par tous les degrés de l'armée, parvint à estre premier capitaine du régiment des gardes, brigadier de la maison du roi et enfin gouverneur de Bapaume. » C'est de ce dernier, Antoine, comte d'Orty, qu'il est question, sous le nom bien défiguré de d'*Ortis*, dans le *Voyage de Chapelle et Bachaumont* (p. 62 de l'édition de la *Bibliothèque elzévirienne*, 1854). Ce renseignement sera d'autant moins inutile, qu'aucun des éditeurs du « charmant badinage, » ni La Monnoye, ni Saint-Marc, ni Charles Nodier, ni M. Tenant de Latour, n'ont su nous dire quel était cet « aimable d'Ortis », qui, en 1656, fit si gracieusement les honneurs de sa ville natale aux deux épicuriens.

## LXXXVI

Lettre du duc de La Vallette au duc d'Epernon, son père, où il lui raconte sa marche victorieuse contre les *Croquants* successivement chassés par lui de la Sauvetat, d'Eymet et de Bergerac.[1]

13 Juin 1637.

Monsieur,

Je suis venu avec toute la dilligence possible en ce pays de Perigord où Dieu m'a fait la grace, après avoir laissé la frontière en bon estat,[2] de remettre l'autorité de Sa Majesté. J'ay forcé dans la Sauvetat, petite ville d'Agenois, en passant, deus mil hommes dont il en a eu quinse cens tués sur la place,[3] leur ay fait abandonner Aymet, ville et chasteau,

---

[1] Fonds français, vol. 6644, p. 184.

[2] J'ai dit dans la *Notice sur la ville de Marmande* (p. 105) : « En 1637, l'Agenais fut troublé par la révolte des *Croquants*. Le duc d'Epernon, alors malade à Cadillac, écrivit au duc de La Vallette, son fils, qui était à Bayonne, de venir promptement au secours de la province avec quelques-unes des troupes qui, sous son commandement, gardaient la frontière. La Vallette partit à l'instant, se rendit au château de Cadillac afin d'y recevoir les instructions de son père, et repartit le lendemain pour Marmande, où il trouva quelques troupes et quelques gentilshommes assemblés déjà... etc. »

[3] Le duc de La Vallette, dans l'enivrement de sa victoire, n'exagérait-il pas le nombre des victimes? Aubery (*Vie du cardinal de Richelieu*, liv. V, ch. 55) se contente de dire : « Il en demeura plus de douze cents sur la

aussy bien que Bergerac, qu'ils vouloyent defendre.[1] Depuis je suis venu en cette ville de Perigeus, où je suis resolu de faire faire exemple des criminels pris à la Sauvetat, et de ceux qui ont voulu soulever Saincte Foy.[2] Incontinent après

---

place, et le reste fut vigoureusement poursuivi, tant par le Duc, que par le comte de Maillé. » Girard *(Histoire du duc d'Espernon*, 1730, in-4°; p. 552) exalte beaucoup la valeur que déploya, en cette journée, le fils de son héros, mais il n'indique pas le chiffre des morts. Michel Le Vassor (*Histoire de Louis XIII*, t. V, 1757, p. 329) reproduit le récit de Girard. Le P. Griffet (*Histoire du règne de Louis XIII*, 3 vol. in-4°, 1758) ne dit absolument rien de l'affaire de La Sauvetat. M. A. Bazin (*Histoire de France sous Louis XIII*, édition de 1846, t. II, p. 435) résume ainsi le récit de Girard : « Le duc de La Vallette se hâta de quitter son poste d'observation du côté des Espagnols... Avec un corps de troupes assez faible, il attaqua (juin) une masse considérable de paysans enfermés dans le bourg de La Sauvetat d'Eymet, à quatre lieues de Marmande : ceux-ci se défendirent bravement ; mais, une fois ébranlés, ils se sauvèrent en désordre, et il en fut fait un grand carnage. »

[1] Nous lisons dans l'*Histoire de la vie du duc d'Espernon* (p. 553) : « la prise de cette place [La Sauvetat] fut bientôt suivie de celle de Bergerac. Les peuples avoient fait mine de s'y vouloir défendre ; mais l'exemple de leurs conjurez emportez d'assaut les fit plutôt adhérer aux sentimens de leur général qui ne vouloit pas la guerre [La Mothe-La Forest], qu'à la témérité de quelques brouillons qui se vouloient porter aux extrémitez. » Le secrétaire d'Etat Des Noyers écrivait au cardinal de La Valette, le 15 juin (voir Le Vassor, p. 332) : « Il [le duc de La Vallette] se devoit rendre à Bergerac le 8 de ce mois, où il espère d'achever de mettre ces mutins à la raison. » C'est à une autre lettre de Des Noyers, écrite le 11 juin au frère du vainqueur (Le Vassor, *ibid.*), que l'historien de Richelieu a emprunté cette phrase citée plus haut : « plus de douze cents sont demeurés sur la place après un combat opiniâtre. »

[2] Girard dit (p. 550) : « [les *Croquants*] furent reçus dans Bergerac, et se saisirent du pont de pierre qui y est sur la rivière de Dordongne ; ils furent assez hardis pour attaquer Sainte-Foy, et si le Duc [d'Epernon] n'eut fortifié les bons habitans contre la licence du bas peuple, par l'envoy

je m'en retourneray au camp de Spellete.[1] Je ne vous puis dire combien il y a de personnes embarrassées dans ces souslevemens, car le nombre en est grand. J'aurays bien plustost conté ceux qui m'ont assisté, car ils sont peu. Voyla. Monsieur, ce que je vous puis dire pour cette fois, après vous avoir asseuré du plus humble service,

Monsieur,

De vostre très humble et très affectionné serviteur,

Le duc de LA VALLETTE.

De Perigueux le 13 juing 1637.[2]

---

de Coderé, soldat de ses gardes, hardy et avisé, et depuis encore par un gentilhomme des siens nommé Triget avec cent cinquante hommes levés dans ses terres, la place était perdue. »

[1] *Sic* pour *Espelette*, aujourd'hui chef-lieu de canton de l'arrondissement de Bayonne.

[2] J'ai trouvé dans un volume de la collection Dupuy (n° 473) une relation anonyme, datée de Bordeaux le XI juin 1637, des prouesses du duc de La Vallette (p. 255). En voici quelques extraits : « Il eut advis que 2,000 de ces mutins s'estoient reffugiez et barricadés dans une petite bourgade appelée La Sauvetat. Il leur envoya un trompette par trois fois pour leur enjoindre de mettre bas les armes. A la dernière fois, ils crièrent au trompette que s'il leur retournoit plus faire de telles fanfares, qu'ils lui tireroient sus et le pendroient en lieu si haut que son maistre le verroit de loin. M. de La Vallette s'offensa si fort de cela qu'il commanda d'attaquer ces insolents à qui en mesme temps on donna l'assaut de cinq coustés... En moins de deux heures, cette place demeura au sieur de La Vallette (qui estoit sans canon), s'estans les soldats fait passage avec leurs hallebardes, s'en servant, au lieu de canon, à renverser les barriques et sauter par dessus avec telle audace qu'on ne vit, dit-on, jamais mieux faire. Près de 200 hommes furent tués du costé de M. de La Vallette, dont 20 officiers... Il y eut un grand nombre de blessés. Parmi les croquants il y eut près de 1,000 morts [voilà très probablement le véritable chiffre] et 40 prisonniers.

On mit le feu à plus de 25 maisons voisines de ces barricades, veu qu'on tiroit de là avec telle tuerie et carnage des nostres que, si l'on n'eust prins cet expédient, il y fut demeuré beaucoup plus de ceux de nostre costé ; mais dans cette (*sic*) incendie, il s'y est perdu quantité de femmes et de petits enfants avec grand nombre des ennemis, et ce feu servit beaucoup de haster la prise de ce malheureux lieu, qui s'en alloit estre secouru de six mille Croquans susdits, qui parurent à la veue des nostres une heure après ; mais ils n'eurent pas courage d'aborder M. de La Vallette, qui prit de là sa retraite à Eymet, à une lieue de La Sauvetat, maison appartenant à M. le comte de Curson, où, le lendemain, le comte le vint voir et trouva le dict sieur de La Vallette logé dans le bourg, et garnison au château, ce qui le fâcha un peu, disant que ceux de la maison de Candalle, dont il estoit l'aisné, ne souffroient jamais garnison chez eux, quand ils y estoient presens. Cella ne passa pas plus avant par la prudence de M. de La Vallette et la sage conduite de M. le marquis de Duras qui, après quelques allées et venues d'Eymet à Bergerac pour s'emboucher avec La Motte de La Forest, chef des Croquans, l'a si heureusement persuadé à la retraicte que, sans autres avantages pour le dict La Forest que ceux de l'avoir assuré de ne luy courir pas sus en reprenant le chemin de sa maison, avec parolle qu'en se sousmetant de la sorte M. de La Vallette s'emploierait près du roi pour lui obtenir grâce, ce chef des Croquans a quitté Bergerac avec tous ceux de sa caballe. » L'auteur de la Relation ajoute que La Forest « fit porter par terre de trois coups de pistolet et de plusieurs coups de hallebarde, » un médecin qui l'accusait de trahison et qui cherchait à exciter les Croquans contre lui dans Bergerac, et que La Vallette, qui n'avait pas six gentilhommes du Périgord avec lui avant la réduction de La Sauvetat, en eut, après cela, plus de 200 à la suite, en moins de trois jours.

## LXXXVII

Lettre de Barthélemi Delbène ou d'Elbène, évêque d'Agen, au chancelier Séguier, au sujet d'une querelle entre les habitants d'Aiguillon et leur prédicateur, querelle apaisée grâce à l'intervention du chancelier.[1]

25 Août 1637.

Monsegnieur,

Le sieur Passien, grand vicaire d'Agen, après m'havoir escrit le procedé des abitans d'Egulion contre leur predicateur, m'ha mendé comme sur ce que vous leur havés dict, ils ont changé de façons de faire.[2] C'est une chose qui ne vous est point nouvele de vous rendre le protecteur de l'Eglise, et de reprimer semblables perçones qui se laissent aler à ses desordres par l'abry auquel ils se mettent à la faveur d'un procès qui ne finist pas d'ordinaire en peu de temps. Je vous hay de très grandes obliguations de la peine que vous havés prise de vous souvenir de la prière que vous en havoit faict ledict sieur Passien. Je vous asseure que vous ne le trouverés havoir faict pour persone qui soit plus vostre serviteur et de toute vostre maison que moy, qui suis extraimement fasché de ne pouvoir, avant cest automne, havoir l'ho-

---

[1] Je ne retrouve pas dans mes notes l'indication du volume de la Bibliothèque nationale d'où j'ai tiré la présente lettre.

[2] Si quelqu'un peut nous fournir des renseignements sur ce petit point de l'histoire d'Aiguillon, c'est bien certainement notre confrère M. Lafargue, qui recueille avec tant de soin et d'amour tout ce qui se rattache au passé de sa charmante ville natale. Puisse M. Lafargue ne pas trop nous faire attendre la publication d'un travail que, d'avance et en toute sécurité, je proclame excellent !

neur de vous aler asseurer en persone de mon très humble service et vous prier de me croire toute ma vie,

Monsegnieur,

Vostre très humble et très hobéissant serviteur,

B. Delbene, evesque et conte d'Agen.[1]

Paris ce 25 aoust 1697.

---

[1] M. Adolphe Magen a fait un court, mais vif éloge (*in paucis multa*) de Barthélemy d'Elbène, dans ses *Deux lettres de rémission inédites* (*Recueil des travaux de la Société d'Agen*, 2e série, t. II, p. 475). Je reproduis ici une lettre inédite de Louis XIII relative à la nomination de ce saint évêque, et tirée de l'ancienne collection Gaignières (vol. 134, p. 72) :

« Monsieur le comte de Noailles, vous presenterez a nostre Saint Père le Pape la lettre que je lui escris et, suivant icelle, vous ferez l'instance qui sera nécessaire de ma part envers Sa Saintetté à ce que le bon plaisir d'icelle soit, à ma nomination et presentation, pourvoir messire Barthelemy d'Elbène, nommé à l'abbaye d'Auvilliers, licentié en droict canon, de l'evesché d'Agen vacant au moyen de la resignation pure et simple que messire Gaspard de Daillon du Lude, dernier evesque, en a faicte pour telle personne que je voudrois nommer à Sa Saintetté pour estre par elle pourveu dudit evesché ainsi vacant, comme dit est, ou autrement en quelque autre sorte et maniere qu'il puisse estre censé vacant, en faisant à cette fin expédier et délivrer audit d'Elbène toutes lettres, bulles, et autres provisions apostoliques qui luy seront necessaires suivant les memoires et supplications plus amples qui vous en seront addressez, auxquels me remettant, je prie Dieu qu'il vous ait, Monsieur le comte de Noailles, en sa sainte garde.

Escrit à Senlis le 1er jour de mars 1635.

LOUIS.

Bouthillier. »

« A Monsieur le comte de Noailles, chevalier de mes ordres, mon lieutenant general au gouvernement du hault Auvergne et mon ambassadeur à Rome. »

## LXXXVIII

Lettre de Jean de Lauson, intendant de Guyenne, au chancelier Séguier, pour lui recommander les députés du Présidial d'Agen qui vont auprès de lui réclamer contre l'établissement d'un autre Présidial à Villeneuve, et pour appeler son attention sur un mémoire joint à sa lettre, lequel mémoire est certainement le même que celui qui suit le présent document.[1]

17 Février 1643.

Monseigneur,

Les officiers du Presidial d'Agen se trouvent allarmez par le bruict qui court d'un nouveau Presidial à Villeneufve d'Agenois. Cette juste crainte les oblige de deputer, et leur interest et celuy de la ville est si considerable que je me suis donné la liberté de joindre à leurs pleintes ce mot avec le memoire ci joint que vostre bonté trouvera très considerable. Il y a si grand nombre d'officiers et leur juridiction se trouve si fort diminuée, que la compassion esmouvera asseu-

---

[1] Bibliothèque nationale, Fonds français, vol. 17383, p. 63.

rement vostre justice et la priere très humble que vous faict avec eux.,

Monseigneur,

Vostre très humble très obeissant et très obligé serviteur,

De Lauson.[1]

A Agen ce xvii febvrier 1645.

---

[1] Voir une bonne notice, dans le *Dictionnaire des familles de l'ancien Poitou*, par Filleau (t. II, p. 287) sur Jean de Lauzon, fils de François de Lauzon, conseiller au Parlement de Paris, et d'Isabelle Lotin, fille du seigneur de Charay, maître des comptes. Jean de Lauzon, écuyer, seigneur de Lirec, fut reçu conseiller au Parlement de Paris le 8 février 1613; il devint maître des requêtes le 23 mai 1622; il fut nommé ensuite président au grand conseil, puis successivement intendant de Provence et de Guyenne. Gouverneur du Canada, de 1650 à 1657, il a été honorablement mentionné par le P. Charlevoix (*Histoire de la Nouvelle-France*). Rentré en France, il mourut conseiller d'Etat. Lauzon, qui a été le grand-père ou l'oncle de Malebranche (on ne sait pas si Catherine de Lauzon, mère de l'illustre philosophe, était la fille ou la sœur de l'intendant), avait formé une des plus riches bibliothèques de son époque. On a dit de cette magnifique collection de livres qu'elle aurait pu être offerte en modèle aux bibliophiles, au même titre que la bibliothèque du président de Thou ou celle du président de Mesme. Voir l'*Advis pour dresser une bibliothéque*, de Gabriel Naudé, et l'*Idée d'une bibliothèque universelle*, du P. Blanchot, cités par M. Albert de la Fizelière (*Bulletin du Bouquiniste* du 1er décembre 1868, p. 628). L'éditeur de la *Rymaille sur les plus célèbres bibliothèque de Paris*, appelle notre intendant « le président de Lozon. »

## LXXXIX

De l'estendue, ressort et nombre des officiers du Presidial d'Agen.[1]

1645.

Le siege presidial d'Agen est composé de deux presidens, juge mage, lieutenant criminel, lieutenant principal, lieutenant particulier, un lieutenant assesseur criminel, et vingt deux conseillers, deux advocatz, un procureur du Roy, un substitut, deux enquesteurs, un adjoinct aux enquestes, un commissaire examinateur, quatre auditeurs de comptes, un certifficateur de cries, et de trente neuf procureurs.

Le ressort de ce siege prend en longueur qui s'estend tout le long de Garonne parce que ce fleuve le limite du costé de midy depuis Pomevic jusques à Marmande inclusivement : et du travers tirant au nort jusques à Duras, La Sauvetat de Blanquefort, etc. Le fleuve de Loth entre deux, Saincte Foy qui fait manche en souloit estre, mais cette jurisdiction en a esté eclypsée par l'establissement du siège de Libourne, et le dict siege d'Agen est borné du Quercy, Perigort, Bazas, Condomois et Nérac.

---

[1] Archives nationales. Carton K 1170. Une autre copie de ce document se trouve à la Bibliothèque nationale, Fonds français, vol. 18752, p. 544. — Il faut rapprocher ce fragment de statistique agenaise ( de la première moitié du XVIIe siècle ), des détails du même genre qui ont été donnés sur notre petite province, dans la seconde moitié du siècle suivant, par l'abbé Expilly (*Dictionnaire géographique, historique et politique des Gaules et de la France*, 6 vol. in-fo, 1762-70).

Dans son estendue ce siege n'a autre riviere que le Loth, lequel finit à Aiguillon, et Villeneufve d'Agenois en fait le bout pour la navigation. Ce fleuve se joint à Garonne audict Aiguillon, et Garonne sépare l'Agenois du Condomois et Gascogne qui sont des ressorts à part.

En l'establissement qu'on poursuit d'un autre siege presidial à Villeneufve, on veut comprendre tout ce qui est au dela de Loth, en general, et de Garonne aussy en ce que ce fleuve y prend après la pointe d'Aiguillon; tellement qu'on ne pretend laisser au siege d'Agen que ce qui est entre Loth et Garonne, qui est depuis Pomevic à Aiguillon inclusisvement, et encores pretend-on comprendre pour ce nouveau siège à cause de la proximité, Pene et Pujols, qui sont au delà de Loth, l'un et l'autre joignant la jurisdiction de Villeneufve. Le destroit qu'on laisse pour le siege d'Agen, qui a esté dit comprendre depuis Pomevic à Aiguillon inclusivement, se treuve demembré de sa plus grande et meilleure partie par le moyen du siege ducal d'Aiguillon, icelluy inclus jusques à Villeneufve exclusivement, excepté une petite partie de la jurisdiction de Clayrac qui est entre deux au deça de Loth du costé d'Agen et sont les terres dudit duché le long dudit fleuve de Loth, Aiguillon, Coleignes, La Cepede, Montpezat, Granges, le Temple, Dolmeirac et Saincte Livrade ; lesquelles jurisdictions entrent bien avant et ont grande estandue en longueur du costé d'Agen ; outre lesquelles encores il y a la baronnie de Madaillan, qui est de grande estendue et aux portes de la ville d'Agen qui est du mesme duché ; et tout cela eclypse dudit siege d'Agen.

Tellement que ce qui reste entre les dites deux rivières de

Loth et Garonne ne seroit pas suffisant pour faire un petit seneschal.

Ledit Presidial d'Agen a esté, outre ce que dessus, demembré par l'establissement du siege presidial de Nerac, des Bastides de Virazeilh et Taillebourg qui estoient de l'ancien ressort dudit siege d'Agen.

La ville d'Agen contient en soy cinq couvens de religieux mandians, Jacobins, Augustins, Carmes, Cordeliers, et les Capucins; outre ce un college de jesuites, et un hermitage où il y a cinq ou six hermites, et un couvent de tiers ordre qui n'est qu'à demie lieue de ladite ville.

Six couvents de religieuses de l'Anonciade, du Chappelet, Carmelites, Nostre-Dame, le tiers ordre, et de la Visitation.

Un hospital, une maladrerie, une maison d'orfelines.

La ville est de fort peu de commerce, parce qu'elle est esloignée du Quercy, Perigord, et Auvergne, qui font le commerce qui est à Villeneufve, et pour le cours de la riviere de Garonne, il y a tant de lieux au dessous et au dessus, qui luy ostent cette commodité, que la ville n'a quasi autre resource que ce que le siege presidial luy fournit.

## XC

Lettre de M. de Lauson au chancelier Séguier, pour lui déclarer que l'évêque d'Agen, qui songeait, dit-on, à se réfugier dans le château de Nérac, n'avait rien à craindre du duc d'Epernon.[1]

12 Mars 1648.

Monseigneur,

Il court icy un bruit et que l'on asseure estre véritable que Monsieur l'evesque d'Agen[2] a demandé le chasteau de Nerac pour son asseurance, comme si sa personne et sa famille avoit besoin de quelque protection particulière ou qu'il ne feust pas en pleine et entiere liberté en cette ville.

Comme ce bruict, Monseigneur, peut donner de mauvaises impressions et produire ensuite de mauvais effectz, obligé que je suis de rendre tesmoignage à la verité, j'ay tasché de m'informer s'il y pouvoit avoir un juste et raisonable motif de cette defiance, et depuis trois semaines que je suis dans Agen, je vous proteste que je n'ay rien veu n'y peu apprendre qui peust donner sujet à cette pretendue apprehension.

Car si bien les pretentions du Poile[3] ont porté Mgr le duc

---

[1] Bibliothèque nationale, Fonds français, vol. 17389.
[2] Barthélemy Delbène, dont l'épiscopat dura de 1636 au 4 mars 1663.
[3] *Sic* pour *poéle*, dais portatif. Il y avait eu, au sujet du droit de poêle dans une cérémonie, par exemple, dans une entrée solennelle, quelque conflit entre l'Evêque et le Gouverneur, le premier refusant ce que le second réclamait sans doute avec sa hauteur et son opiniâtreté habituelles. Je ne me souviens pas d'avoir trouvé ailleurs que dans ce document la moindre trace de ce conflit.

d'Espernon à en donner advis à la Cour et que cependant il ne se soit rien faict par son ordre contre l'ancien usage, vous qui le cognoissez, Monseigneur, vous sçavez bien qu'il a trop de moderation en sa conduite, luy qui porte sur son corps des playes reçcues pour la defense de la religion, de s'escarter en sorte de son train ordinaire de vie pour obliger les ecclesiastiques à demander des places de seureté, eux qui sont en possession d'avoir tout le Royaume pour asyle.[1]

Ainsy cette province et son gouverneur estant dans les sentiments de piété envers l'Eglise que la Reyne inspire à toutz ses sujetz, il y a raison de se pleindre de l'ombrage que l'on veult donner à la Cour que l'on aye de deça quelque dessein ou que l'on aye produit quelque acte de violence. C'est ce qu'en cette occurrence vous a deub escrire,

Monseigneur,

Vostre très humble, très obeissant et très obligé serviteur,

DE LAUSON.

A Agen ce xii mars 1648.

---

[1] L'ardeur avec laquelle s'exprime M. de Lauson dans son éloge du duc d'Epernon si pieux et si modéré (le pauvre homme!), ne doit pas trop étonner. M. de Lauson était un vieil ami de la maison d'Epernon. Déjà, bien des années auparavant, en 1634, étant alors maître des requêtes, il avait été chargé de faire un rapport sur les informations du Parlement de Bordeaux contre le duc d'Epernon, après que ce dernier eut si gravement outragé l'archevêque Henri de Sourdis, et son rapport paraît avoir été fort adouci. En 1641, il avait rendu un autre grand service au duc d'Epernon, en établissant, à la suite d'une enquête menée avec un zèle extrême, que le duc avait été faussement accusé de trahison par un misérable, lequel expia ses calomnies sur le gibet où le fit attacher en toute hâte l'inexorable intendant. (Girard, *Histoire de la vie du duc d'Epernon*, p. 501, 590, 594.)

## XCI
**Mémoire sur le sujet du voyage de M. le chevalier de Vivens à la Cour, mémoire entièrement consacré à la ville de Clairac.**[1]

*Sans date, mais de la fin de 1650.*

Le dit sieur chevalier vient rendre conte à Sa Majesté de tout ce qui s'est passé dans la ville de Clerac en Agenois, luy faire entendre qu'estant entré en icelle, dès le mois de mars dernier, et dans le temps que les ennemis s'en estoient rendus les maitres et avoient commencé à la fortiffier, trouva les habitans remis dans leur debvoir, et celuy qui commandoit pour les ennemis en fut chassé, et leurs troupes maltraitées aux environs, et, dès ce moment, lesdits habitans persistèrent dans la résolution de se conserver à l'obéissance et pour le service de Sa Majesté, et le dit sieur chevalier y demeura pour commander soubs les ordres de M. le conte d'Harcourt,[2] comme il a fait jusques a présent avecq toute l'assiduité et bon succès que l'on pouvoit esperer de sa fidélité inviolable, et mesme il a esté témoingt de la très bonne intelligence des catholiques et des habitans faisant profession de la Religion prétendue refformée;

Qu'il a esté absolument necessaire de continuer les fortiffications pour la seureté de ladite ville et conservation d'icelle, et pareillement pour s'opposer aux partis des ennemis, entretenir sur pied trois mil hommes en douze compagnies, ce qui a esté fait aux frais et despens de ladite ville;

Qu'ensuitte de la resolution du siege de Villeneuve d'Agenois, et après iceluy formé, M. le conte d'Harcourt a envoié

---

[1] Archives Nationales, registre KK 1219, p. 76.

[2] Henri de Lorraine, comte, puis duc d'Harcourt, alors lieutenant-général du roi en Guyenne. Voir sa correspondance avec Mazarin, au sujet de la Fronde, dans les *Archives historiques du département de la Gironde* (*passim*). Voir d'autres lettres de lui, de la même époque, dans les *Souvenirs du règne de Louis XIV*, par M. le comte de Cosnac (4 vol in-8º).

plusieurs ordres audit sieur chevalier et aux consuls et habitans de ladite ville pour fournir ce qui lui estoit necessaire audit siege et entretenement de l'armée, suivant lesquels ils ont fait la despence de deux ponts de batteaux sur la riviere du Lot, des cordages, chables, batteaux, cloux et ferrures, de la levée et subsistance de six compagnies de gens de pied, traitement des mallades et blessés et de plusieurs autres choses, suivant l'estat particulier et pieces justificatives d'iceluy qui monte à une somme considerable ;

Qu'il est important pour le bien des affaires de Sa Majesté en Guyenne, que ladite ville de Clerac soit conservée en l'estat auquel elle est a présent et donner aussy quelque satisfaction aux habitans, à cause des despences où ils ont esté constitués pendant cette guerre et auparavant pour le service de Sa Majesté, non seullement pour recognoistre leur bonne volonté, mais encores pour les inciter à continuer à l'advenir, et par cet exemple, donner de l'émulation aux autres villes de la province ;

Il demande donc qu'il plaise à Sa Majesté laisser ladite ville en l'estat qu'elle est, et que sy elle juge à propos qu'il y ait quelqu'un pour commander en ladite ville et luy respondre de ce qui s'y passera, que ce soit le dit sieur chevalier comme la personne qui est consideré et aymé dans ladite ville, et avecq lequel les habitans s'accommodent, et de la fidélité et affection duquel au service de Sa Majesté elle ne peut douter, après les tesmoignages qu'il en a donnés en plusieurs occasions importantes et particulièrement en celle-là ;

Et d'autant que ladite ville est obligée d'entretenir douze compagnies pour se garder et pour la seureté des passages qui leur sont commis par MM. les généraux, comme il est arrivé à Villeneufve, et pour la garde du pont de Marmande, et pour les convois ordinaires et extraordinaires qu'il fault faire, il plairra à Sa Majesté les approuver, recognoistre et eriger en corps de regiment soubs le nom de Clerac, duquel ledit sieur chevalier sera mestre de camp, affin qu'arrivant qu'aucun d'eux soient pris par ceux du party contraire, ils passent pour prisonniers de guerre et puissent estre eschangés comme tels;

Il plaira aussi à Sa Majesté assigner sur les tailles d'Agenois où dicimes de l'abaye une pention raisonnable audit sieur chevalier pour luy donner le moien de soustenir les despences du commandement, et affin qu'il soit plus assidu au service audit lieu, et au surplus pourvoir aux consuls et habitans de ladite ville, tant pour leur desdommagement, indemnité, à cause des ouvrages et fortiffications, achapt d'armes et munitions de guerre, demolition des maisons des particuliers, et occupation des heritages et jardins qui ont servy pour ce sujet, que pour les autres despences ausquelles ils ont esté constitués, suivant la requeste, estats et pieces justifficatives desdits consuls et habitans.[1]

Le chevalier DE VIVEN.[2]

[1] D'un autre mémoire inséré dans le même registre (p. 524), j'extrais cette note : : « Le Vendredy Saint dernier [1652], M. le prince de Conty fut au dit Clerac pendant que ses habitans estoient au presche, et ayant trouvé la porte du Colomé fermée, il fist le tour de la dicte ville avec deux escadrons de cavallerie, et ses gardes et celles du sieur de Marchin et de Baltezar, à qui l'on refusa l'entrée de la dicte ville, y laissant seulement entrer le prince de Conty avec cent hommes. Le chevalier de Vivens passa, le mesme jour, la rivière de Garonne au lieu de Thouars, et ayant envoyé la nuict à ses amys en la dicte ville de Clerac, les habitans prindrent les armes, et, le lendemain, bon matyn, en chassarent le sieur de Castelmoron et ses amys, et y receurent le dit chevalier, luy promettant d'ung commun accord d'estre fidelles au roy, et le dit chevalier donna parolle, de la part de M. le comte d'Harcour, que Sa Majesté les pardonnoit. »

[2] M. de Saint-Amans, qui était très lié avec M. le vicomte de Vivens, descendant du signataire de ce mémoire, a dit de ce dernier, d'après des communications particulières : « Les populations voisines mirent beaucoup de zèle et d'empressement à fournir des subsistances à l'armée royale, et la ville de Clairac, alors commandée par J. Labat de Vivens, se distingua surtout à cet égard ; elle expédia, à l'instigation et par les soins de ce militaire,

divers envois de grains et d'aliments de toute espèce aux assiégeants, ce qui est attesté par plusieurs lettres adressées par le duc d'Harcourt, tant à la ville qu'à son brave commandant, dont le cœur ne battait que pour la France et pour le roi : chevalier de Malthe, il nous est encore désigné comme 1er capitaine au régiment du Vieux Créqui, comme gouverneur de Clairac, du duché d'Aiguillon, et mérite, sous tous les rapports, une place dans nos annales. » (*Histoire du département de Lot-et-Garonne*, t. II, p. 105.) M. L. F. Lagarde avait déjà fait du chevalier cet éloge : « Jean François Labat de Vivens, chevalier de Malte, capitaine d'une compagnie de chevau-légers au régiment de Créquy, nommé commandant de la ville de Clairac en 1652, rendit aussi de grands services au pays par son courage, sa fermeté et l'esprit de modération qu'il apporta dans les diverses missions dont il fut chargé en Guienne pendant les troubles. » J'ai publié diverses lettres du chevalier de Vivens, dans les *Archives historiques du département de la Gironde* ( t. II, p. 57, 59 ; t. III, p. 338, 372 ; t, IV, p. 324, 327, 334, 347, 399 ; t. VI, p. 315, 347 ; t. VII, p. 258, 260, 281, 294 ; t. VIII, p. 388, 392, 397, 411, 444 ; etc. Il est question du chevalier dans plusieurs documents du tome II de ce recueil, notamment dans une lettre de Mazarin au duc d'Epernon ( 3 août 1649 ) et dans une lettre de M. de Tracy au cardinal ( 5 mars 1653 ). Voici les deux passages : « Vous avez grande raison de croire, » dit Mazarin (p. 47), « que je n'auray pas de peine à m'employer pour les advantages du chevalier de Vivens ; mais je ne scay pas comme quoy je le pourray faire en ce qui est de l'abbaye de Clerac, puisque le Roy n'y a rien a voir, et que tout ce qui regarde ce benefice est entièrement à la disposition du chapitre de Saint-Jean-de-Latran, puisqu'il ne fault pas douter qu'il n'y aye desja pourveu. » — « Je ne manqueray pas, » dit à son tour M. de Tracy ( p. 85 ), « de favoriser en tout ce que je pourrai les interets de Monsieur le chevalier de Vivens ; c'est un brave soldat et quy a bien servy pour son cœur ; mais, en vérité, Monseigneur, il nous a bien donné de la peine par le passé avec ceux de Clerac, et il nous a paru en plusieurs rencontres qu'il estoit meilleur officier que bon politique. » Entre le gouverneur de Clairac et le vicomte de Vivens, se place chronologiquement un autre personnage de la même famille, l'ami de Montesquieu, François de Vivens, né au château du même nom ( près Clairac ) en 1697, mort dans le même château en 1780. Le véritable inventeur du paratonnerre, M. de Romas, assesseur au présidial de Nérac ( sa ville natale ), déclare, dans une lettre adressée au rédacteur du *Journal encyclopédique*, que « M. le chevalier de Vivens, qui est très connu dans la république des sciences, » le pria, avec M. de Sécondat, de se rendre à Clairac pour y faire l'épreuve de sa découverte, et que, le 18 août 1752 [ date mémorable ! ], le premier paratonnerre fut dressé « au-dessus du toit du château de Vivens. »

## XCII.

Lettre des consuls d'Agen au cardinal Mazarin, où, au milieu de beaucoup de compliments et de protestations à l'adresse de Son Eminence, éclatent de vives plaintes contre *messieurs du présidial* qui demandaient qu'un lieu spécial leur fût procuré, aux frais de la ville, pour rendre la justice, leur palais étant momentanément occupé par le Parlement transféré de Bordeaux dans Agen.[1]

15 Mars 1653.

Monseigneur,

Nous nous estimerions indignes du choix qu'il a pleu au Roy de faire de nos personnes, si dans la joye et les acclamations publiques de tous ses serviteurs, et l'heureux retour de Vostre Eminence dans le royaume,[2] nous n'y paraissions pour donner des temoignages de nos satisfactions, et nous nous croirions bien malheureux si nous n'esperions pas une pareille protection de Vostre Eminence, que tous ceux qui, dans ce malheureux temps, ont tousjours este fermes dans le service de Sa Majesté, et qui ont creu que nous ne pouvions esperer la paix dans le royaume, ni le repos dans nos familles, si la merveilleuse conduite que Vostre Eminence a faict paroistre dans le gouvernement ne nous la redonnoit, et c'est ce qui dans le dessein que nous nous sommes proposés, Monseigneur, de n'avoir autre regle dans nostre conduite que le service du Roy, le respect pour Vostre Eminence, et le repos du public, de demander sa protection, et l'informer de ce qui s'est passé depuis l'es-

---

[1] Archives Nationales, registre KK 1220, p. 41.
[2] On sait que Mazarin était rentré triomphalement à Paris, le 3 février 1655.

tablissement du parlement en cette ville.[1] Messieurs les officiers s'estant rendus en cette ville par ordre du Roy pour y rendre la justice à ses subjects, et ayant par le mesme ordre prins une bonne partie du palais de Messieurs du présidial,[2] pour y tenir leurs seances, ils desirerent de nous

---

[1] Voir dans les *Archives historiques* déjà si souvent citées (t. VII, p. 261) une lettre du 30 janvier 1653 où M. de Lavie annonce au cardinal Mazarin l'arrivée du Parlement de Bordeaux à Agen. La première séance se tint le 3 mars 1653, en présence de l'évêque d'Agen et du duc de Candalle.

[2] Jean Darnalt (*Remontrance* déjà citée) en parle ainsi (fo 116, V°) : « Ce beau et antique bâtiment de Monravel, situé hors la vieille enceinte de cette ville, sur le bord du fossé d'icelle, tenant du temps de quelque guerre des Anglois contraire party à celuy de la ville, qui est pour le jour d'huy le Palais Royal, où le siege presidial est, et s'y exerce la justice. » Labenazie donne sur ce palais beaucoup plus de détails que « le procureur de Sa Majesté en la seneschaucée et siège presidial d'Agenois. » Il dit (t. I, p. 270) : « Par le contract de vente du chasteau de Montrevel de l'an 1584 (29 juillet), il est porté que M. de Biron, dès l'an 1578, établit le présidial dans le château de Montrevel, qui appartenait aux enfans de M. Vigier, sieur de Peleguignon, et l'an 1584, M$^{lle}$ de Cibaut, mère administresse des enfans Peleguignon, fit vente du dit château pour servir au présidial à M. Delpech, procureur du roi, moyennant le prix de quatre cens escus. » Il dit encore (*Ibid.*, p. 372) : « Pendant le gouvernement de M. de Saint-Luc, M. Petot, maistre des requestes, estoit intendant en Guyenne. Il fit son séjour dans Agen. Il aymoit cette ville et voulut bien y laisser les marques de son amitié. C'est luy qui fit bastir [1666] le palais du présidial de la manière que nous le voyons aujourd'huy. Cet embellissement à la moderne a effacé le souvenir et les vestiges de cet ancien palais de Montrevel qu'il portoit encore au commencement de ce siècle. Ce palais n'en a maintenant aucun reste. Le nom mesme en est perdu. » Beaucoup d'écrivains, qui n'étaient point agenais, ont célébré le monument que Labenazie appelle encore « cette perle de l'antiquité, » notamment André Duchesne (*Les Antiquitez et recherches des villes, chateaux*, etc., 1609, seconde partie, p. 1241.) Zinzerling cite ce passage du père de l'histoire de France, ajoutant avec raison que cet auteur décrit complaisamment la ville d'Agen, *qui in hujus urbis descriptione est amplius* (*Jodoci Sinceri Itinerarium Galliæ* (Lyon, 1616, p. 174)

quelques reparations et quelques amublemens necessaires à la decence d'une si auguste compagnie, et quoyque nostre communauté oberee par dessus toutes celles de la province, et reduite quasi à l'extremité, par les depenses extraordineres que les autheurs de nos desordres ont causé, et qui ont mesme consommé les deniers royaux, fut quasy dans l'impuissance, neantmoins pour temoigner la joye que nous avions de revoir la justice dans son trosne, et l'esperance qu'elle arresteroit l'insolence des mal intentionnés et rendroit le calme à la province, nous obligea à faire tous les efforts imaginables pour subvenir à cette despense, quoyqu'elle ne fut pas excessive, mais à suitte y ayant satisfaict, Messieurs du Presidial qui n'ont pas espargné leurs bourses, non plus que celles du publiq, lorsqu'il a esté question de faire des feux de joye, des festins publics, faire couler des fontaines de vin[1] et d'orner la place devant leur palais

---

[1] La coutume de « faire couler des fontaines de vin, » venait du moyenâge, et il n'y avait guère, alors, de belle fête sans quelque fontaine de ce genre. Froissart, racontant l'entrée à Paris de cette fatale reine, Isabeau de Bavière (22 août 1389), n'oublie pas de signaler cette fontaine de la rue Saint-Denis qui versait « par grands rieux » des flots de « claret très bon, » et autour de laquelle se tenaient des jeunes filles « très richement ornées, » qui semblaient avoir emprunté aux Sirènes leurs chants mélodieux — « douce chose et plaisante estoit à l'ouïr ! » — et qui « ténoient en leurs mains hanaps d'or et donnoient à boire à tous ceux qui boire vouloient. » M. de Barante (*Histoire des ducs de Bourgogne*, t. IV, p. 172) rappelle que, le jour de l'entrée de Charles VII à Paris (12 novembre 1437), une fontaine jetait en abondance du vin blanc, du vin rouge, du lait et de l'eau et que des gens tenant des coupes d'argent ornées de fleur de lis — [ on dégénérait déjà : l'*eau !* les *gens !* l'*argent !* ] offraient à boire à tous les passants. L'histoire mentionne la fontaine de vin improvisée au milieu de la place de Saint-Germain-en-Laye le dimanche 5 septembre 1638, jour de la naissance de Louis XIV, et les nombreuses fontaines de vin qui coulèrent pour le peuple, à Paris, le 16 février 1660, à l'occasion de la proclamation de la paix avec l'Espagne. Pour des exemples plus rapprochés de nous, voir *la Chronique bourdeloise* [*passim*].

d'arcs triomphaux, et d'une infinité d'emblesmes qui ont esté les pronostiques de nos malheurs et les sources de nos larmes, et qui ont trouvé de l'argent de reste pour entretenir des garnisons et faire des fortifications pour s'opposer aux armes du Roy et à la liberté publicque, ont creu que nous devions leur faire un palais, et nous engager en une despense extraordinaire pour eux, en un temps, Monseigneur, que les pauvres couvrent nos rues, et que leurs visages languissans donnent de la compassion et de l'esfroy à tout le monde, et sans pouvoir treuver du soulagement, tant la misere y est extreme, et dans ce sentiment ont voulu persuader à Messieurs du parlement que, leur ayant quitté leur palais qu'ils pretendent leur estre propre, quoyqu'il ait esté payé des deniers du Roy, nous estions obligés de leur donner un lieu pour y exercer la justice, quoyqu'ils peussent la rendre commodement chés leur president, qui a une maison tres espatieuse,[1] mais pour temoi-

---

[1] Cette maison « très espatieuse » est celle de Madame la comtesse de Raymond, maison qui, encore aujourd'hui, est la plus vaste de la ville d'Agen. De tout temps hospitalière, cette demeure, qui, à la fin du siècle dernier, abrita le futur Louis XVIII, fut le théâtre, au milieu du XVIIe siècle, d'une fête magnifique dont le souvenir nous a été conservé par une plaquette intitulée : *L'expression de la joye publique de la ville d'Agen et les magnificences de la Cour presidiale d'Agenois pour la nomination de Mgr le prince de Condé au gouvernement de la province de Guyenne, Ensemble le récit du balet, qui fut dansé publiquement dans la dite ville le premier jour de juin, avec les stances et explications de figures et emblesmes. A Agen* par Jean Fumadères, imprimeur ordinaire du Roy, de la ville et pays d'Agenois (1651. in-4º). Comme cette plaquette est excessivement rare, j'en donnerai quelques extraits (avec leur orthographe). Le début (p. 1) est un éloge de la Guyenne « très grande en son estendue, très forte par son assiète, très riche par le commerce de la mer, très peuplée par le nombre infiny de ses habitans, très agréable, non-seulement par la commodité, mais encore par l'abondance des choses nécessaires à la vie, très heureuse par la douce température de son climat, enfin très fa-

gner, Monseigneur, le respect que nous avions pour ces Messieurs, et le zele pour la justice, nous avons faict effort d'y remedier et avons recherché tous les moyens pour treuver des fonds, affin de subvenir à cette despense, et ne le

---

meuse tant à cause de la générosité naturelle de la Noblesse et de tous ses peuples, que pour la vigueur et grande vivacité de ce beau pays. » Nous nous montrerions bien exigeants si nous n'étions pas ravis de la part qui nous est faite. A cet éloge de la Guyenne, succède (p. 2) l'éloge d'Agen « qui est comme le centre et le cœur de la province. » Le récit que voici (p. 4 et 5) m'a paru curieux : « Plusieurs personnes de condition alloient dans les rues, suivies de valets chargés de boutcilles couronnées et faisoient boire tous les passans. Les plus galands portoient des bouteilles de fleur d'orange et de limonade, qu'ils donnoient aux dames : les autres envoyoient des lauriers chargés d'oranges confis et de citrons doux. Enfin l'amour du Prince, qui ouvroit tous les cœurs, ouvroit aussi toutes les bourses, et pour preuve de cette vérité, on remarqua durant ces premiers jours [les jours qui précédèrent la grande fête du 1er juin], un charetier qui, ayant chargé sa charète de lauriers, comme un char de triomphe, y mit dessus une barrique de vin qui estoit toute sa resource, et allant ainsi se promener par la ville, il la fit toute boire à ceux de sa connoissance, et pour récompenser une libéralité qui ne pouvoit estre plus grande, puisqu'elle donnoit tout, MM. les officiers de la Cour présidiale luy envoyèrent deux barriques de bon vin pour substituer à la place de celle qu'il avoit fait vuider de si bonne grâce. » Voici ce qui regarde l'hôtel de M. de Boissonnade (p. 6) : « De là on alloit dancer dans la grande sale de M. de Boissonnade, président et lieutenant général, [le salon actuel de Madame de Raymond], où se beuoit les santés de leurs Majestés et de M$^{gr}$ le Prince, et la veille de la Pentecoste il y' eust chés luy une très belle assemblée des dames qui feut regalée, après le bal et balet, d'un Trio excellent et d'une belle collation... » L'écrivain anonyme mentionne ainsi (p. 7) une farandole qui dut être bien gracieuse : « Au retour [de l'hermitage Saint-Vincent], le peuple joncha tous les chemins de fleurs, et cent jeunes femmes ou filles attandoient les violons au bas de la montaigne où se fit une des plus belles dances qu'on sçauroit voir, qui suivit quasi toutes les grands rues et places de la ville. » Je néglige le feu de joie allumé par M. de Saint-Luc sur la place de Saint-Etienne, l'éloge du Gravier (p. 8) « qui passe sans contredit pour une des plus belles promenades de France, » l'explication des figures et emblêmes (p. 9 et suiv.); et

trouvant ailleurs, nous avons offert à Messieurs du presidial d'entrer en obligation, et qu'ils nous fissent prester l'argent necessaire ou quils nous aidassent à le procurer parmi eux, qui en mettent tous les jours à l'interest. Le desplaisir qu'ils ont receu que le Roy se soit servy de son autorité pour nous establir dans nos charges, où ils vouloint se perpetuer par leurs brigues et s'autoriser au préjudice du magistrat populaire, qui en ce temps doibt estre, s'il semble, le seul dans l'autorité pour maintenir, et faire valloir celle du Roy et le repos et tranquillité publique, et les consequences en estoint si perilleuses que leurs deportemens passés devoient nous faire aprehender avec raison, en un temps que nous avions l'ennemy à nos portes, que nos maux ne prendroient pas si tost fin comme ils ont faict, s'ils eussent eu l'autorité en main, ils cherchent par toute sorte de moyens, Monseigneur, soit en voulant nous obliger à des depenses extraordinaires dans un estat d'impuissance, et sans nous vouloir assister, nous soubsmettre à tous leurs caprices, jusque là, Monseigneur, qu'ils pretendent nous ravir les honneurs et les rangs qui nous sont deubs dans les esglises, où nous devons paroistre aux yeux du peuple avec esclat, pour y conserver le leur, et quoyqu'ils cognoissent nostre impuissance et les despenses ausquelles la misere du temps nous engage, ils ont voulu persuader au parlement que nos raisons n'avoient autre fondament qu'un deffaut de zele de justice, et de mauvaise volonté pour executer les ordres du parlement, et

---

je termine par ces citations des pages 14 et 15 : « Les commissaires de la Cour présidiale ayant donné bon ordre qu'on traictât à ses despens, ce jour là, toute la ville dans un festin publicq, pour cest effect les huissiers furent à cheval bon matin avec les trompetes, et invitèrent tout le monde à une si belle feste... Le lendemain, second de ce mois, le menu peuple print encore plus de part aux libéralités de la Cour présidiale, MM. les commissaires ayant donné ordre de leur faire distribuer deux mille pains et tout le vin de la fontaine dont le jet dura tout le jour. »

par ainsi l'obliger de nous ordonner de leur bailler l'hostel de ville qu'ils ont menacé de forcer, mais en ayant faict cognoistre l'importance à Messieurs du parlement, et les perilleuses consequences de voir dans le lieu qui a esté l'azyle des gens de bien et des serviteurs du Roy, et où sont toutes les forces de la ville, des officiers, lesquels oublians le caractere qu'ils ont de Sa Majesté, que nous avions veu à la teste du peuple courir nos rues chargés de couleurs izabelles,[1] et obligeant les serviteurs du Roy à fuir leur rencontre ou à suivre leurs folies, et dans l'hostel de ville, le pistollet à la main, forcer les volontés des bourgeois qui ne pouvoint souffrir que dans la maison du Roy il s'y parlat que de son service. M. le president Lalanne, qui travaille incessamment à maintenir le service du Roy, et à restablir le repos dans la province,[2] en destourna le coup, et fit cognoistre à sa compagnie que Messieurs du presidial avoint tasché de surprendre soubz le pretexte de justice combien il estoit important pour le service du Roy que l'hostel fut en l'entiere disposition des magistrats, lesquels faisoint leurs efforts pour mettre en estat le lieu que la Cour leur avoit assigné dans leur palais mesme, où nous avions faict porter toutes choses necessaires pour cest effect, qu'il n'y estoit qu'à treuver des fonds pour y mettre la main. Il nous obligea de contribuer de nos soings, comme nous avions com-

---

[1] Chaque parti, dans Bordeaux, avait alors sa couleur distinctive. Celle des royalistes était blanche, celle des princes était isabelle, celle des Ormistes, les *irréconciliables* du temps, était bleue.

[2] Voir diverses lettres du président Lalanne et sur ce magistrat dans les divers volumes des *Archives historiques du département de la Gironde*. La première en date est une lettre du 6 novembre 1633, où le président se plaint au garde des sceaux de l'inutilité de ses démarches pour parvenir à raccommoder l'archevêque de Bordeaux et le duc d'Epernon (t. III, p. 229). Il y avait eu de terribles aventures judiciaires dans la vie de M. de Lalanne, et un arrêt du Parlement de Paris l'avait condamné à mort par défaut, comme nous l'apprend un document de ce même recueil (t. IV, p. 250).

mencé, pour parfaire l'ouvrage avec toute la diligence possible, affin d'arrester les violences dans lesquelles ces Messieurs du presidial faisoint semblant de se vouloir porter soubs pretexte de cessation de justice. Nous sommes obligés, Monseigneur, de representer à Vostre Eminence que si leur zèle eut esté si grand qu'ils veulent faire paroistre, ils eussent faict punir de mort des criminels de lese-maiesté quils ont eslargy, sans cognoissance de cause, et parce que c'estoit un de leurs sergents et un ministre de leurs passions, et dont un de leurs chefs avoit faict la procedure il n'y a que deux jours, mais comme ils ne peuvent pas, Monseigneur, se destacher d'un party qu'ils ont soustenu si ouvertemement, ils voudroint treuver quelque pretexte pour esblouir la cour qui a esté assés suffisamment informée de leurs deportemens, et tascher de nous faire passer pour des violents et des personnes qui ne taschent qu'à troubler le repos de la ville. Il est vray, Monseigneur, et nous protestons à Vostre Eminence que nous deffendrons les interests de Sa Majesté avec toute sorte de vigueur et de fermeté, et que nous exposerons très vollontiers nos vies pour nous opposer anx rigueurs et aux violences de ses ennemis, et nous avons une si forte confiance en la conduite de Vostre Eminence que nous nous promettons tant de la bonté de Monseigneur le duc de Candalle qu'il certiffiera le Roy et son conseil que nous n'avons jamais manqué de fidélité à son service, que le peuple a esté désabusé despuis qu'il a pleu au Roy faire choix de nos personnes, et que nous veillons continuellement pour maintenir son autorité. Nous ne manquons pas, comme nostre devoir nous y oblige, de luy donner cognoissance et à M. de Tracy[3] de nos deportemens.

---

[1] Voir (*Ibid.*, t. VIII) diverses lettres de M. de Tracy, comme aussi du duc de Candalle. M. de Tracy date d'Agen la plupart de ses lettres au cardinal Mazarin, notamment celles du 25 avril 1653, du 2 mai de la même

Aussy n'attendons nous autre recompense que la gloire de ne nous estre jamais escartés du service du Roy, et d'avoir nos soubmissions, et nos recognoissances à Vostre Eminence de sa protection, laquelle nous lui demandons avec justice puisque nous lui protestons, Monseigneur, qu'elle ne recevra de nostre part que des marques d'une fidélité inviolable au service, et les profonds respects que doivent avoir pour Vostre Eminence,

Monseigneur,

Ses très humbles et très obeissans serviteurs

Les consuls de la ville d'Agen,

DELAS,[1] RATIER,[2] BARATES,[3] LABOULBENE,[4] DAUNEFORT,[5] GARDES.[6]

D'Agen, ce 15 mars 1653.

---

année, etc. Conrart, dans ses *Mémoires*, accuse M. de Tracy d'avoir été amoureux de M$^{me}$ de Longueville. Mais qui donc ne fut pas amoureux d'elle ?

[1] Noble Pierre Delas ou de Las, sieur de Brimont (selon le *Registre du nom des Consuls*). Mais je ne vois figurer ce Pierre de Las ni dans la *généalogie* dressée par M$^{me}$ la comtesse Marie de Raymond, ni dans une autre *généalogie de la famille de Las*, extraite par M. J. Noulens du Cabinet des Titres, et insérée dans le t. III de ses *Documents historiques sur la maison de Galard* (p. 73, 74). Le de Las dont il est question ici dut être Etienne de Las, écuyer, seigneur de Brimont, qui épousa, en 1634, Françoise de la Goutte de la Pujade, et qui avait été déjà consul en 1624. On ne peut songer à son fils, Jean-Joseph de Las, seigneur de Brimont, qui n'aurait pas atteint sa vingtième année en 1653, et qui ne fut consul que plus tard (1659 et 1676).

[2] De Ratier, avocat.

[3] Le *Registre du nom des consuls de la ville d'Agen* est inexact en ce qu'il substitue au sieur *Barates*, le sieur *Boyer*, procureur. Le *Journal de Malebaysse* s'accorde avec notre document, non-seulement au sujet de Ba-

## XCIII

Lettre des membres du Parlement de Bordeaux (transféré à Agen) au cardinal Mazarin, pour le prier de les aider à obtenir du Roi quelque secours en argent qui leur permette de subsister loin de leur demeure habituelle.[1]

21 Avril 1653.

Très esminent Seigneur,

Nous nous sommes rendus en ceste ville par le commandement du Roy et y avons estably sa justice souveraine, suivant sa volonté, et voudrions bien que nos fortunes nous peussent permettre de continuer le service que nous devons à Sa Majesté, puisque c'est un moyen tout efficace pour contenir ses subjects dans son obéissance et y ramener ceux qui s'en sont esloignez, mais comme nos forces se sont affoiblies par la longueur des mouvements de la province et nos biens absolument ruynez, nous sommes obligés d'avoir recours à Sa Majesté et luy presenter un cayer contenant

---

rates, mais au sujet de tous les signataires dudit document. D'après ce *Journal*, le marchand Barates mourut en juillet 1653.

[4] Une note marginale du *Registre du nom des Consuls* nous apprend que M. de Laboulbène, avocat, fut mis là « comme gentilhomme. » Le *Journal de Malebaysse* donne à ce La Boulbène la qualification « d'homme d'armes, » et ajoute qu'il mourut en mai 1653. On conserve aux Archives départementales de Lot-et-Garonne (B. 61) le contrat de mariage de Jean de la Bolbenne, avocat en la cour, fils d'autre Jean, conseiller au siége p.ésidial d'Agen, et de Jacqueline de la Chèze, avec Jeanne de Montesquiou de Xaintrailles (1643).

[5] Daunefort, que n'indique point le *Registre*, était avocat.

[6] Bernard Gardes était marchand.

[1] *Ibid*, p. 126.

quelques articles de nos demandes pour obtenir de sa bonté le moyen de subsister dans la dignité convenable à des officiers de nostre condition. C'est pourquoy nous vous supplions, tres esminant Seigneur, de les vouloir apuyer de vos faveurs que nous ne doublons pas estre très advantageuses et nous en conserverons la recognoissance en qualité de,

Tres esminant Seigneur,

Vos très humbles serviteurs

Les gens tenant la cour de parlement de Bourdeaux transféré à Agen. Suau.

Escrit en parlement tenu à Agen le vingtieme avril 1653.[1]

---

[1] Pendant que les membres du Parlement provisoire d'Agen vivaient si péniblement loin de chez eux, les membres du Parlement resté à Bordeaux s'abstenaient pour la plupart, présidents aussi bien que conseillers, d'assister aux audiences, et il fallut rendre un arrêt spécial (3 mai 1653) contre les délinquants. Voir *Archives de la Gironde* (t. VIII, p. 136). Dom Devienne (p. 461) donne l'énumération suivante des membres du Parlement, fidèles à la cause royale, qui allèrent siéger à Agen : les présidents Lalanne et Pichon, les conseillers Pomiers, Sabourin, Lalanne d'Uzeste, du Verdier, Massiot, Martin, Pichon, Muscadet, Duperier, Duburg, Montaudon, Malvin et l'avocat général Lavie.

## XCIV

Lettre de M. du Burg au cardinal Mazarin, où il l'entretient des ravages de la peste dans Agen, du départ des membres du Parlement pour la Réole, et où il glorifie sa ferme attitude en face du danger.[1]

19 Juillet 1653.

Monseigneur,

Bien que Vostre Eminence doive estre informée de tous cotés de l'état malheureux de cette ville d'Agen affligée de la maladie contagieuse,[2] je croy, Monseigneur, qu'il est de mon devoir de ne pas laisser du mien [*sic* pour du moins] de rendre à Vostre Eminence un fidelle compte de ce qui s'y passe : il est certain Monseigneur que le mal y est violent et mortel, et qu'Agen est aujourd'huy devenu un desert et une affreuse solitude par la fuite de toutes les personnes de condition qui ont quitté ce sejour suspect. J'espère, Monseigneur, que cet abandonnement qui fait son malheur present, sera à l'avenir

---

[1] *Ibid.* p. 334.

[2] M. de Saint-Amans (*Histoire du département de Lot-et-Garonne*, à l'an 1652) signale un « grand débordement de la Garonne, suivi d'une maladie épidémique qui emporta la moitié des habitants d'Agen. » Une note du *Registre du nom des consuls* (sous l'année 1653) est ainsi conçue : « Cette année, le parlement vint à Agen et le bureau des Trésoriers à cause de la guerre de Bordeaux. Ces deux compagnies furent obligées de quitter la ville au mois de mai, à cause de la grande peste qui la ravagea, qui ne finit que par un vœu que les trois ordres firent au mois de novembre. Il y mourut quatre mille personnes. » M. Ad. Magen, qui a publié une si bonne étude sur *La Ville d'Agen pendant l'épidémie de 1628 à 1631 d'après les registres consulaires* (1862), nous doit — par la raison que *passé oblige* — une étude non moins complète sur la ville d'Agen pendant l'épidémie des années 1652, 1653 et 1654.

son remède et sa guerison. L'exemple de plusieurs morts et de tant de malades ; l'accident même d'un laquay de M. le premier president[1] mort de ce genre de mal, ont tellement estonné et effrayé l'esprit de nos Messieurs du Parlement, qu'ils ont d'abord pensé de sortir de cette ville qu'ils regardoient comme leur tombeau ; ils ont cru, Monseigneur, que Sa Majesté ne désapprouveroit pas que, soubs son bon plaisir, pour la conservation de leurs personnes ils se transferassent en la ville de la Réolle, où ils sont tous arrivés depuis le sezième de ce mois ;[2] hors moy qui reste en ce lieu au milieu du peril[3] pour y attendre les ordres de Sa Majesté et les vostres, Monseigneur, qui me sont des loix inviolables. Je n'ay pas été d'avis dans le Parlement de rompre sa seance ny de la transferer, mais de cesser seulement les audiances et de surseoir pour quelques jours l'entrée du Palais et l'exercice de la justice, et il n'y eut que moy seul de ce sentiment. Avant nostre separation, le Parlement enregistra, Monseigneur, la declaration du Roy portant amnistie en faveur de Bordeaux. La publication en sera pourtant sursise jusqu'à ce qu'on juge apparemment qu'elle puisse produire un bon effet dans l'esprit de ces rebelles obstinés. MM. Bordes et Mosnier, conseillers au Parlement[4] n'ont pas été re-

---

[1] C'était alors Arnaud de Pontac, qui venait de succéder à Joseph Dubernet. On conserve aux Archives départementales de Lot-et-Garonne (B. 99) le testament du premier président Arnaud de Pontac (1687).

[2] Le Parlement n'ouvrit sa première séance à La Réole que le 11 décembre 1653 (Dom Devienne, p. 481).

[3] En entendant M. du Burg parler si fièrement de son *moi*, n'est-on pas tenté de lui appliquer ironiquement les beaux vers d'Horace :

> Justum ac tenacem propositi virum
> ............................
> Si fractus illabatur orbis,
> Impavidum ferient ruinæ ?

[4] Ces deux conseillers avaient pris parti pour la Fronde, et les *Mémoires*

ceus parmy nous, pour s'estre presentés sans ordre de Sa Majesté.

Je suis, Monseigneur, avec plus de passion, de fidélité et de respect que Vostre Eminence ne sçauroit se l'imaginer, ny moy le dire, de Vostre Eminence, le très humble, très obeissant et très fidelle serviteur

A Agen ce 19$^{me}$ juillet 1653.    Du Burg.[1]

---

*de P. Lenet* (édition Michaud et Poujoulat, p. 302) nous apprennent qu'ils avaient été nommés tous les deux, en juin 1650, « commissaires particuliers » pour tout ce qui regardait « le parti de Saint-Surin. » Mosnier, que Lenet appelle *Monier*, est le même que le *Mesnier* qui, d'après Dom Devienne (p. 336), fut chargé, avec son collègue Thibaut, de faciliter l'exécution des ordres du marquis de Sauvebœuf (1649). Ailleurs (p. 361) Dom Devienne, rendant au conseiller son véritable nom de Mosnier (qu'une faute d'impression lui avait ravi), nous le montre envoyé en ôtage à Blaye par les Bordelais. Le même conseiller est appelé *Mousnier* dans un document des *Archives historiques* (t. IV, p. 975) et *Monnier*, à la *Table* du même volume.

[1] On peut voir d'autres lettres du conseiller du Burg au cardinal Mazarin (du 6 avril 1649, du 23 septembre 1650), dans le t. IV des *Archives historiques* (du 15 avril 1652), dans le t. VIII, etc. Tous les historiens de la Fronde bordelaise s'occupent de Du Burg.

## XCV

Lettre de M. d'Aubeterre « à Monsieur le chevalier de Vivens, gouverneur de la duché d'Aiguillon, » où il lui fournit des explications au sujet du feu mis par ses troupes à quelques maisons de la juridiction de Sainte-Livrade.[1]

27 Juillet 1653.

Monsieur,

C'est sans mon ordre que les troupes qui sont icy ont mis e feu à quelque métairie de Sainte Livrade, où j'avois envoyé monsieur le comte de Chateauneuf[2] pour leur proposer le payement de ce à quoy ils avoient esté taxés, ou de me venir trouver s'ils jugeoient que nous les eussions surchargés, mais au lieu de recognoistre ce bon traittement, ils ne manquèrent de tirer sur M. de Chateauneuf et luy tuèrent un cavailler, de sorte que ces gens poussés d'un juste ressentiment contre ceux de Sainte Livrade, qui se servirent mesme de leurs cloches pour attrouper le monde, ce disparsèrent jusques à mettre le feu, de quoy je suis bien fâché, quoy qu'en cella on n'ait usé que de revanche puisque les troupes ennemies se sont les premiers portez à ceste extremité

---

[1] *Ibid.*, p. 379.

[2] Deux comtes de Châteauneuf (probablement le père et le fils) sont mentionnés dans l'édition des *Mémoires de Tavannes et de Balthazar*, publiée par M. Moreau (p. 40, 326, 327). L'un, suivant une note de l'éditeur (p. 40), Jean de Rieux, comte de Châteauneuf et vicomte de Donges, fut tué en 1669, au combat de Kerment, en Hongrie. L'autre, que M. Moreau appelle également *Jean de Rieux, comte de Châteauneuf, vicomte de Donges* (p. 326), fut tué, selon Balthazar, qui était son frère d'armes (p. 327), à Saint-Georges de Monclar, en Périgord (mai 1652). M. de Cosnac (*Souvenirs du règne de Louis XIV*, t. III, p. 268) appelle ce dernier Jean de Rioux.

soubs le pretexte du deguast de cette ville, mais si ceux de Sainte Livrade et de Montpesat veulent contribuer à la subsistance des troupes du Roy que je commande soubz l'authorité de Son Altesse, ils n'ont qu'à me venir trouver auquel cas toutes sortes d'actes d'hostilité cesseront de ce costé, et que leur labouraige se faira avec toute la liberté qu'ils desireront. Je vous suplie que je sache leur derniere volonté et de croyre qu'en vostre particullier je seray toujours bien aise de vous faire voir combien je vous considere et que je suis,

Monsieur,

Vostre très humble serviteur

AUBETERRE.[1]

Ce 27ᵉ juillet 1653.

---

[1] C'était Pierre Bouchard d'Esparbez de Lussan, appelé tantôt vicomte, tantôt marquis d'Aubeterre, fils aîné de François d'Esparbez, seigneur de Lussan, maréchal de France, et de Hippolyte Bouchard, vicomtesse d'Aubeterre. Pierre Bouchard d'Esparbez épousa, le 26 octobre 1645, Marie-Claire, fille d'Antoine-Arnaud de Pardaillan de Gondrin, marquis de Montespan et d'Antin, et de Paule de Saint-Lary. Il ne faut pas le confondre avec un de ses frères, le chevalier d'Aubeterre (Léon d'Esparbez de Lussan), qui servit, pendant la Fronde, dans les rangs de l'armée royale, et qui, après avoir été longtemps gouverneur de Collioure, mourut le 27 avril 1707, à 88 ans, étant le doyen des lieutenants-généraux des armées du roi.

## XCVI

Lettre du duc de Candalle au cardinal Mazarin, pour lui recommander divers officiers qui l'avaient aidé à réduire Villeneuve.[1]

25 Août 1653.

Monsieur,

Le zele et l'attachement que le sieur comte de Vaillac, mareschal des camps et armées de Sa Majesté,[2] auquel j'avois donné le commandement des trouppes qui bloquoient Villeneuve, a faict paroistre pour le bien de son service et les interets de Vostre Eminence, est si particulier, que je suis obligé de vous rendre ce tesmoignage en sa faveur, Monsieur, et d'asseurer Vostre Eminence que par les soings extraordinaires qu'il a pris de presser et incommoder les habitans de ceste ville et les trouppes des ennemis qui la deffendoient, il a entièrement contribué à sa reduction dans l'obeyssance de Sa Majesté, et rendeu par ce moien à l'estat un service considerable. La prudence et sage conduitte du sieur de Ribeyre, intendant de l'armée de Sa Majesté dans cette province, que j'avois envoié avec pouvoir de traitter avec ladicte ville et sa garnison, ont beaucoup aidé à la remettre dans son devoir, et le sieur comte de la Serre, Monsieur, s'est emploié avec beaucoup d'ardeur à porter le sieur marquis d'Aubeterre, son frère,[3] à ne s'opiniastrer

---

[1] Archives Nationales, registre KK 1220, p. 500.

[2] Jean Paul Gourdon de Genouillac, comte de Vaillac, qui devint lieutenant-général, premier écuyer du duc d'Orléans, capitaine de ses gardes, chevalier du Saint-Esprit, etc. Voir sur lui une pittoresque page de Saint-Simon (*Mémoires*, édition de 1857, t. IV, p. 30.)

[3] Louis d'Esparbez, comte de La Serre, lieutenant-général des armées du

plus à une foible et inutile resistance et l'a obligé par des raisons pressantes d'abandonner la ville avec la garnison qu'il y commandoit. J'ai creu, Monsieur, devoir particulierement informer Vostre Eminence de toutes ces choses, la suppliant très humblement de continuer à prendre une confiance entiere en la passion que j'ay de luy tesmoigner par mes services qu'il n'y a personne sur qui elle ait un plus absolu pouvoir que,

Monsieur, sur vostre très humble et très obeyssant serviteur

le duc DE CANDALLE.[1]

De Bourdeaux ce xxv<sup>e</sup> aoust 1653.

---

roi, sénéchal d'Agenois et de Condomois, un des héros des batailles de Rocroy et de Nortlingen, mort en juin 1693.

[1] Sur le duc de Candalle, voir de bien piquants renseignements réunis par M. Paul Boiteau, dans son édition de l'*Histoire amoureuse des Gaules* (*Bibliothèque elzevirienne*), t. I, p. 12, 13, 20, 30, 31, 32. — A un point de vue tout différent, il faut lire l'édifiant *Panégyrique funèbre de très hault et très puissant prince Monseigneur Louis Gaston Charles de Foix et de La Valette, duc de Candalle, pair et colonel général de France, etc, prononcé par vénérable maistre Jean Vallot, dijonnois, thresorier de l'Eglise collegiale de Saint-Estienne de Dijon en la mesme église, le 4 février 1658.* (Dijon, 1658, in-4° de 24 p.)

## XCVII

Permission donnée par Barthélemy Delbène, évêque d'Agen, aux religieux du tiers ordre de Saint-François de s'établir à Tournon, document où l'on trouvera des renseignements sur les ruines du château de Tournon, sur le couvent de Bon-Encontre, etc.[1]

17 Mai 1661.

Barthelemy Delbene par la miséricorde de Dieu evesque, comte et prieur de l'eglize collegiale St Caprasy d'Agen, abbé commendataire de l'abbaye St Pierre d'Auvilliers[2] ordre de St Benoict au diocese de Reims, conseiller du Roy en tous ses conseils, à tous ceux quy ces presentes lettres verront salut en nostre Seigneur.

Veu la requeste à nous presentée par le venerable pere frere Leon de Tholose, Relligieux du tiers ordre de St François et procureur du mesme ordre pour l'érection de la province de St Elzear dicte d'Aquitaine, tendant à ce que pour les causes y contenues il nous pleut permettre ausdicts relligieux de s'establir dans la ville de Tornon, en nostre diocese, et d'authoriser la fondation d'un hospice de leur ordre qu'ils sont invitez d'accepter en icelle, pour y vivre dans l'observation de leur regle, servir à Dieu et secourir le prochain dans ses necessitez spirituelles, ladicte requeste signée fr. Léon de Tholoze; veu pareillement le contract de donation de la place où estoit autresfoys le chasteau de la

---

[1] Archives Nationales, carton K 1170.
[2] *Abbas Sancti Petri Altivillarensis*, dit la *Gallia Christiana* (t. II, col. 932). M. L. de Maslatrie a oublié d'indiquer cette abbaye dans la liste des *Monastères de France* donnée par lui à l'*Annuaire de la Société de l'Histoire de France pour 1858* (p. 66—230).

dicte ville de Tornon et fossez d'icelluy, ensamble des materiaux quy restent de la demolition dudict chasteau [1] faicte ausdicts relligieux par Jean Colin, escuyer, gentilhomme ordinaire de Monsieur, frere unique du Roy duc d'Orleans, et demoiselle Marguerite de Sarat de La Peyriere, sa femme, de luy authorisée,[2] à l'effect de ladicte donation aux conditions portées par icelluy passé par devant Pain et Ogier notaires au Châtelet de Paris, le vingt quatriesme mars dernier, brevet du don de ladicte place assiete et fossez accordé par le defunct Roy à ladicte demoiselle de La Peyriere le XXIII novembre 1642, signé Louis et plus bas de Guenegaut, autre brevet contenant confirmation du precedent et autant que besoin seroit nouveau don de ladicte place assiete et materiaux dudict chasteau demoly en faveur de ladicte demoiselle femme audict sieur Colin du 6 mai 1646 signé Louis et plus bas de Guenegaut; contract de constitution de deux cents livres de rente annuele acquise par les Relligieux syndic et commissaire du couvent de nostre dame de Bonencontre sur les sieurs Pierre Trilles, marchant, Jean Grimaud, bourgeois, M⁰ François Taranque, notaire royal,

---

[1] Voilà l'épilogue de cette histoire du château de Tournon esquissée, pour la période du moyen-âge, dans quelques-uns des premiers documents ici rassemblés ! Qui nous aurait dit qu'un acte purement ecclésiastique nous apprendrait ce que devinrent au XVII⁰ siècle les débris de l'emplacement de l'altière forteresse du XIII⁰ siècle ? La morale de ceci, c'est que les archéogues ne doivent négliger aucun document, pas même le moins intéressant en apparence !

[2] On conserve aux Archives départementales de Lot-et-Garonne (B. 85) des lettres de Louis XIV accordant à Marguerite Dusarrut (sic) de La Perrière, femme du sieur Colin, avocat au conseil, l'une de ses femmes de chambre et première femme de chambre de son frère unique, le duc d'Anjou, la permission d'établir, pour la commodité publique, des bâteaux de poste sur les rivières de Garonne et du Lot, pour aller d'Agen et de Clairac à Bordeaux et y porter et conduire les personnes et marchandises (1676.)

et Jean Malbet, procureur, toutz quatre habitanz de Mompezat du 12 mars 1654, au pied duquel est le transport de la dicte rente faict par les dicts syndic Relligieux et commissaire dudict couvent de Bonencontre en faveur et pour ayder la fondation dudict hospice de Tornon du 3 mars 1661 passé par devant Conté notaire et tesmoings ; acte capitulaire des dicts Relligieux et commissaire dudict de Bonencontre par lequel et pour l'asseurance de la dicte rente de deux centz livres ils affectent touz les revenuz de leur dicte communauté et par exprez les fruictz fonds et proprieté des possessions et heritages enoncez audict acte passé par devant Castaigner notaire et tesmoings le 6 du present moiz et an ; acte d'assamblée des habitantz de la dicte ville et jurisdiction de Tornon portant deliberation que nous serons suppliez, de la part de tous les catholiques de leur corps, de vouloir consentir et authoriser ledict establissement aux conditions portées par ledict acte du 23 mars dernier passé avec l'acceptation de frere Joseph de Clermont, gardien du dict couvent de Bonencontre du mesme jour le tout signé de Favard, greffier ; copie d'un bref estat de plusieurs habitantz de la dicte ville et jurisdiction quy se sont taxez volontairement pour la contribution de l'entretien desdicts relligieux quy seront establis à Tornon pendant dix années à compter du jour de leur establissement en datte du 8 juin 1660 signé par *vidimus* fr. Joseph de Clermont gardien pour avoir exhibé et retiré le tout et Castaignier, notaire royal d'Agen ;

Nous inclinants aux supplications desdictz habitantz et relligieux du tiers ordre de St François, pour la plus grande gloire de Dieu et utilité des ames de la dicte ville et jurisdiction de Tornon, avons authorisé et authorisons la fondation faicte dudict hospice par les sieurs Colin et demoiselle de La Peyrière, sa femme, et par les dicts relligieux syndic et commissaire dudict couvent de Bonencontre, et ce faisant avonz consenty et permis consentons et permettons l'establissement des dictz Relligieux du tiers ordre de St François au lieu place et assiete du chasteau de Tornon et fossez d'icelluy soubz les clauses et conditions que lesdicts sieur et demoiselle Colin et leur principal heritier descendant d'eux tant quil y aura de masles et en ligne masculine tant seulement jouiront des droictz et privileges de fondateurs faisantz neantmoinz profession de la Relligion catholique apostolique et Romaine et non autrement, et soubz les autres conditions portées tant par le dict contract de donation que par l'acte de deliberation desdicts habitantz des 24 et 23 mars de la presente annee, et que ladicte rente deux centz livres constituée et transportée par le susdict couvent de Bonencontre ne pourra estre estaincte ny le capital d'icelle diverty pour bastiment, ornementz d'eglize ny pour autre cause quelle qu'elle puisse estre, ains en cas de rachapt et amortissement d'icelle seront tenuz les dicts Relligieux, joingt la communauté du dict Bonencontre, mettre la dicte somme en autre rente au profit dudict hospice, en telle sorte que les biens dudit couvent de Bonencontre demeureront pour tousjours garentz des dictes deux centz livres de rente, sans laquelle condition nous n'aurions pas consenti le dict establissement, attandu la pauvreté et petitesse du lieu et le nombre des habitantz faisantz profession de la Relligion pretendue reformée parmy lesquelz la charité n'est pas ordinaire envers les Relligieux, et pour l'asseurance de la dicte rente remettront entre nos mains autant des contractz d'acquisition par eux faicts des heritages affectez à la dicte rente par l'acte capitulaire du 6 du present mois et an et du bref estat du 8 juin 1660 en bonne et deue forme dans trois mois à compter du jour et datte des presentes, à la charge aussy que les dicts Relligieux du tiers ordre conformement au susdict acte du 23 mars dernier soubz les gages ordinaires tiendront les escoles de la dicte ville pour l'instruction de la jeunesse, cathechiseront, assisteront aux processions generales, comme pareillement aux sepultures et convois des morts lorsqu'ilz y seront appellez, sanz qu'ilz puissent rien entreprendre ny pretendre sur les droictz des curez, prescheront et entendront les confessions estantz prealablement approuvez de nous, assisteront les malades mesme en temps de contagion et rendront au public et au particulier les services et assistances que les autres corps reguliers ont accoustumé de rendre ez lieux où ils sont establiz dans le dict diocese. Et pour l'execution des presentes, prions M$^{rs}$ nos vicaires generaux ou l'un d'iceux et à leur deffauts mandons a l'archiprestre ou au curé de la dicte ville de Tornon de recepvoir lesdictz Relligieux du tiers ordre de Sainct-François et les mettre en possession de ladicte place et assiete du susdict chasteau, y faire planter la croix et generalement faire observer toutes les choses en tel cas requises et necessaires, en tout nostre droict et celluy d'autruy sauvez. Et sauf ausdicts Relligieux de se pourvoir par devers le Roy pour obtenir permission d'eriger leur communauté danz ladicte ville de Tornon et l'amortissement de ladicte place ainsi quilz verront estre à faire, le tout neantmoins à condition que les dicts Relligieux seront tenuz de raporter par devers nous un acte de acceptation et ratification de tout le contenu cy dessus passé au premier chapitre quy se tiendra par les superieurs de ladicte province et definitoire d'icelle danz un moiz aprez la teneur dudict chapitre, autrement et à faute de ce faire nous revoquonz dez a present ledict establissement et voulons que le contenu ez dictes presentes soit nul de nul effect et valeur et comme non advenües en foy de quoy nous les avons signées de nostre main, icelles faict sceller du petit sceau de noz armes et contresigner par l'un de nos secretaires.

Donné à Paris en nostre hostel rue de Bracque parroisse de St Nicolas des champs le xvii jour de may mil six centz soixante-un ez presance de M$^r$ Michel Bardon prebstre, docteur en théologie, et curé de Montardit en nostre diocese,[1] Mr Marc Pelloué, aussy prebstre et chanoine en l'eglize collegiale de Loches, et Pierre Briane clerc du diocese de Rodez estantz de present en cette ville de Paris quy ont signé à la minute.

DELBENE *evesque d'Agen.*

Par Monseigneur :

BUYSSON, secretaire.

---

[1] La paroisse de Montardit, qui était située dans les environs de Verteuil, n'existe plus. Une famille qui en était originaire et qui en portait le nom, a également disparu. A cette famille appartenait ma grand'mère paternelle, Germaine de Montardit, qui, à Verteuil comme à Gontaud, a laissé de ses vertus un souvenir que l'on peut comparer à ces parfums qui sont aussi doux que durables.

## XCVIII

Lettre de Claude Joly, évêque d'Agen, au chancelier Séguier, où, après l'avoir remercié d'un service qu'il lui avait rendu, il lui demande son appui pour réussir à supprimer quelques abus qui règnent dans son diocèse.[1]

7 Décembre 1665.

Monseigneur,

Bien que toutes mes reconnoissances soient infiniment au dessous de la grace dont il vous a plu m'honorer accordant à Monsieur de Maissat la priere qu'il vous a faitte en ma faveur, je ne puis me dispenser de vous temoigner la très humble soumission avec laquelle je l'ay receüe. L'honneur de vostre protection est un si grand avantage pour une personne qui a quelque desir de satisffaire à son devoir, qu'il peut seul empescher une grande partie des obstacles que la corruption du siècle oppose souvent à l'execution de ses bons desseins. J'ose bien, Monseigneur, avoir cette confiance en la bonté de Dieu que s'il lui plait vous inspirer de me continuer cette grace, il ne me refusera pas aussi les assistances qui me sont necessaires pour surmonter les difficultez qui se presentent à la reformation de quelques desordres que je trouve dans mon diocese. Ainsi, Monseigneur, vostre authorité ne sera point resserrée dans vostre personne, et le merite que l'usage que vous en faittes vous attirera, sera multiplié dans tous les lieux où vous en ferez ressentir les effets, et comme je suis du nombre de ceux qu'il vous a plu en plusieurs rencontres honorer de vostre bienveillance, pour ne me rendre pas entièrement indigne de cet honneur je continuerai à demender à Dieu qu'il lui plaise conserver

---

[1] Bibliothèque Nationale, Fonds français, vol. 17406, p. 150.

vostre santé et coronner de ses bénédictions les longs et importans services que vous avés rendu à l'Estat, en qualité de

Monseigneur,

Vostre très humble et très obeissant serviteur,

CLAUDE *évèque d'Agen*.[1]

A Agen, le 7 decembre 1665.

---

[1] Claude Joly, nommé évêque d'Agen le 25 avril 1664, avait été sacré le 15 mars 1665. On voit par cette lettre qu'à peine arrivé depuis quelques mois dans sa ville épiscopale, l'ancien curé de Saint-Nicolas-des-Champs songeait déjà à entreprendre contre divers abus cette courageuse lutte qui distingua son pontificat. Les auteurs du *Gallia* ont dignement loué ce saint prélat dont ils disent : « *Vir morum integritate conspicuus, Dei caritate fervens, in pauperum amore et liberalitate insignis, concionibus suis clarissimus.* » A côté de cet éloge si complet et si mérité, je citerai une anecdote bien singulière et bien peu connue, cachée qu'elle est dans l'*Appendice* du tome IV du *Port-Royal* de M. Sainte-Beuve (3e édition, 1867, p. 585) : « Le cardinal Mazarin, étant très mal, envoya quérir M. Joli… Il alla donc au bois de Vincennes, et il voulut parler d'abord à ce malade de quelques points importants de sa vie, dont l'un étoit les deniers publics qu'il avoit eus en maniement. Mais et sur celui-là et sur les autres, il s'en tira avec adresse sans vouloir y entrer, témoignant à M. Joli qu'il l'avoit seulement envoyé quérir pour l'entendre parler de Dieu. Il le fit donc et se mit sur son lit; le cardinal, qui étoit déjà dans les inquiétudes de la mort, le tenoit embrassé et avoit passé une de ses jambes par dessus celles de M. Joli auquel il ne donnoit pas un moment de patience ; car, aussitôt qu'il se taisoit, il lui disoit fortement : *Parlez-moi de Dieu, monsieur Joli*, de sorte qu'il l'étouffoit presque… Après qu'il fut mort, il alla trouver le roi, qui lui demanda de quelle manière il étoit mort. M. Joli répondit qu'on pouvoit dire qu'il avoit vérifié en sa personne ce qu'on dit ordinairement, qu'il étoit mort comme il avoit vécu… C'est ce que M. Hamon a su de M. l'évêque d'Agen même, qu'il avoit traité malade au Mesnil-Saint-Denis où il étoit chez M. de Montmor, en 1663 ou 1664. »

## XCIX

Partage intervenu entre Messieurs les Commissaires au sujet de l'exercice de Religion Prétendue Réformée au lieu de Calonges.[1]

26 Avril 1668.

L'an mil six cens soixante huit le 26 jour d'avril Nous Claude Pellot, seigneur de Port David et Sandars, conseiller du Roy en ses conseilz, maistre des requestes ordinaire de son hostel, intendant de la justice police et finances ez generalitez de Guyenne, et Pierre Guignard, Advocat en Parlement, commissaires deputez par Sa Majesté pour l'execution de l'edit de Nantes, et autres editz declarations et arretz donnés en consequence, estant assemblez en la ville d'Agen pour juger le procez d'entre le syndiq du clergé du diocèze de Condom demandeur aux fins de l'exploit du 10 may 1665 et d'autre exploit du 17 mars 1666, à ce qu'il soit fait deffenses au ministre, anciens de concistoire, et autres habitans de Calonges faisant profession de la R. P. R. et à damoiselle Judith de la Chaussade,[2] heritiere testamentaire de la feüe

---

[1] Archives Nationales, carton TT 317.

[2] M^lle de La Chaussade ou de Chaussade était fille de Jacques de Chaussade, seigneur de Calonges, qui, vers 1620, avait épousé Marguerite de Vicose. M. J.-F. Lagarde (*Notice historique sur Calonges*, dans le *Papillon, journal de l'arrondissement de Marmande*, n° du 6 août 1837) lui donne le prénom de *Suzanne* et lui consacre ce paragraphe : « Suzanne de Chaussade, dite Mademoiselle de Calonges, se voua au célibat et à la culture des lettres ; elle se distingua par des mœurs simples, une grande modestie et une vaste érudition. Elle mourut dans un âge très avancé. » Bayle avait déjà dit (*Dictionnaire historique et critique*, au mot *Révérend de Bougy*, en avril 1701) : « Mademoiselle de Callonge est morte à La Haye, depuis quelques mois, dans un âge très avancé. Elle n'avait jamais

dame Marquise de Bougy, sa sœur,[1] faisant profession de ladite Religion, de faire à l'advenir aucun exercice publicq d'icelle, et qu'à cet effect le temple soit demoly, basti dans la grande cour du chasteau dudit lieu, jusqu'aux fondemens, et outre ce que ladite damoiselle soit condamnée à restituer

---

été mariée. C'était une fille d'une piété et d'une vertu exemplaires, et qui entendait fort bien l'hébreu : elle sortit de France pour la religion au temps que l'on révoqua l'édit de Nantes. » Colomiès (*Gallia orientalis*, La Haye, 1665, in-4º, p. 271) cite sur cette très illustre dame de Calonges (*perillustri domina de Calonges*) ce fragment de lettre du savant Bochart : « Vous pouvez mettre en la compagnie des deux princesses que vous me nommez mademoiselle de Calonges (sœur de feu M$^{me}$ la marquise de Bougi), qui m'a envoyé de Calonges des notes judicieuses sur le texte hébreu de la Genèse, et m'en a quelquefois lu des chapitres qu'elle entendait fort bien, du temps qu'elle estoit icy avec feu madame sa sœur. » MM. Haag, qui, comme notre document, lui donnent le prénom de *Judith* (article *La Chaussade* de la *France protestante*), ajoutent : « C'est elle qui avait choisi Labadie pour guide dans la voie de la spiritualité, et qui eut à se plaindre, dit-on, des privautés qu'il se permit pour s'assurer si elle était tout à fait absorbée dans l'oraison mentale. » Les mêmes auteurs, à l'article *Labadie* (Jean), avaient déjà mentionné en ces termes ce bizarre incident : « On dit qu'il sortit un jour des bornes de la modestie et de la décence à l'égard de M$^{elle}$ de Calonges. Basnage affirme l'avoir entendu raconter à M$^{elle}$ de Calonges elle-même : mais Bayle n'en garantit pas l'authenticité, et Bernard refuse positivement d'y croire. » L'abbé Goujet, dans le *Moréri* de 1759, donne ainsi raison à la version repoussée par Bernard : « Il voulut épouser une demoiselle de famille nommée de *Calonges* ou de *Calongues*; il la porta même à y consentir; mais les parents de cette demoiselle s'y opposèrent; et si le visionnaire, qui, dit-on, osa attenter à sa pudicité, ne se fut désisté de ses poursuites, il eût été mal mené. » D'après la *Nouvelle Biographie générale*, ce fut à Montauban que Labadie porta une main téméraire sur M$^{lle}$ de Calonges, ce qui l'aurait fait expulser de cette ville, d'où il gagna Genève en juin 1659.

[1] Marie de La Chaussade, comme l'appelle Bayle, d'après un mémoire qui lui avait été communiqué par la famille, et comme l'appellent, après lui, les rédacteurs du *Moréri* et ceux de la *France protestante*, ou *Marie Judith* de la Chaussade, comme l'appelle M. Lagarde, avait été mariée, en

deux cloches qui ont appartenu autresfois à l'eglise, et qui sont à present dans son chasteau d'une part, et ladicte damoiselle et lesditz ministre, anciens de concistoire et autres habitans de Calonges faisant profession de ladicte R. P. R. deffendeurs d'autre ;

Veu lesditz exploictz du 10 may 1665 et 17 mars 1666, requeste en relaxance de ladicte damoiselle signiffiée le cinquiesme mars de la presente année, extraict de l'homage rendu au Roy par Bernard de la Chausade, escuyer, seigneur de Calonges, le 8 juin 1567,[1] autre extrait d'hommage rendu par ladicte demoiselle le 6 octobre 1634, requete en relaxance desdits ministres, anciens et habitans de ladite R. P. R. signiffiée le cinquiesme mars de la presente année, dire portant deffenses pour iceux du 10 avril de la mesme année, quatre actes de consistoire des années 1595 et 1596, quatre actes de consistoire des années 1600 et 1601, extraict des baptesmes du 5 mars 1605 extraict des baptesmes du 14 juillet 1613, requête remonstrative dudit syndiq signiffiée le 3 febvrier de la presente année, procès verbal de la visite des cloches qui sont dans le chasteau de Calonges du 4 juin 1666, Arrest du Conseil d'Estat du 6 aoust 1665, autre Arrest du mesme

---

1654, avec Jean Révérend, marquis de Bougy, lieutenant-général dans les armées du roi, qui mourut, âgé seulement de quarante ans, en 1658, au château de Calonges, après s'être distingué, comme dit Bayle (au mot *Révérend*) « en mille rencontres par des actions de cœur et de tête, et par une fidélité inviolable. » J'ai publié d'assez nombreuses lettres du marquis de Bougy dans divers volumes des *Archives historiques*.

[1] Ce Bernard était un des six enfants de Jacques de Chaussade (fils d'autre Jacques de Chaussade, procureur général au Parlement de Bordeaux). Sur lui, sur ses aïeux, sur ses descendants, voir l'étude déjà citée de M. Lagarde. On la complètera, en ce qui concerne le père de Judith et de Marie, à l'aide d'une note où Bayle, selon son habitude, a cité de nombreux témoignages (Remarque *F* de l'article *Révérend de Bougy*.)

Conseil du 9 may 1663, Extraict des deliberations de jurade de Puch de Gontaud du 19 febvrier 1572, 22 et 29 may 1578, Exploict de sommation de produire du 10 febvrier de la presente année, inventaires et productions de parties, et tout ce que par elles a esté mis escrit et produit;

Tout consideré, nous ditz commissaires nous sommes trouvez partagez sçavoir : nous sieur Pellot estant d'avis soubz le bon plaisir du Roy d'ordonner que l'exercice publiq de la R. P. R. sera interdit dans le lieu et terre de Calonges et le temple où il se faict et qui est basty dans la grande cour du chasteau demoly jusqu'aux fondemens, sauf à ladite damoiselle Judith de La Chausade de faire l'exercice dans son chasteau de Calonges aux termes de l'article 7 de l'Edit de Nantes, à la charge d'uzer dudict droict d'exercice personnel, ou de chasteau, de bonne foy et sans fraude dans une salle ou chambre sans pouvoir y avoir ny chaire pour le ministre ny bancs attachez aux murailles ny uzage de cloche pour appeler audict exercice ny aucune marque d'exercice public de ladicte Religion le tout à peine de privation interdiction et extinction dudict droict personnel. Nos motifs sont quant à l'interdiction de l'exercice publiq dans ledict lieu que jusqu'à présent il n'y en a jamais eu d'autre que celuy qui s'est faict dans le chasteau, que les deffendeurs n'ont donné aucune preuve ny de l'establissement du 17 septembre 1577 n'estant jamais parlé de ladicte année dans leurs tiltres ny pour l'establissement des années 1596 et 1597 (n'en offrant) d'autre preuve que deux actes de concistoire extraitz d'un original non signé et informe sans qu'il apparoisse en quel lieu estoit ledict consistoire. Quant à la demolition du temple que les Editz n'ont jamais souffert un temple dans les chasteaux et maisons seigneurialles des P. R. que par les arretz de son conseil donnés sur les partages intervenus dans les provinces, et dont le syndiq en produit trois, S. M. a ordonné et ordonne que les temples bastis dans les chasteaux des seigneurs faisant profession de la R. P. R. seront demolis, que la dicte damoiselle a beau nier que ce soit un temple et dire pour luy oster cette qualité, et le faire passer pour un autre bastiment, qu'il y a un grenier par dessus, estant notoire que c'est après celuy de Bergerac le plus beau temple que les P. R. ayent en Guyenne, estant d'une elevation extraordinaire ayant un dôme couvert d'ardoize, et sur le haut du dôme une lanterne pour mettre la cloche pour appeler au presche, ayant un lambris en forme de voute, fenestres comme celles d'une chapelle, et au dedans chaire pour le ministre, bancs attachez aux murailles, et tout ce qui marque exercice publiq de la R. P. R., caveaux pour enterrer les morts de la maison de Calonges ; et quant à la restitution des cloches, que sur celle qui est au plus haut du temple on voit ces parolles : *vox domini sonat* et outre cela trois images sçavoir celle de Jesus Christ crucifié, celle de Nostre Dame tenant entre ses bras l'enfant Jesus, et celle de S$^t$ Vincent patron de l'eglise parrochialle revestu en evesque, et que sur l'autre cloche qui est dans ledit chasteau moindre que la precedente l'on void aussi les mesmes parolles : *vox domini sonat* avec une croix entourée d'une couronne d'épines, de quoy aussi bien que de la hauteur et du dôme du temple, il appert par le procès verbal de la visite des dites cloches ;

Et nous dit Guignard au contraire sommes d'avis soubz le bon plaisir du Roy que la dicte dame de Calonges soit maintenue non seulement dans la liberté de faire l'exercice aux termes de l'article 7 de l'Edit de Nantes mais encore de le faire au lieu accoustumé dans l'enclos de sa maison seigneurialle attandu que c'est une deppendance de la dicte maison, et que d'ailleurs les habitans du lieu de Calonges qui pretendent droict d'exercice audict bourg ont convenu avec la dicte dame d'aller faire leur exercice audict chasteau. Quant aux cloches la plus petite, devroit estre laissée par la confession dudict sieur syndiq. Il nous appert que les autres deux luy appartiennent. Aussi est-ce par le procès verbal faict par le sieur Bigos et produit par ledict syndiq, parce que celle de l'horloge a la marque de la maison de Calonges qui est la croix de chevalier qui se trouve aussi sur la porte de la dicte maison, sur toute la vaisselle d'argent, et sur le blason de ses armes, et n'a des images que pour marque des predecesseurs de la dicte dame qui estoient catholiques ayant esté molus en leur temps, outre que la dicte dame a offert de veriffier qu'ayant faict attacher y ayant environ cinq ans le batan à la dicte cloche, elle n'avoit jamais auparavant esté bastüe par le dedans, d'où il suit qu'elle n'avoit pas servy pour la parroisse mais seulement pour l'horloge de la maison seigneurialle qui a esté tousjours pourveüe d'horloge au lieu que la parroisse n'en a jamais eu, et qu'il n'y a aucun clocher pour cela, et parce que l'autre cloche est trop petite pour avoir servy à aucune parroisse, outre que les deux eglises qui sont dans la jurisdiction de Calonges ont toutes deux leurs clochers garnis d'autant de cloches qu'il y a d'ouvertures, et quant à l'exercice réel ou de possession, nous sommes d'avis que les habitans du bourg de Calonges faisant profession de la dicte Religion soient renvoyez au conseil avant qu'ilz soient obligez de produire au fondz pour le droict reel de leur possession par les raisons suivantes. La premiere est que sur l'incident formé par les sieurs syndiqs des diocezes d'Agen et de Condom tendant à ce que les P. R. de ces deux seneschaussées fussent exclus de la preuve de 96 et 97, partage est intervenu qui doibt estre necessairement vuidé avant que les deffendeurs soient obligez de fournir à la preuve des années de l'Edit de Nantes puisque jusques alors ilz ne peuvent sçavoir par quelle loy ilz doivent estre jugez. — La seconde est que sur l'exception du droict personnel proposée par le dict sieur syndiq contre les deffendeurs, ilz ont suffizamment faict voir par les actes du concistoire de 95 et 96 que leur exercice est de droict réel, et partant qu'il n'est pas subicet à l'exception du 10ᵉ article de l'Edit de Nantes, de tant moins que ladite exception ne charge que la possession de 77 et non celle de 96 et 97 baillée par l'article 9 du mesme edit en termes d'une disposition absolue et affranchie de toute exception, lesdictz quatre actes produictz soubz cotte D. — La troisiesme est qu'outre la possession continuee despuis l'année 1600 au bourg de Calonges qui paroist par les actes de consistoire, par les extraictz de baptesmes et par les quittances des gages du ministre produitz soubz cotte E. F. G. H. ilz ont de plus commencé de prouver la possession des années de l'Edit par les actes produits soubz cotte D offrant de continuer la preuve de ce second establissement lorsqu'ilz y seront admis. Quant au lieu où les deffendeurs font presentement leur exercice, nous avons esté d'avis qu'ayans droict de temple dans le bourg en consequence de l'exercice reel et de possession iceluy prealablement prouvé, il leur doibt estre piquetté bien commode dans ledit bourg et jusques à ce qu'il leur doibt estre permis de faire ledit exercice comme ilz ont accoustumé despuis cinquante ans dans le chasteau de Calonges.[1]

Faict les an et jour susdit.

    PELLOT.[2]        GUIGNARD.

---

[1] Une note nous apprend que l'affaire fut jugée le 22 septembre 1683, et que l'avis du commissaire catholique fut confirmé. MM. Haag (article La Chaussade) disent à ce sujet . « Dès 1668, on la chicana [ Mlle de Calonges ] sur le droit d'exercice à Calonges ; mais ce droit était si évident que le clergé en fut alors pour ses poursuites. En 1683, il revint à la charge et obtint un arrêt de conseil, en date du 27 septembre, qui interdit l'exercice à Calonges. Mademoiselle de Calonges n'en tint compte et continua à tenir sa chapelle ouverte à tous les fidèles qui voulaient assister au service divin. »

[2] Claude Pellot, reçu maître des requêtes en 1654, fut tour à tour

## C

Partage intervenu entre Messieurs les Commissaires exécuteurs de l'Edit de Nantes, en Guyenne, au sujet de l'exercice de la Religion prétendue réformée au château de Coissel, diocèse d'Agen.[1]

16 Juillet 1668.

L'an mil six cens soixante huict, le seczicsme jour de juillet, nous Claude Pellot, seigneur de Port David et Sandars, conseiller du roy en ses conseils, maistre des requestes ordinaire de son hostel et intendant de la justice police et finances ez generalités du Guyenne, et Pierre Guignard, advocat en parlement, commissaires depputés par Sa Majesté pour l'execution de l'Edit de Nantes et autres Edits declarations et arretz du conseil donnés en consequance, estant assemblez dans la ville d'Agen pour juger le proces d'entre le sindic du clergé du dioceze d'Agen, demandeur, aux fins de l'exploit du 12 decembre 1664, à ce qu'il soict fait deffenses au sieur Charles de Pareau, seigneur de Coissel, chasteau sittué dans la paroisse de St Julien, de faire aucun exercice public de la R. P. R. dans ledit chasteau, et qu'à cest effect le temple basty dans le mesme chasteau où se faict ledit exercice soit demoly jusqu'aux fondemenz, d'une part, et le sieur Charles de Pareau, seigneur de Coissel, deffandeur d'autre ; veu ledit exploit dudit jour 12 decembre 1664, requeste du sindic du 9 febvrier dernier, arretz du conseil d'estat du 22 septambre 1664 et 6 aoust 1665 donnés sur les partages intervenus en

---

intendant à Grenoble (1656), à Limoges et Poitiers (1659), à Montauban (1662), à Bordeaux (1664). Il devint ensuite premier président du Parlement de Rouen et mourut le 3 août 1683.

[1] Archives Nationales, carton TT 313,

diverses provinces portant que l'exercice public de la R. P. R. sera interdit et les temples démolis es terres des seigneurs faisant profession de la dite religion, coppie de la susdite requeste du sindic, requeste du 23 avril dernier contenant deffances et moyen de relaxance, coppie de l'hommage rendu au Roy le 10 de juillet 1651 par le seigneur de Coissel, dénombrement de Coissel donné le 2 juillet 1639, transaction du 20 septembre 1583 passée entre le sieur d'Aspremont, seigneur de Roquecor,[1] et le sieur de Laval, seigneur de Coissel, par laquelle il est dict que la 4ᵉ partie de la justice de la paroisse de St Julien appartient audit seigneur de Coissel et que la 4ᵉ partie de ladite paroisse luy sera assignée autour de son chasteau de Coissel, dans lequelle il aura seul la haute moyenne et basse justice ; acte de prestation de serment faict par l'un des quatre consuls du lieu de Roquecor au sieur de Coissel dans son chasteau le 5 janvier 1609 ; lettre du 18 may 1596 du nommé de Laurans, procureur, escrivant au sieur de Coissel d'avoir receu son hommage ; invantaire et productions desdites et tout ce que par elles a esté mis escript et produict, tout considéré ;

---

[1] Sous le règne de Louis XIII, Jean de Lespès de l'Ostalneau, capitaine et sergent-major au régiment des gardes du roi, était seigneur et baron de Roquecorn (archives départementales de Lot-et-Garonne, B. 17). Sa fille, Blanche, épousa François de Gironde, marquis de Montclar, baron de Lavaur, Floyrac, etc. (*Ibid.* B. 59). Je ne sais à quelle époque les d'Aspremont devinrent seigneur de Roquecor. Ces d'Aspremont, qui n'ont rien de commun avec la famille du vicomte d'Orthe, pas plus qu'avec les familles d'Aspremont du Poitou et de la Lorraine, étaient depuis longtemps des Agenais. Th. de Bèze, à l'année 1560, mentionne (t. I, p. 203) « Bernard d'Aspremont, lieutenant particulier. » En 1595, trois frères, « nobles Pierre, Antoine et Jourdain d'Aspremont, » interviennent dans un contrat ( Archives départementales B. 28). L'un d'eux sans doute fut le mari de cette Catherine de La Moissie qui, après avoir célébré les œuvres d'Antoine de La Pujade, fut à son tour chantée par lui.

Nous dits commissaires ayant oppiné, nous sommes trouvés partagés, nous dit sieur de Pellot estant d'advis, soubz le bon plaisir du Roy, d'ordonner que ledit sieur Charles de Pareau ne pourra faire dans son chasteau de Coissel l'exercice de la R. P. R. qu'aux termes de l'article 8 de l'edit de Nantes pour luy, sa famille et 30 personnes seulement et que le temple basty dans ledit chasteau sera demoly jusqu'aux fondemenz. Nos motifs sont que dans l'hommage par luy produit il n'est point parlé de la justice ni dict qu'il l'aye dans ledit chasteau, que pour avoir l'exercice aux termes de l'article 7 il faut avoir du moins la 3ᵉ partye de la haute justice et que la transaction mesme par luy produitte laquelle neanmoins dans la rigueur n'est point un tittre suffisant ne luy donne que la quatriesme partye de la justice, que de quatre consuls de Roquecor un seul luy preste serment, ce quy confirme qu'il n'a que la 4ᵉ partye de la justice ; que la transaction pour luy avoir assigné un quart de la paroisse aux environs de son chasteau ne l'a point érigé en seigneur ayant ou toute la justice ou la moytié ou un tiers ; que ce seroit un grand abus et de grand préjudice à la religion catholique et une manifeste contravention aux intentions de S. M. dans ses edits sy la justice partagée à 7, 8 ou 10 personnes et une paroisse divisée en autant de quartiers donnoit à chacun de ses justiciers le droit de faire l'exercice aux termes de l'article 7 et que les editz et declarations du Roy et arretz de son conseil donnés en conséquence ne souffrent point de temples ny dans les chasteaux ny dans les fiefs des seigneurs faisans profession de la Religion P. R.

Nous dit Guignard sommes d'advis, soubz le bon plaisir du Roy, que ledit sieur de Coissel doibt estre maintenu et conservé dans le droit d'exercice accordé par l'article 7 de l'edit de Nantes comme haut justicier dans la terre de Coissel par ces raisons : qu'il justifie qu'il a droit de justice haute moyenne et basse par un contract de partage faict entre messire Jean d'Aspremont, seigneur et baron de Roquecor, et dame Finette d'Aspremont, espouse de monsieur le presidant de Gourgues,[1] et Louis de Laval seigneur dudit Coissel du 20 septembre 1583 par lequel il est baillé audit sieur de Laval la 4ᵉ partye de la terre de St Julien qu'il prendroit de proche en proche et environ de sa maison et seigneurie de Coissel avec toute justice haute moyenne et basse pouvoir d'élire les consuls et autres droitz, acte de prestation de serment d'un consul de l'année 1609, dénombrement fourny par noble Pierre de Pareau, escuyer, seigneur de Coissel, du 7 mai 1639 lors de la convocation du ban et arriere ban devant le lieutenant general d'Agennois en presance du procureur du roy relatif à un autre denombrement rendu en l'an 1557 sur le pied duquel il feut taxé dans lequel denombrement est comprins le chasteau et maison noble de Coissel avec la 4ᵉ partye de la parroisse St Juillien appellée de Coissel en toute justice haute moyenne et basse et quinze cartherées de terre, pred, bois, garenne et vigne depandant de ladite maison de Coissel, hommage rendeu au roi par ledit mesme sieur de Coissel par devant les thrésoriers de France en la généralité de Bourdeaux le 10 juillet 1651...

(Suivent quelques observations de jurisprudence.)

PELLOT    GUIGNARD[2]

---

[1] Ogier de Gourgues, président des Trésoriers de France en la généralité de Guyenne, frère de l'illustre capitaine Dominique de Gourgues. Voir sur M. et Mme de Gourgues les pages 18 et 19 de mon édition de *La Reprise de la Floride*, (*Publications de la Société des Bibliophiles de Guyenne*, 1867)

[2] Une note nous apprend que l'affaire fut jugée définitivement le 20 décembre 1672 et que [ comme toujours ] l'interdiction demandée par M. Pellot fut prononcée.

## CI

Sentence arbitrale prononcée par M. Dalon, avocat général au Parlement de Bordeaux, dans la querelle de Mgr Claude Joly, évêque d'Agen, et du chapitre de Saint-Caprais.[1]

21 juillet 1670.

Ont été présents Monseigneur l'illustrissime et révérendissime père en Dieu Claude Joli, seigneur, évêque et comte d'Agen, d'une part, et Mʳ Maistre Charles Lecat, prestre et chanoine sindic du chapitre de St Caprasi d'Agen. Nous arbitre arbitrateur et amiable compositeur, faisant droit sur les fins et conclusions des parties en ce qui concerne le droit de porter le Saint Sacrement par ledit seigneur, évêque d'Agen, le jour de la feste-Dieu, au préjudice du chapitre de St Caprasi d'Agen, sans nous arrêter à la possession prétandeü par le chapitre comme contraire au droit commun, avons mainteneu et maintenons ledit seigneur évêque au droit de porter le Saint Sacrement le jour et feste Dieu, si bon lui semble, soit qu'il aie officié ou non dans l'église de St Caprasi, en par lui neanmoins faisant advertir le chapitre le jour auparavant de son dessein, sans que ledit sei-

---

[1] Manuscrits de Labenazie, tome II, p. 495. Ces manuscrits, d'où j'ai tiré tant d'utiles renseignements, m'ont été très obligemment confiés par M. B. Martinelli. Je l'en ai, de son vivant, publiquemment remercié plusieurs fois ; maintenant qu'il n'est plus, je tiens à dire quel reconnaissant souvenir je garderai toujours de son bienfait.

gneur evêque puisse changer en aucune manière la possession alternative en laquelle ledit chapitre est de faire à son tour la ceremonie dudit jour, et en ce qui concerne la demande dudit sindic à ce que le seigneur évêque fasse son entrée solemnelle dans l'église de St Caprasi, et jure d'en maintenir les priviléges, avons ordonné et ordonnons que, dans le mois, ledit seigneur évêque se transportera dans ladite église de St Caprasi pour y faire son entrée en la même forme qu'elle a été faite par les autres évêques, ses prédécesseurs, suivant les verbaux produits par le sindic. — Prononcée a été la presente sentence par nous Raimond Dalon, conseiller du roi en ses conseils, et son advocat general au parlement de Bourdeaux, le **21 juillet 1670**.

(Ainsi signé à l'original) :            Dalon.[1]

    (plus bas) :           Saubut notaire et greffier.

---

[1] Raymond Dalon devint premier président au Parlement de Navarre, puis au Parlement de Bordeaux. On lui a donné le prénom de *Romain* dans la *Chronique Bourdeloise*, p. 239.

## CII

Lettre de Claude Joly, évêque d'Agen, au chancelier Seguier, où il lui rend compte de tout ce qui s'est passé entre les religieux de son diocèse et lui, après son retour dans sa ville épiscopale.[1]

A Agen le 20me Juin 1671.

Monseigneur,

L'honneur du caractere episcopal ayant trouvé en vostre personne un légitime defenseur, par le celebre arrest qu'il vous a plu procurer à tous les evesques du Royaume[2] et qui a heureusement terminé les points de droit dont j'estois en different avec les religieux de mon diocese,[3] il est de la

---

[1] Bibliothèque Nationale, Fonds français, vol.

[2] *Arrest du Conseil d'Estat du Roy, intervenu sur les contestations formées par quelques réguliers du diocèse d'Agen, tant au sujet de la prédication de la parole de Dieu, que de l'administration du sacrement de pénitence.* Du 4e jour de mars 1669. A Paris, chez Ant. Vitré, imprimeur du clergé de France, 1669, in-4° de 76 pages. Voici le résumé de l'arrêt : Le roy, estant en son conseil, sans s'arrester à l'arrest du Parlement de Bordeaux, du 6 septembre 1666, que Sa Majesté a cassé et annullé, a ordonné et ordonne que les mandemens du sieur evesque d'Agen, du 6 may 1666 et 2 aoust 1668, seront executez selon leur forme et teneur, que les ecclésiastiques séculiers et réguliers dudit diocèse d'Agen ne pourront prescher sans la permission dudit sieur evesque, etc.

[3] Le différend fit éclore une foule de pièces. On en a réuni plusieurs dans un volume du Fonds français portant le n° 11635 et intitulé : *Religieux du diocèse d'Agen.* Je citerai notamment ces deux imprimés : *Lettre des evesques qui se sont trouvés à Paris assemblés par permission du Roy extraordinairement pour accompagner l'arrest du conseil en faveur de l'evesque d'Agen.* (Signée Louis Henry de Gondrin, archevêque de Sens, président); *Lettre des Agents généraux du clergé de France* (du 31 mars 1669), relative au même objet. A la suite de ces deux plaquettes, vient un

justice et de mon devoir de vous rendre un compte fidel de tout ce qui s'est passé entre eux et moy aussitôt apres mon arrivée. Dez le lendemain qui fut le trente et uniesme may,

---

manuscrit de 15 pages : c'est une copie de la lettre, écrite de Gaillon, le 27 août 1669, par l'archevêque de Rouen ( François de Harlay ), au sujet des efforts extraordinaires faits par les Réguliers pour secouer le joug de l'arrêt du Conseil qui, à l'occasion de l'affaire d'Agen, règle leur différends avec les archevêques et évêques de France. Il y est question des « instances que M. le Nonce a renouvellées de temps en temps à sa Majesté pour en obtenir la révocation, » de « la fermeté du roi pour faire valoir sur ces matières les règles et la discipline de l'Église, etc. ». Ce manuscrit est suivi d'un autre manuscrit beaucoup plus considérable ( il n'a pas moins de 66 pages in-4º), lequel a pour titre : *Les motifs sur lesquels l'arrest donné par Sa Majesté en faveur de l'evesque d'Agen est fondé et les raisons qui ont obligé les évesques à avoir recours au roi dans cette contestation*. Voici le début de cette pièce, que l'on peut appeler la *pièce de résistance* du volume : « La conduite des réguliers du diocèse d'Agen a paru si scandaleuse à toutes les personnes équitables, et si peu modérée dans toutes ses circonstances, qu'on a de la peine à se persuader qu'après avoir violé toutes les règles canoniques, et mesprisé l'authorité ecclésiastique dans la personne de leur evesque, ils conservent toute la modération qu'on devoit attendre de leur profession pour se soumettre à l'arrest dont le Roy a eu la bonté de protéger ce prélat, et dans sa personne toute l'Église gallicane. Leur rebellion a esté si publique, qu'après avoir mesprisé dans le particulier ses ordonnances, ils ont eu la hardiesse de prescher contre ses expresses deffenses, et d'employer la chaire de vérité pour déclamer contre sa conduitte. Leur aveuglement a esté si grand qu'ils ont osé administrer le sacrement de pénitence sans estre approuvez par l'evesque d'Agen, eslevant ainsi dans son diocèze autel contre autel et prophanant les choses les plus saintes. Que pouvait faire dans cette extrémité cet illustre Prélat, voyant qu'on mesprisoit dans sa personne tous les evesques du Royaume, et que par une témérité incroyable on violoit les statuts du Concile provincial de Bourdeaux, les bulles de plusieurs Papes, les déclarations de la congrégation des Cardinaux et la discipline du Concile de Trente ? » En dehors des pièces renfermées dans le volume 11635, je signalerai une terrible brochure du grand défenseur des libertés gallicanes, le docteur Jean de Launoy : *Réponse au factum des réguliers d'Agen, pour servir au procès entre M. l'evesque d'Agen et les dits réguliers*, (1667 in-4º.)

les supérieurs des communautés de la ville me rendirent visite et par la bouche du P. Recteur des Jésuites qui portoit la parole, m'assurèrent de leur parfaite soumission, me prierent de les restablir dans leurs fonctions, et de lever les censures à ceux qui les avoient encouruës. Je les receu avec toute la cordialité possible, leurs accordé leur demande et les renvoyé très satisfaicts. Peu de jours après les peres Jésuites qui estoient suspens vinrent me prier de lever leur censure, ce que je fis dans ma chapelle domestique, les superieurs et principaux de leur college s'estant presentés pour recevoir mes permissions par escrit et limitées, de prescher et d'entendre les confessions. Je les leurs accordé, et dez le jour suivant ils entrèrent dans l'exercice de mes approbations.[1] Les autres religieux qui se sont presentés furent aussi

---

[1] Monseigneur Joly s'était déjà mis d'accord, à Paris, avec le représentant de la Compagnie de Jésus, le P. Ferrier, si doux et si conciliant. Le recueil cité dans la note précédente renferme des *Déclarations et supplications très humbles faites à Mgr l'evesque d'Agen par les réguliers de son diocèse*, accompagnées de cette note (signé : *Le coadjuteur de Reims*) : « Ce papier contient ce dont M. d'Agen est convenu avec le P. Ferier, confesseur du Roy, parlant pour les réguliers d'Agen, le 13 mars 1691. Ils sont convenus de tout ce que dessus en ma présence, et m'ont tous deux donné leur parolle qu'on vivroit de part et d'autre en conformité de cet escrit doresnavant. Je leur ay remis à tous deux une copie de cet escrit non signé, ainsi qu'ils l'ont desiré. Le P. Ferier a offert de signer cet acte et de le faire signer par tous les supérieurs du diocèse d'Agen, mais M. d'Agen n'ayant pas voulu mettre au pied de cette signature que leur soumission luy estoit bien agréable, et qu'il leur accordoit par grâce ce qu'ils luy demandoient, ils ont pris l'expédient de me donner leurs parolles, ce qui a esté executé. » Suit cette lettre du P. Ferrier adressée au coadjuteur de Reims, Charles Maurice Le Tellier, qui, le 3 août suivant, allait succéder, comme archevêque, au cardinal Barberini : « Ce lundy 16 février. Je vous envoye, Monseigneur, la déclaration que les reguliers pourroient faire, et que MM. les prélats pourroient approuver. J'ay différé plus long temps que je ne pensois ayant esté obligé d'employer une partie du ven-

approuvez mardi et vendredi en nostre congrégation. Ainsi, Monseigneur, je puis dire avec verité que tout le monde paroist extrêmement content, et comme cette satisfaction publique est un effet de vostre prudence et de vostre zele, et que j'en espere la continuation par les soins que vostre bonté vous inspirera, aggreez, s'il vous plaist, la liberté que je me suis donnée de vous en rendre compte, et la protestation que je vous fais d'estre inviolablement et très respectueusement toute ma vie,

Monseigneur, vostre très humble et obeissant serviteur et confrere

Claude É. d'Agen.

---

dredy et presque tout le samedy à escrire ou dicter des lettres. J'ay esté mesme obligé de me servir d'une main estrangère pour avoir des copies de cette déclaration. Sans cela je n'en serois pas sitost venu à bout. Je vous avoue que je n'en suis pas tout à fait satisfait, et que, l'ayant considérée depuis, j'ay trouvé qu'il y a diverses choses à corriger et mesme à retrancher. Vous y ferez vos réflexions, et j'auray l'honneur de vous proposer mes sentimens que je soumettray toujours aux vostres, vous protestant que je suis avec respect, Monseigneur, vostre très humble et très obéissant serviteur.— Ferrier. »

## CIII

Arrêt du Parlement de Bordeaux portant que, nonobstant celuy de la Chambre de l'Edit du 6 septembre 1674, le lieutenant criminel d'Agen continuera de faire le procès aux coupables de l'assassinat commis sur la personne du sieur Bourges en haine de sa conversion à la religion catholique.[1]

24 Octobre 1679.

Sur ce qui a esté remonstré à la cour par Du Sault, pour le procureur general du Roy,[2] qu'il a esté informé à la requeste de son substitut au senechal d'Agen par le Lieutenant criminel de ce que Daniel Bourges, bourgeois de Castelmauron, estant malade, s'estant converty à la Religion catholique, apostolique et romaine, et abjuré la Religion pretendue reformée, sa femme, ses parens et le ministre des lieux exercèrent contre luy diverses violencees, excitèrent une sédition contre le curé qui luy a porté le Saint Sacrement, qu'ils firent rester longtemps sans vouloir ouvrir les portes de la maison, tenans des discours scandaleux et tendens à sédition, mais n'aiant peu empecher que le curé n'achevat de faire ses fonctions et d'administrer le sacrement de penitence audit Bourges par le secours de divers catholiques qui accoururent. Cette conversion a esté suivie de ce crime horrible que ledit Bourges a esté transporté de sa maison de Dauphinat

---

[1] Archives Nationales, carton TT 287.

[2] Jean-Louis du Sault, avocat général après Thibault de Lavie et avant Raymond Dalon. On sait que la famille du Sault semblait avoir le privilége de fournir des avocats généraux au Parlement de Bordeaux. Ce fut pendant près de deux siècles presque un monopole. On trouve successivement, dans la liste des avocats généraux, Charles du Sault, autre Charles du Sault, Jean Olivier du Sault, enfin Jean-Louis du Sault.

de la campagne, où il estoit malade, dans une maison de Castelmauron, où il auroit esté estranglé et jetté dans la rivière du Lot, dans laquelle des muniés [*sic* pour *meuniers*], pechant aux poissons, trouvèrent le cadavre attaché à des bois servans à la digue qui donne l'eau necessaire audit moulin; et ce cadavre a esté enlevé par la vefve, et parens, et ensevely dans le lieu destiné à la sepulture de ceux de la Religion prétendue reformée, sans qu'il ayt esté faict aucune procedure par les officiers des lieux qu'un procès verbal de visite et de transport sur la riviere du Lot par le juge de Castelmauron, ny esté fait aucune plainte et poursuite par la vefve, enfans et parens dudit deffunt Bourges, en sorte que les officiers du senéchal d'Agen ont esté obligés par le devoir de leur charge de suppléer à la connivence des officiers des lieux, où s'estans transportés ils ont informé et decretté contre les coupables et comme le lieutenant criminel d'Agen continue à mettre le procès en estat de recevoir un jugement definitif, la vefve, le filz du mort, le ministre de Castelmauron et autres parens ont fait appel de la procédure à la chambre de l'Edit de Guienne par lettres de chancelerie du huictiesme aoust dernier, et la vefve y a obtenu arrest par deffaut le sixiesme septembre dernier, portant injonction au greffier de porter la procedure, et cependent qu'il seroit interdit et comme les divers crimes qui font le sujet du procès regardent la Religion, la police et la seureté publique, ledit procureur general prenant le fait et cause pour son substitut au sénéchal d'Agen, est obligé de relever l'incompetence notoire de la chambre de l'Edit, et d'employer son ministère pour parvenir à la punition desdictz crimes. Avant requeroit qu'il pleut à la cour, sans avoir esgard à l'arrest de la chambre de l'Edit du sixiesme septembre dernier, et commendement fait en consequence, attendu la qualité du cas, ordonner qu'à la diligence de ses substitutz, le procès sera fait et parfait aux coupables par le lieutenant criminel d'Agen jusqu'à jugement définitif inclusivement, sauf l'appel en la cour, conformement à l'ordonnance, nonobstant oppositions et appellations quelconques et sans préjudice d'icelles, et de l'appel relevé par laditte Destrac et autres denommés aus dictes lettres d'appel, sur lequel les parties procèderont en la cour, leur faire inhibitions et deffences de se pourvoir à la chambre de l'Edit, et à tous huissiers et sergens de mettre aucuns arretz et contraintes de ladicte chambre à execution pour raison de ce à telle peine que de droit, enjoindre à tous sénéchaux, prevostz, officiers et consulz de tenir la main à l'exécution des decretz et de se saisir des coupables, et audit lieutenant criminel et ses substitutz de certiffier incessamment la cour de leurs diligences, et que l'arrest si besoing est sera mis entre les mains de Monsieur le Gouverneur de la province pour authoriser ladite execution, et que l'arrest sera executé sur simple *dictum*, attendu la matiere dont s'agit.

Signé : Du SAULT *advocat general*.

La Cour, eüe deliberation sur la remonstrance du procureur general du Roy, et faisant droit de sa requisition, sans avoir esgard à l'arrest de la chambre de l'Edit, du sixiesme septembre dernier, et commendement fait en consequence, attendu la qualité du cas, a ordonné et ordonne qu'à la diligence des substitutz du procureur général, le procès sera fait aux coupables par le lieutenant criminel d'Agen jusqu'à jugement définitif inclusivement, sauf l'appel en la Cour, conformement aux ordonnances nonobstant oppositions et appellations quelconques et sans préjudice d'icelles et de l'appel relevé par la dicte Destrac et autres denommés aux lettres d'appel, sur lequel les parties procèderont en la Cour, leur faict inhibitions et deffances de se pourvoir à la chambre de l'Edit, et à tous huissiers et sergens de mettre aucuns arretz et contraintes de la dicte chambre à exécution pour raison de ce à telle peine que de droit ; enjoint la dicte Cour à tous senechaux, prévostz, officiers et consulz de tenir la main à l'exécution des décretz et de se saisir des coupables, et audit Lieutenant criminel et aux substitutz du Procureur general, de certiffier incessamment la Cour de leurs diligences, et que l'arrest si besoing est sera porté au Gouverneur pour Sa Majesté dans la province pour en authoriser l'execution, lequel sera executé sur simple *dictum*, attendu la matiere dont s'agit.

Faict à Bourdeaux en parlement et chambre des vacations le vingt quatriesme octobre mil six cens soixante quatorze.

(Mr MONTAIGNE, *Président*).[1]

---

[1]. Suit un arrêt, du même Parlement et du même jour, qui enjoint au fermier du domaine de fournir l'argent nécessaire pour l'instruction de la procédure contre les coupables de l'assassinat commis en la personne du nommé Bourges.

## CIV

Mémoire touchant le consulat de Clairac, envoyé par M. de Ris, intendant de Guyenne.[1]

5 Août 1682.

Il y a quatre consulz, deux catoliques, et deux de la Religion pretendüe reformée dont l'élection se fait au 15 septembre de chacune année. Le conseil politique est composé de trente personnes, parmi lesquelles il y en a seulement 4 de la Religion catolique apostolique et romaine, en sorte que

---

[1] *Ibidem*, carton TT 313. — On lit dans la *Continuation de la Chronique Bourdeloise* (p. 51) : « le 19 [novembre 1678], le Roy ayant r'apellé M. de Seve, Intendant de la province, nomma à son lieu et place M. de Faucon de Ris, lors intendant du Bourbonois. » Charles de Faucon, seigneur de Ris, marquis de Charleval, comte de Bacqueville, devint, en 1686, premier président du Parlement de Rouen, et mourut en 1691. Il avait été, d'abord, conseiller à ce même Parlement. C'était le neveu d'un spirituel écrivain, Charles de Faucon, seigneur de Ris et de Charleval. « Le recueil de ses lettres et de ses poésies, » dit le *Moréri* de 1759, « est tombé, après sa mort qui arriva en 1688, entre les mains de M. le premier président de Ris, son neveu, mais ce magistrat n'a point voulu enrichir le public de ses ouvrages. Voir, sur la conduite de notre ancien intendant à l'égard des manuscrits de son oncle, les *Mélanges* de Vigneul-Marville, le *Siècle de Louis XIV* de Voltaire, les *Poètes français* de M. Crépét. Dans ce dernier ouvrage, il faut corriger (t. II, p. 633) l'erreur de M. Edouard Fournier, faisant mourir en 1693, c'est-à-dire cinq ans trop tard, l'ami de Sarrazin et de Scarron.

le nombre des religionnaires qui, comme l'on void, est fort considérable, prévaut toujours sur celuy des catoliques, d'où il arrive plusieurs inconveniens, soit en faisant porter touttes les charges, et les surchargeant toujours dans le logement des gens de guerre dont ils les accablent, soit par le divertissement des deniers de la communauté qui sont employez à tels usages qu'il leur plaist, soit enfin par beaucoup d'autres prétextes peu légitimes, en sorte que l'on n'y peut remedier qu'en excluant des dites charges de consuls les dits Religionnaires et n'y admettant plus à l'avenir que des catoliques. Outre que cela produira un grand bien pour les affaires de cette communauté, c'est que les Religionnaires qui y sont fort puissantz, ne pourront plus accabler les catoliques et changeront peut-être de Religion quand ils se verront exclus de ces charges, et c'est proprement le seul endroit auquel ils puissent etre sensibles, et s'il plaisoit à Sa Majesté de reformer ce consulat et de nommer pour la première fois les sujets qui le doivent remplir, l'on croid qu'il ne le sçauroit etre mieux que :

du sieur de Garraudasse pour le 1ᵉʳ rang ;
du sieur d'Escayrac pour le 2ᵉ ;
du sieur d'Estoup pour le 3ᵉ ;
du sieur Tallage pour le 4ᵉ.

   ou bien

du sieur La Tuque d'Halloz ;
du sieur d'Escomps ;
du sieur Nebout ;
et du sieur Tallage ou la Barthe.

Le chapitre St Jean de Latran de Rome, auquel appartient l'abbaye de Clairac, a le droit de nomination des consuls, et il y a été maintenu par lettres pattentes de Sa Majesté. L'abbé Bidaschy, agent dudit chapitre et administrateur de ladite Abbaye, se tient ordinairement sur les lieux, et c'est luy qui fait cette nomination en ladite qualité. Il seroit bon de l'obliger à ne nommer à l'avenir que de catoliques, et s'il ne s'en trouvoit pas assez dans ladite ville, l'on pourroit y suppléer en cherchant dans la jurisdiction des sujets catoliques pour remplir lesdites charges.

Il y a quelque chose à dire qu'un Abbé nomme pour consuls des relligionnaires. Le conseil politique se peut reduire à douze catoliques, lesquels avec le curé, le juge et les consuls en charge, feront un corps de dix huict personnes.

## CV

Lettre de M. Denis, procureur général du Roi au Parlement de Bordeaux, à M. de Châteauneuf, secrétaire d'Etat, au sujet de l'appel fait par divers consistoires de l'Agenais, des sentences rendues contre eux par le Parlement.[1]

23 Novembre 1683.

Monsieur,

Les santances randues contre les consistoires et ministres de Clairac, Monflanquin, Castelmoron, Lafite, Lacepede et Laparade m'ont esté remises, ensemble toutes les procedures faites pour raison de ce à la diligence de notre substitut à Agen, si bien, Monsieur, qu'il ne nous resteroit qu'à faire dire le bien ou le mal jugé; mais, comme les dits consistoires, à la signification qui leur a esté faite des dites santances, ont déclaré ne pouvoir en cette rancontre reconnoitre l'authorité du parlemant de Guyenne, mais uniquement celle du Conseil du Roy, pour les raisons contenues dans un acte qu'ils ont ensuite fait signifier aux sieurs de Bordes et Redon, lieutenant particulier, et nostre substitut audit Agen,[2] pro-

---

[1] Carton TT 313. — M. de Châteauneuf était Jean-Baptiste Colbert, marquis de Seignelay et de Châteauneuf, qui mourut le 3 novembre 1690.

[2] Labenazie (t. I, à l'an 1683, *chronique agenoise*) s'exprime ainsi : « Le 7 septembre, M. Bordes, conseiller et lieutenant particulier du sénéchal d'Agen, jugea les affaires des ministres et des temples de Clérac, Lafite, Lacépède, Castelmauron, et a condamné les ministres à un interdit de l'exercice de leur ministère pendant leur vie, sous peine de la vie, et à 500 livres d'amende, et ces quatre temples à estre fermés, à cause des contraventions dont la cognoissance a esté commise aux présidiaux... » Est-ce un fils du lieutenant Bordes, qui, sous le nom de Pierre de Bordes, fut, en 1689, reçu lieutenant particulier en la sénéchaussée et siége présidial

testant de nullité et cassation de toutes procedures et poursuites que nous pourrions faire, mesme de nous prandre à partie; qu'ils m'ont ancore reiteré les mesmes protestations par un deuxieme acte qu'ils m'ont aussy fait signifier à la sourdine; j'ay cru qu'avant de passer outre, je devois attandre la resolution que le Roy auroit prise sur cette affaire, et sçavoir de vous, Monsieur, s'il vous plait, si j'en dois poursuivre le jugement au préjudice dudit acte que j'ay l'honneur de vous anvoyer, pour n'obmettre rien dans une conjoncture qui est d'autant plus importante qu'il s'agit de juger de l'estat de six consistoires tout à la fois. J'attandrai donc, Monsieur, les ordres de Sa Majesté et les vostres et continuerai d'estre avec tout le respect possible,

  Monsieur,

  Vostre très humble et très obeissant serviteur

    Denis procureur general du Roy

A la Réolle ce 23 novembre 1683.

Hier, Monsieur, on tint la premiere audiance et on y publia la déclaration au sujet des évocations que vous m'aviès fait l'honneur de m'anvoyer il y'a deja quelque temps.

---

d'Agen (Archives départementales, B. 101)? Est-ce un des aïeux du magistrat de 1683, qui figure aux mêmes Archives (B. 16, 1631-1634) sous le nom de Martial de Bordes, lieutenant particulier principal en la sénéchaussée et siége présidial d'Agen? — Quant au collègue de M. de Bordes, c'était Laurent de Redon, qui de substitut devint procureur du roi au siége présidial d'Agen, en remplacement de son père, Jean de Redon, nommé procureur du Roi honoraire (*Ibidem*, B. 103 et 104, 1690—1692).

## CVI

Requête des consuls de Castelmoron au Roi, pour qu'il accorde une amnistie à ceux des habitants de cette ville qui avaient, en grand nombre, assisté à des assemblées nocturnes tenues, aux environs de Castelmoron, par les nouveaux convertis.[1]

(Sans date, mais de la fin de 1687.)

AU ROY

Sire,

Les consuls et habitans de la ville et jurisdiction de Castelmoron en Agennois representent très humblement à Vostre Magesté qu'il auroict esté faict deux ou trois assemblées de nuit sur le commencement du mois d'aoust de la presente année 1687 par les nouveaux convertis chez les nommés Deboust frères, habitans de ladicte paroisse de Castelmoron, à un quart de lieue de la ville,[2] dans lesquelles on auroict chanté les pseaupmes et preché, le tout contre les ordres de Vostre Magesté, en telle sorte que le meneu peuple dudict Castelmoron ou du voisinage y estant accoureu, lesdictes assemblées auroient esté de quatre cens personnes ou plus, parmy lesquelles ce seroient mesme trouvée quelque jeunesse des principalles familles dudict Castelmoron plustot par un esprit de légereté comme les supplians presuposent, que de desobeissance aux ordres de Vostre Magesté, ce qui estant veneu à la cognoissance des sieurs de Besons, intandant de la

---

[1] *Ibid.*, carton TT 317.

[2] Labenazie (*Chronique agenoise*) dit sous l'année 1685 : « Les Huguenots de Tonneins s'assemblèrent dans le mois de juin en pleine campagne pour y faire leurs prières. »

Province de Guyenne,[1] et de St Rue qui y commande les troupes de Vostre Magesté,[2] apprès quelques informations et le faict desdictes assemblées justiffié, on auroict rasé la maison desdicts Deboust, laissé une compagnie de cavallerie dans ledict lieu, et faict diverses captures en consequance des decrets quy ont esté lachez en veue desdictes procedures, et dautant que par ce moyen toute ladicte jurisdiction se trouve dans le trouble, que mesmes la pluspart des artizans et autres dezertent de jour en jour les uns parce qu'ils cé ( sic ) sont malheureusement trouvez dans lesdictes assemblées, les autres par quelque vaine crainte ou autrement, les supplians, quy sont comme les tuteurs de ladicte communauté, ont esté conseillés de recourir à la clémence de Vostre Magesté, et de

---

[1] Louis Bazin, seigneur de Bezons, successivement intendant à Caen (1676), à Limoges (1679), à Orléans (1681), à Bordeaux (1686). Il ne faut pas le confondre, comme on l'a fait quelquefois, avec Claude Bazin, seigneur de Bezons, qui avait été intendant à Soissons en (1647), en Languedoc (1653), à Montpellier (1665) et qui mourut, en 1684 (20 mars), conseiller d'Etat et doyen de l'Académie française. M. de Bezons fit son entrée à Bordeaux le 29 mai 1686 (*Continuation de la Chronique Bourdeloise*, page 109).

[2] Labenazie (*Chronique agenoise*) nous apprend que M. de Saint-Ruth, qui avait succédé à M. le marquis de Boufflers dans le commandement de la province, vint de Montauban à Agen, le 5 octobre 1686, que les deux chapitres furent chacun en corps lui rendre visite et le haranguer, et que, lui, Labenazie, eut l'honneur de porter la parole au nom du chapitre collégial. La nomination du marquis de St-Ruth avait été annoncée aux jurats de Bordeaux par une lettre du roi, le 6 août 1686 (*Continuation de la Chronique Bourdeloise*, p. 111). Ce marquis de Saint-Ruth était laid à faire peur. « Quel homme, bon Dieu ! » s'écrie M<sup>me</sup> de Sévigné (lettre du 1<sup>er</sup> mai 1671) « et que le désagrément de sa physionomie donne de grandes idées de ses autres mérites ! » Parmi ses autres mérites, il ne faut pas mettre la bonté, car Saint-Ruth n'était pas moins méchant que laid. Persécuteur des protestants en Guyenne comme en Dauphiné, il fut aussi le persécuteur de sa femme (Marie de Cossé, fille du duc de Brissac, veuve du maréchal

luy representer premierement que c'est le nommé Martinesque et autres, comme il cé (*sic*) justifie par les informations estrangers de la jurisdiction dudict Castelmoron, quy ont esté les autheurs desdictes assemblées quy ont introduict le faux prophete ou prédicant chez lesdictz Deboust ; secondement, qu'il ne paroit point qu'aucun des principaux bourgeois et chefs de familhe dudict Castelmoron ayent assisté ausdictes assemblées, qu'il y a desja des marques et des tesmoignages quy resteront perpétuellement de ladicte punition, au moien de la susdicte demolition : qu'on a desja souffert despuis quelque temps un logement considerable, et qu'enfin ce quy sera peut estre plus agreable à Vostre Magesté, et

---

de La Meilleraye). Écoutons Saint-Simon (*Mémoires*, t. V, p. 194) : « Il étoit aussi fort brutal, et quand la maréchale de La Meilleraye lui échauffoit les oreilles, il jouoit du bâton et la rouoit de coups. Tant fut procédé que la maréchale, n'y pouvant plus durer, demanda une audience au roi, lui conta sa déconvenue, et implora sa protection. Le roi avec bonté lui promit d'y mettre ordre. Il lava la tête à Saint-Ruth dans son cabinet, et lui défendit de maltraiter la maréchale. Cela fut plus fort que lui. Nouvelles plaintes de la maréchale. Le roi se fâcha tout de bon et menaça Saint-Ruth. Cela le contint quelque temps. Mais l'habitude du bâton était si forte en lui qu'elle prévalut encore. La maréchale retourna au roi qui, voyant Saint-Ruth incorrigible, eut la bonté de l'envoyer en Guyenne sous prétexte de commandement, dont il n'y avoit aucun besoin que celui de la maréchale d'en être séparée. De là le roi l'envoya en Irlande où il fut tué, et il n'eut point d'enfants. » Voir sur Saint-Ruth en Irlande et sur la bataille d'Aghrim, où un boulet de canon lui emporta la tête, l'admirable récit de Macaulay (*Histoire du règne de Guillaume III*, traduite par Am. Pichot, t. II, p. 295-310). Le grand historien loue le courage et l'activité de Saint-Ruth, mais il lui reproche d'avoir été dur et impérieux, et il rappelle que sa conduite pendant les Dragonnades l'avait fait surnommer le bourreau, qu'à Rome les cardinaux eux-mêmes n'avaient pas caché l'horreur que leur inspiraient les cruautés qu'il avait commises, et que la reine Christine, qui cependant n'avait pas le droit de se montrer délicate à cet égard, s'était détournée de lui avec dégoût.

capable d'arrester les effaitz de son indignation, lesdicts principaux habitans ont protesté devant leurs pasteurs legitimes mesmes par leurs deputés devant lesdicts sieurs de Besons et de St-Rut, ausquels Vostre Majesté a confié son authorité dans la province, de remplir desormais mieux qu'ils n'ont faict jusques à present les debvoirs de bons catholiques; c'est par ces considerations, Sire, qu'ils ont la confiance que Vostre Majesté acordera amnistie et abolition generalle en faveur des habitans dudict Castelmoron et autres quy ont esté ausdictes assemblées, à l'exception neaumoins de ceux qui ont seduict les autres et ont esté les autheurs principaux d'icelles, pour lesquels les supplians ne pretendent point s'intéresser. C'est ce qu'ils espèrent de vostre clemence et les supplians ne manqueront point de demender à Dieu, dans leurs prières, la conservation de la sacrée personne de Vostre Majesté et qu'il luy plaise donner une pleine bénédiction à tous ses desseins.

BERTRAND, consul                Du Bosc, consul
MARRAU jurat     MAUROU consul   GENESTE jurat

# TABLE

## DES NOMS DE LIEUX ET DE PERSONNES

CONTENUS

## DANS LES DOCUMENTS INÉDITS RELATIFS A L'HISTOIRE DE L'AGENAIS

ET DANS LES NOTES DE L'ÉDITEUR.

( Nous désignons ici en chiffres ordinaires les têtes des chapitres qui sont en chiffres romains dans le texte. )

### A

*Agen*, Avertissement, 12, 13, 15, 18, 23, 24, 30, 32, 34, 35, 36, 37, 38, 39, 43, 44, 45, 48, 49, 50, 51, 52, 53, 54, 55, 56, 57, 58, 59, 60, 61, 62, 64, 70, 72, 73, 74, 75, 77, 81, 85, 87, 88, 89, 90, 92, 93, 94, 97, 98, 99, 100, 101, 102, 103, 105.

*Agenais*, passim.

*Aiguillon* ( canton du Port-Sainte-Marie ), 10, 17, 40, 41, 45, 65, 73, 87, 89, 95.

*Albi* ( Tarn ), 57.

*Albret* ( Amanieu d' ), 12.
— ( Arnaud Amanieu d' ), 25, 26.
— ( Marguerite de Bourbon, femme d'Arn. Am. d' ), 25.
— ( Jean d' ) 27.
— ( Catherine de Rohan, femme de Jean d' ), 27.
— ( Alain d' ), 27, 28.
— ( Charles d' ), seigneur de Ste-Bazeille, 28.

*Alesme* ( Guillaume ), 52.

*Alfonse*, comte de Poitiers et de Toulouse, 2

*Alleguedes* ( famille d' ) 29.
— ( Jean d' ), écuyer, 29.
— ( Marguerite de Laval, femme de Jean d' ), 29.
— ( Françoise d' ). Voy. *Missandre*.

*Allons* (canton de Houeillès), 27.

*Amat* (Jean), 72, 73, 77.

*Ambrus* ( canton de Damazan ), 4, 15.

*Ampiac* (Aveyron, canton de Rodez), 28.

*Angennes* (Nicolas d') seigneur de Rambouillet, 53.

*Angoulême* (Charente), 47.
— ( Ytier d' ), 5.

*Anjou* ( duc d' ). Voy. *Henri III*.

*Anselin* ( Pierre ), 72, 73.

*Anselme* ( le P. ), 9, 39, 40.

*Argenton* (canton de Bouglon), 6.

*Armagnac* (pays d' ), 65.
— ( Gaston d' ), vicomte de Fezensaguet, 22.
— ( Jean I, comte d' ), 23.
— ( Cécile de Rodez, femme de Jean I, comte d' ), 23.
— ( Bernard d' ), sénéchal d'Agenais, 23.
— ( Jean II, comte d' ), 24.
— ( Jeanne de Périgord, femme de Jean II, comte d' ), 24.
— ( Jean III, comte d' ), 24.
— ( cardinal d' ), 57.

*Arnault* ( Jean ), recteur d'Ampiac, 28.

*Aspremont* ( familles d' ), 100.
— ( Bernard d' ), 100.
— ( Pierre d' ), 100.
— ( Antoine d' ), 100.
— ( Jourdain d' ), 100.
— ( Catherine de la Moissie, femme d'un sieur d' ), 100.
— ( Jean d' ), seigneur de Roquecor, 100.
— ( Finette d' ), voy. *Gourgues*.

*Astaffort* ( arrondissement d'Agen ), 62.

*Aubery* ( Antoine ), 87.

*Aubeterre*. Voy. *Esparbez*.

*Aubigné* ( Agrippa ), 29, 49, 65.

*Auch* ( Gers ), 65.

*Audiat* ( Louis ). Avertissement.

*Aumale* ( Henri d'Orléans, duc d' ), 47.

*Anvilliers* ( abbaye d' ), dans le diocèse de Reims, 87, 97.

*Avezac* ( d' ), de l'Institut, 21.

*Aymar* ( Pierre ), 7.

## B

Bacalan (Sybille de), Voy. *Gachon.*
Bachaumont, 85.
Bagenal (Pierre), 1.
Bahl (Bertrand du), 14.
Balle (Antoine), 52.
Bajamont (château de), dans le canton d'Agen, 43. Voy. *Bajaumont.*
Bajaumont (François de Durfort, baron de), 43, 49, 54, 58, 59, 60, 63, 64.
Balthazar (colonel), 62, 91, 95.
Balzac (Jean Louis Guez de), 84.
Bapaume (Pas-de-Calais), 85.
Barante (de), 92.
Barates, consul d'Agen, 92.
Barckausen (Henri), *Avertissement.*
Bardou (Michel), curé de Montardit, 97.
Barrau (de), 28.
Barreles, ministre protestant, 34.
Barrère (l'abbé), 33, 49, 65, 75.
Bartas (Guillaume de Saluste, sieur du), 9, 81.
Barthe (Jean), dit *Pichounet*, 29.
Basnage, 99.
Bastard (Cécile de). Voy. *Raymond.*
Baume (Etienne de La), sieur de Valensin, dit le Galois, 20.
Bavière (Isabeau de), 92.
Bazadais, 1, 16.
Bazas (Gironde), 1, 2, 55, 89.
Bazin (Louis), sieur de Bezons, intendant en Guyenne, 106.
— (Claude), sieur de Bezons, de l'Académie française, 106.
— (A.), 86.
Bayac (Dordogne), 90.
Bayonne (Basses-Pyrénées), 86.
Bayle (Pierre), 48, 99.
Bayse (la), 9.
Béarn, 21, 69.
— (M. M. de). 69.
Beaumanoir (Madeleine de), 85.
Beauves (de), 23.
Beauville (Isabeau de), femme de Blaise de Monluc, puis du comte des Cars, 54.
Bedul (Bertrand de), 15.
Bèlesbat (de), 85.
Bellay (Joachim du), 47.
Bellièvre (Pomponne de), 61, 64.
Belloe (Hugotin), 29.
— (Guillaume), 29.
Belzunce de Castelmoron (famille), 55.

Berard (Philippe), 58.
Bergerac (Dordogne), 5, 39, 65, 80, 84, 86.
Berger de Xivrey, 45, 48, 56, 58, 61, 62, 66.
Bernadouc (Jean de), 12.
Bernard (Jacques), 99.
Berry (Jean de France, duc de), 24, 26.
Bertrand, consul de Castelmoron, 106.
Bertrandy, *Avertissement.*
Besse (Jean), 29.
— (Bernard), 29.
— (Martin), 29.
Beychevelle (château de), dans le canton de Pauillac (Gironde), 51.
Bidarchy (l'abbé), administrateur de l'abbaye de Clairac, 104.
Bigars (forêt de), 22.
Bigorre, 21.
Billon (François de), 47.
Birague (René de), 61.
— (Charle de), 61.
Biron Armand de Gontaut, maréchal de), 41, 45, 49, 50, 55, 58, 59, 60, 92.
Blanchard (François), 85.
Blanchet (le P.), 88.
Blasimond (Gironde), 54.
Blavignac (Jean de), 84.
Blaye (Gironde), 39, 44.
Boaistuau (Pierre), 85.
Bochart (Samuel), 99.
Boisnormand (François Le Gay, dit), 54.
Boisse-Pardaillan (Armand d'Escodéca (baron de).
— (Jeanne d'Escodéca de). Voy. *Lusignan.*
Boissonade (Michel de), 72.
— (Antoine de), 74, 77.
— autre Antoine de), 85, 92.
— (Françoise d'Orty, femme d'Antoine de), 74.
— (Géraud de), 85.
— (autre Géraud de), 85.
— (Guillaume), évêque de Bazas, 85.
— (Antoine de), comte d'Orty, gouverneur de Bapaume, 85. Voy. *d'Orty.*
— (Madeleine de Beaumanoir, femme d'Antoine de), 85.
Boiteau (Paul), 96.
Bonluc (Mathieu de), 2.
Bon-Encontre (canton d'Agen), 97.
Borbotan (Guillaume Eymeri de), 15.
Bordeaux, *Avertissement*, 1, 14, 17, 51, 35, 37, 38, 44, 45, 49, 51, 52, 54, 57, 58, 60, 68, 75, 78, 80, 82, 83, 84, 86, 92, 93, 94, 97, 101, 103, 105, 106.
— (Pierre de), 12.

*Bordes*, conseiller au Parlement de Bordeaux, 94.
— (Pierre de), lieutenant de la sénéchaussée d'Agenais, 105.
— (N... de), *idem*, 105.
— (Martial de), 105.
*Born* (canton de Villeréal), 55.
*Borroilhan* (Antoine Arnaud de), 84.
— (Olympe de Lusignan, femme d'Ant. Arn. de), 84.
*Bory* (Guillaume), 29.
*Bosredon* (Ph. de), *Avertissement*.
— (M<sup>lle</sup> de). Voy. *Bourran* (M<sup>is</sup> de).
*Bosvieux*, archiviste de Lot-et-Garonne, 67.
*Bouchard* (Hippolyte), vicomtesse d'Aubeterre. Voy. *Esparbez*.
*Boufflers* (M.is de), commandant en Guyenne, 106.
*Bouglon* (arrondissement de Marmande), 6, 22, 31.
*Bougy*. Voy. *Révérend*.
*Bouillon* (Henri de la Tour d'Auvergne, vicomte de Turenne, duc de), 49, 50, 80.
*Bourbon* (Pierre de), sire de Beaujeu, 28.
— (cardinal de), 51, 72.
— (Marguerite de). Voy. *Albret*.
*Bourdeille* (Pierre de). Voy. *Brantôme*.
— (André de), 47.
*Bourges* (Daniel), bourgeois de Castelmoron, 105.
— (N... Destrac, mariée avec Daniel), 105.
*Bourran* (marquis de), 34.
— (M<sup>lle</sup> de Bosredon, marquise de), 34.
*Bouville* (Arnaud de), 18.
*Boville* (Isard de), 1.
*Brach* (Pierre de), 81.
*Brantôme* (P. de Bourdeille, abbé de), 40, 44, 47.
*Brassay* (Thobie de), baron de Samazan, 82.
— (Madeleine de Malvirade, femme de Th. de), 82.
— (Nicolas de), 82.
— (Marie ou Marthe de). Voy. *Jausselin*.
*Brethon* (Bernard), 19.
*Briane* (Pierre), clerc du diocèse de Rodez, 97.
*Brives-Cazes* (E.), 49, 51.
*Brocas de La Nauze* (famille de), 31.
*Brocqua* (Bertrand du), 31.
*Bruilhois* (le), 55, 69.
*Brunet*, sieur de *Lestelle*, 54.
*Burye* (Charles de Curcy, sieur de), 50, 51, 52, 53, 54, 55, 56, 57, 41.
*Busbecq* (Augier Ghislain de), 61.
*Buysson*, secrétaire de B. Delbène, évêque d'Agen, 97.
*Bydelhac* (Raymond Guilhaume de), 4.
— (Esclarmonde, femme de R. G. de), 4.

## C

*Cabanac* (Robert), 29.
*Cadillac* (château de), Gironde, 86.
*Cahusières* (François de), 38.
*Caillière* (Jacques de), 61.
*Calonges* (canton du Mas-d'Agenais), 83, 99.
— (seigneurs de). Voy. *Chaussade*.
*Calvin* (Jean), 51, 54.
*Cambefort* (M<sup>me</sup> de), 66.
*Camefort*, marchand d'Agen, 69.
*Campagne* (Raymond de), 8, 10.
*Camus*, syndic d'Agenais, 64.
— (Jean de, peut être le même que le précédent, 64.
*Cancon* arrondissement de Villeneuve-s Lot), 67.
*Candalle* (duc de), 92, 96.
*Candeure* Jean de), 8, 10.
*Cange* (Charles du Fresne, sieur du), 9, 11, 13.
*Capot* (Anastase), chanoine d'Agen, 55.
*Cardun* (Marie de). Voy. *Monferrant*.
*Carmel*, procureur, 84.
*Cars* (Jean des). Voy. *La Vauguyon*.
— (Jeanne de Perusse des). Voy. *Caumont*.
*Carte* (Thomas), 4, 17.
*Casceneuilh*. Voy. *Chasseneuilh*.
*Casenove* (Othon de), 12.
*Cases* (Guillaume de), 12.
*Cassagnet* (Françoise de). Voy. *Lau*.
*Casseneuil* (canton de Cancon), 58.
— (Claire de). Voy. *Monferrant*.
*Cassigneul*. Voy. *Casseneuil*.
*Castaignier*, notaire d'Agen, 97.
*Casteljaloux* (arrondissement de Nérac), 27 45, 47.
*Castelmoron* (arrond. de Marmande), 3, 40, 47, 105, 105, 106.
— (M. de). Voy. *Caumont*.
*Castelnau* (canton de Domme, Dordogne), 22, 46, 47.
— (Catherine de). Voy. *Lausun*.
— (marquis de). Voy. *Caumont*.
*Casteras* (Pierre de), prêtre, 15.
*Castillon* (arrond. de Libourne, Gironde), 14.
— (Pierre de), damoiseau, 15.
— (N.... de), capitaine de Sos, 69.
*Castillonnès* (arr. de Villeneuve-s-Lot), 10, 14, 55.
*Catulle*, 54.
*Cauderoue* (hameau sur la Gelise, entre Nérac et Lavardac), 12.
*Caumont* (ville et château de), canton du Mas, arr. de Marmande, 1, 22, 31, 46.
— (famille de), 1, 22.

*Caumont* (Anissant de), 1.
— (Alexandre de), 1.
— (Guillaume de), 22.
— (Miramonde de Mauléon, femme de Guill. de), 22.
— (Guillaume Raymond de), 22.
— (Indie de), sœur du précédent, 22.
— (Esclarmonde de Piis ou de Pins, femme de Guill. Raym. de), 22.
— (Charles de), 30.
— (Jeanne de Perusse des Cars, femme de Charles de), 31.
— (François Nompar, chevalier, baron de), 31.
— (autre François de), père du maréchal de La Force, 31.
— (Geoffroy de), abbé de Clairac, 46, 47.
— (Marguerite de Lustrac, femme de Geoffroy de), 47.
— (Anne de), 46, 47.
— (Jacques Nompar de), duc et maréchal de La Force, 77, 78, 79, 80, 84.
— (Charlotte de Gontaut-Biron, femme de Jacques Nompar de), 79.
— (Henri Nompar de), baron, puis marquis de Castelnau, 84.
— (François Nompar de), marquis de Castelmoron, 91.
— (Arnaud Nompar de). Voy. *Lausun*.
— (Catherine de Castelnau, femme d'Arnaud Nompar de). Voy. *Lausun*.
— (François Nompar de). Voy. *Lausun*.
*Caupenne* (Marguerite de). Voy. *Monluc*.
*Cazabet*, 84.
*Cazaubon* (Faydide de). Voy. *Isle (Jourdain de l')*.
*Certain* (E. de), *Avertissement*.
*Chabannes* (Marie de). Voy. *Savoye*.
*Champollion-Figeac* (J. J.), 5, 6.
*Chapelle*, 85.
*Charavay* (Gabriel), *Avertissement*.
*Charles VI*, roi de France, 25.
— *IX*, idem, 39, 41, 44, 46.
*Charleval*. Voy. *Faucon*.
*Charlevoix* (le P.), 88.
*Chassencuil* (Vienne), 42.
*Chastelloneyz*. Voy. *Castillonnès*.
*Château-Comtal*. Voy. *Damazan*.
*Château-Neuf* (Arnaud de), 14.
*Châteauneuf* (Charles de Laubespine, M⁸ de), 85.
— (Jean de Rieux, comte de), 95.
— (autre Jean de Rieux, comte de), 95.
— (Jean-Baptiste Colbert, marquis de Seigneley et de), 105.

*Chaudon* (Dom), 55.
*Chaunac* (Antoine de), sieur de Lanzac, 78.
— (Olympe de Lusignan, femme d'Antoine de), 78, 84.
*Chaussade* (Jacques de), procureur général au parlement de Bordeaux, 99.
— (Bernard de), 99.
— (Jacques de), baron de Calonges, 83, 99.
— (Marguerite de Vicose, femme de Jacques de), 99.
— (Judith de), appelée M.lle de Calonges), 99.
— (Marie de). Voy. *Révérend de Bougy*.
*Chauvin* (Jean), 51, 52, 53.
*Cibaut* (M.lle de), d'Agen, 92.
*Clain* (le), rivière, 42.
*Clairac* (canton de Tonneins, arron. de Marmande), 8, 10, 40, 41, 46, 47, 65, 76, 78, 84, 89, 91, 97, 104, 105.
*Clément-Simon* (G.), 27, 41.
*Clermont-Dessous* (canton du Port-Sainte-Marie), 55, 58.
*Clermont-Dessus* ou *Clermont-Soubiran* (canton de Puymirol, arrond. d'Agen), 9, 18.
*Cluzel* (Gérard de), 7.
*Codéré*, 86.
*Coissel* (château de, paroisse de Saint-Julien, arrondissement d'Agen, 100.
— (seigneurs de). Voy. *Laval, Parcau*.
*Coleignes*, commune de Saint-Cirq, canton d'Agen, 89.
*Coligny* (amiral de), 40, 44.
*Colin* (Jean), écuyer, 97.
— (Marguerite de Sarat de la Peyrière, femme de Jean), 97.
*Collioure* (Pyrénées-Orientales), 95.
*Colomiès* (Paul), 99.
*Colonies* (Jean). Voy. *Barrelcs*.
*Comarque* (famille de), 47.
— (Pierre de, sieur de Beaumanoir, 47.
— (Renaud de), idem, 47.
— (Anne-Marguerite de Gervain, femme de Renaud de), 47.
— (Françoise de), 47.
— (Annet de), sieur de Labarde, 47.
— (Isabeau de Durfort, femme d'Annet de), 47.
— (Geoffroi de), 47.
*Combebonnet* (canton de Beauville), 62.
*Comin* (famille), 67.
*Comminges* (Guy de), seigneur de Lombez, 22.
— (Pierre Raymond II, comte de), 24.
— (Jean III, comte de). Voy. *Armagnac*.
— (Marguerite de). Voy. *Armagnac*.

Condé (Louis de Bourbon, prince de), 92.
Condom (Gers), 4, 5, 10, 53, 54, 65, 70, 71, 89, 99.
Conmin (capitaine), 67.
Conrart (Valentin), 92.
Constantin (Anne de). Voy. Lusignan.
Conté, notaire, de Tournon, 97.
Conti (Armand de Bourbon, prince de), 91.
Corméres (Jean). Voy. Barréles.
Cormery (Jean), idem.
Cornusson (de). Voy La Valette-Parisot.
Cosnac (comte Jules de), 62, 91, 95.
Cossé (maréchal) de), 41.
— Brissac (duc de), 106.
— (Marie de). Voy. Saint-Ruth.
Coste (P Hilarion de), 47.
Coudert ( Pierre ), 78.
Coulombié, 84.
Courcelles (chevalier de), 47, 48.
Cours (Jean de), sieur de La Salle, 58.
— (Jeanne de Mondenard de Monçaup, femme de Jean de), 58.
— (Pierre de), sieur de La Salle, 58.
— (Jeanne de Preisac, femme de Pierre de), 58.
— (Jean de), sieur de La Salle et de Villeneuve, 58.
— (François de), 58.
— (Serène de Luppé, femme de François de), 58.
— (Isabeau d'Estrades, seconde femme de Fr. de), 58.
Cousin (Victor), 62.
Couture (Léonce), Avertissement, 69.
Créon (Amaury de), 14.
Crépet (Eugène), 104.
Curson (comte de), 86.
Cruzeau, ministre protestant, 59.

# D

Dalon (Raimond), avocat-général au Parlement de Bordeaux, 101, 103.
Dallegre, consul de Clairac, 76.
Damazan (arrondissem. de Nérac), 7, 15, 58, 65.
Damville (comte de). Voy. Montmorency.
Darlat (Bernard), 29.
Darnal (Jean), 45.
Darnalt (Jean), 55, 92.
Daulles (Bernard), 29.
Daunefort, consul d'Agen, 92.
Daurée (Pierre), 38.
— de Prades (Philippe), 38.
— M*lle* de Narbonne-Pelet, femme de Ph), 38.
Deboust, frères, de Castelmoron, 106.

Deffa (Jean), 32.
— (Arnaud), 32.
Delbène (Barthélemy), évêque d'Agen, 87, 90, 92, 97.
Delisle (Léopold), de l'Institut, Avertissement.
Delpech, procureur du roi à Agen, 92.
Delpit (Jules), Avertissement, 6, 7, 14, 16.
— (Martial) 6.
Denis, procureur général au parlement de Bordeaux, 105.
Denys, consul de Clairac, 76.
Descayrac, greffier à Agen, 85.
Deshurs (Etienne), 29.
Dolmayrac (canton de Sainte-Livrade), 89.
Dordogne (la) rivière, 40, 41, 86.
Donzon (Jacques), 29.
— de Bourran, 29.
— de Bourran (Anne) Voy. Misandre.
Drouyn (Léo), 25.
Dubanc (Junyen), consul de Caumont, 31.
Dubernet (Joseph), premier président du parlement de Bordeaux, 94.
Du Bosc, consul de Castelmoron, 106.
Dubousquet (Jeannet), 69.
Du Burg, conseiller au Parlement de Bordeaux, 93, 94.
Ducasse (Hélie), consul de Caumont, 31.
Du Chesne (André), 92.
Du Duc (Jacques), conseiller au Parlement de Bordeaux, 83.
— (Le P. Fronton), 83.
Duffoussat (Léo), 17.
Dunes (canton d'Auvillars, arrondiss. de Moissac, Tarn-et-Garonne), 9.
Duperrier, conseiller au Parlement de Bordeaux, 93
Du Pleix (Scipion), historiographe de France, 68, 82.
— (Autre Scipion), frère du précédent, 82.
— (Guillaume), 82.
— (Luce de Loupès, femme de Guillaume), 82.
— (Louis), 82.
— (François), 82.
Dupret (Isaac), 83.
Duras (ville et chateau de) arrondissement de Marmande, 25, 89.
Durfort (Guillemette de).Voy Isle. (Jourdain de L')
— (Isabeau de). Voy. Comarque.
— (François de). Voy. Bajaumont.
— (Jean de), seigneur de Boru, 55.
Du Sault (famille), 103.
— (Charles), avocat-général au Parlement de Bordeaux, 103.
— (Autre Charles), idem, 103.

*Du Sault* (Jean Olivier), *idem*, 103.
— (Jean-Louis), *idem*, 103.
*Du Verdier*, conseiller au Parlement de Bordeaux, 93.

# E

*Edouard* I<sup>er</sup>, roi d'Angleterre, 1, 3, 4, 5, 6, 7, 8, 9, 10, 11, 12, 13, 14.
— II, *idem*. 2, 5, 14, 15, 16, 17.
— III, *idem*, 1, 15, 18, 22.
*Egulion*. Voy. *Aiguillon*.
*Elbène*. Voy. *Delbène*.
*Entraigues* (Gerauld), 20.
*Epernon* (Jean-Louis de Nogaret, duc d'), 41, 63, 64, 85, 86, 90, 91, 92.
— (Bernard de Nogaret, duc d'). Voy. *La Valette*.
*Escayrac* (d'), de Clairac, 104.
— (d'). Voy *Descayrac*.
*Escodeca*. Voy. *Boisse*.
*Escomps* (d'), de Clairac, 104.
*Esparbez* (François d'), sieur de Lussan, maréchal de France, 95.
— (Hippolyte Bouchard), vicomtesse d'Aubeterre, femme de Fr. d'), 95.
— (Pierre Bouchard d'), 95.
— (Marie-Claire de Pardaillan, femme de P. Bouchard d'), 95.
— (Léon d'), dit le chevalier d'Aubeterre, 95.
— (Louis d'), comte de la Serre, sénéchal d'Agenais, 96.
*Espelette* (Basses-Pyrénées), 86.
*Estoile* (Pierre de l'), 56, 61, 75.
*Estoup* (d'), de Clairac, 104.
*Eymar* (Joseph d'), 52, 54.
*Eymet* (Dordogne), 41, 86.

# F

*Fabry*, docteur en théologie, 62.
*Farges* (Raymond de), sieur de Mauvezin, 16.
— (Mantete de Ladils, femme de Raymond de), 16.
*Fargis* (Amanieu de), évêque d'Agen, 15.
*Faucon* (Charles de), sieur de Ris et de Charleval, 104.
— (Charles de) *idem*, intendant de Guyenne, 104.
*Fauillet* (canton de Tonneins), 47.
*Favard*, greffier, 97.
*Favas* (Jean de), vicomte de Castets, 55, 65.

*Ferrand* (Pierre de), 5.
*Ferrier* (le P.) 102.
*Feugarolles* (canton de Lavardac), 12.
*Feydeau* (Joseph), 52.
*Figeac* (Lot), 49, 60.
*Figuiès* (paroisse du canton de Bouglon), 31.
*Flarrat* (ancienne paroisse de l'arrondissement de Nérac), 12.[1]
*Filleau* (le généalogiste), 84, 88.
*Fleix* (Dordogne), 52.
*Fleury* (l'abbé), 54.
*Foix* (Gaston I<sup>er</sup>, comte de), 19.
— (Jeanne d'Artois, comtesse de), 19.
— (Gaston II, comte de), 19.
— (Odet de), comte de Carmain, 67.
— (Jeanne d'Orbessan, femme d'Odet de), 67.
— (Jeanne de). Voy. *Monluc*.
*Foncaude* (sieur de). Voy. *Monferrant*.
*Fontenilles* (Philippe de La Roche, baron de), 56, 57, 65.
— (Françoise de Monluc, 1<sup>re</sup> femme du baron de), 56.
— (Paule de Viguier, 2<sup>e</sup> femme du baron de), 56.
*Forget* (Pierre), sieur de Fresne, 79.
*Fossat* (famille du), 18.
— (Amanieu de ou du), 17.
— (Amanieu de ou du), sieur de Madaillan, 17.
*Fou* (Helyette du). Voy. *Montpezat*.
*Foucaut* (Raymond), 20.
*Fournier* (Edouard), 104.
*Fourtac* (François), 31.
*Fourton* (Bardi de), *Avertissement*.
*Fousseret* (Forêt de), 25.
*Foyssac* (N.... de), 54.
— (Antoine de), sieur de Tier et de Mirepoix, 54.
— (Bernard de), chevalier, sieur de Carbenac, 54.
— (Marthe de Raymond, femme de Bernard de), 54.
*Francescas* (arrondissement de Nérac), 65.
*François* I<sup>er</sup>, roi de France, 55, 39, 44, 45.
*Fréchou* (canton de Nérac), 48.
*Frégimont* (canton du Port-Sainte-Marie), 55, 84.
*Frégose* (Janus), évêque d'Agen, 41, 43, 49, 54, 60.
— (Octave), 41.

---

[1] Une église en ruine, qui, dans la commune de Mongaillard, porte aujourd'hui le nom (sans doute corrompu) de *Layat*, pourrait bien avoir été l'église de cette paroisse.

*régose (César ?) 60.
*reixe Voy. Fréchou.
*rigimont. Voy. Frégimont.
*roc (Bertrand de), 27.
*roidefond (de), Avertissement.
*roissart (Jean), 24, 92.
*ronsac (château de), Gironde, 44.
*umadères (Jean), imprimeur d'Agen, 92.
*umel (arrondissement de Villeneuve-s-L.), 9, 57.
— (famille de), 18.
— (Jacques, baron de), 57.
— (François, baron de), 57.
— (Gabrielle de Verdun, baronne de), 57.
*urfontan Saint-Jean de), ancienne paroisse de l'arrondissement de Nérac, 15.

## G

Gachon ou Gaschon (Arnaud de), sieur de la Mothe, 78.
— (Pierre de), 78.
— (Sybille de Bacalan, femme de Pierre de), 78.
Galapian (canton du Port-Sainte-Marie), 55, 78, 84.
Galard, sieur de Terraube (Bertrand de), 55.
— (Diane de Lusignan, femme de Bertrand de), 55.
Galois (Le). Voy. Baume (de la).
Galy (docteur), Avertissement.
Gardes (N....), 74.
— (Bernard), consul d'Agen, 92.
Garonne (la), 1, 40, 41, 47, 65, 89, 91, 97.
Gascogne, 1, 5, 9, 12, 15, 14, 19, 21, 56.
Gascq (François de), 52.
Gaucelin (Elie), 14.
Gaudefort (forêt de), 25.
Gauffreteau (Jean de), 52.
Gaulthier (Jean), 72, 75.
Gaure (pays de), auj. l'ar. de Lectoure, 5.
Gausbert-Girval, abbé de Saint-Maurin, 5.
Gavaudun (canton de Monflanquin), 17.
Gaxiis (N.... de), 50.
Gelas (Bernard de), 14.
Gelise (la), rivière, 9.
Geneste, consul de Castelmoron, 106.
Gentils (Gabriel de), 52.

---

[1] Une église en ruines, qui, dans la commune de Montgaillard, porte aujourd'hui le nom de Saint-Jean, pourrait bien avoir été l'église de cette paroisse.

Gerrain (Anne-Marguerite de). Voy. Comarque.
Gimont (Gers), 63, 64.?
Girard (Guillaume, 65, 86, 90.
Gironde (François de), marquis de Montclar, 100.
Gliry (Justin), 29.
Gombert (Gerault), 28.
Contaud, Avertissement, 57, 58.
— (Gaston de), 5.
— (Pierre de), 14.
— Armand de). Voy. Biron.
— (Jean de), sieur de Saint-Geniès, 41.
— (Henri de), idem, 41.
— (Raymon de), sieur de Cabréretz, 61.
— (Jeanne de). Voy. Noailles.
Gots. Voy. Gouts.
Goujet (abbé), 99.
Gourgues (vicomte de) Avertissement.
— (Jean de), 65.
— (Ogier de), baron de Vayres, 65, 100.
— (Finette d'Aspremont, femme d'Ogier de), 100.
— (Dominique de), 65, 100.
Gouts (paroisse de), canton de Bouglon, 27.
— (paroisse de), canton de Houillès, 27.
— (paroisse de), canton de Meilhan, 27.
Goux (J.-B.). Avertissement.
— (canton de Bouglon), 27.
Grailly (Jean de), 5, 5, 15.
— (Pierre de), 15.
— (Catherine de), 15.
Gramont (Antoine de), vicomte d'Aster, 66.
— (Suzanne d'Aure, fille d'Antoine de), 66.
Granges (canton de Prayssas, arrondissement d'Agen), 8, 84, 89.
Grateloup (canton de Castelmoron), 10, 50.
Grenade (Haute-Garonne), 66.
Griffet (le P.), 86.
Grimaud (Jean), 97.
Guadet (J.), 48, 50.
Guere (Jacques de), 52.
Guessard (F.) de l'Institut, 65.
Guignard (Pierre), avocat, 99, 100.
Guise (François de Lorraine, duc de), 39.
Guyenne, 24, 26, 50, 51, 52, 55, 55, 56, 41, 45, 44, 45, 48, 52, 56, 58, 78, 79, 84, 88, 91, 92, 99, 100, 101, 106.
Guyrbal (Guillaume), 29.

## H

Haag (Emile et Eugène), 78, 83, 84, 99.
Haiphen (E), 61.

Hamon (Jean), 98.
Harcourt (Henri de Lorraine, comte, puis duc d'), 91.
Harlay (François de), archevêque de Rouen, puis de Paris, 102.
Havering (Jean de), sénéchal d'Aquitaine, 8, 12.
Henri III, roi d'Angleterre, 1, 5.
— III, roi de France, 40, 42, 43, 44, 45, 46, 47, 48, 49, 50, 51, 54, 56, 57, 58, 60, 62, 63, 64, 81
— IV, roi de Navarre puis roi de France, 40, 45, 48, 49, 50, 52, 55, 56, 57, 58, 59, 60, 61, 62, 63, 65, 66, 67, 68, 69, 70, 72, 74, 75, 76, 77, 78, 79, 80, 81, 82, 85.
Houeillés (arrondissement de Nérac), 27.
Hozier (d'), 55, 65, 77.
Hugonys (Jean), 29.

## I

Imbert (Gérard Marie), 82.
Isalguier (Isabeau d'). Voy. Lusignan.
Isle (Jourdain IV de l'), 9.
— (Faydide de Cazaubon, femme de Jourdain IV de l'), 9.
— (Jourdain V de l'), 5, 9.
— (Guillemette de Durfort, femme de Jourdain V de l'), 9.
— (Jourdain VI de l'), 15.
— Catherine de Greilly, femme de Jourdain VI de l'), 15.

## J

Jausselin (Isaac de), 82.
— (Marie ou Marthe de Brassay, femme d'Isaac de), 82.
— (Jean de), 82.
Jean II, roi de France, 24, 26.
Joly (Claude), évêque d'Agen, 29, 98, 101, 102.
Joseph de Clermont (Frère), 98.

## K

Kerviler (René), 85.

## L

Labadie (Jean), 99.
Labalade. Voy. Lavalade.
La Bastide, canton de Bouglon.
La Barthe, de Clairac, 104.
Labenasie (Bernard de), 45, 48, 49, 58, 64, 66, 72, 85, 92, 105, 106.
Labeyrie (Jean Paul de), 54.

La Boulbène (Jean de), 92.
— (Jacqueline de La Chèze, femme de Jean de), 92.
— (Jean de), consul d'Agen, 92.
— (Jeanne de Montesquiou de Xaintrailles, femme de Jean de), 92.
La Bourdaisière (Jean de), 69.
La Cassagne (N... de), 35.
Lacepéde (canton de Prayssas), 105.
La Chaussade. Voy. Chaussade.
Lacombe (Bernard de), abbé de Blasimond, 54.
— autre Bernard de), idem, 54, 72, 73.
Ladaux (arrondissement de La Réole, Gironde), 14.
Ladils (Mantète de). Voy. Farges.
Lados (Raymond Furti de), 1.
La Duguie (N... de), 54
— (Jean Louis de), sieur de Calis, 54.
Lafaige (Antoine), 52,
Lafargue (Charles), 87.
Lafite (N... de), 70.
La Fizelière (Albert de), 88.
Lafare (Bernard de), 30.
Laffitte (canton de Tonneins), 105.
Laffore (Jules de Bourrousse de), 69.
La Force (Dordogne), 79.
— (duc et duchesse de). Voy. Caumont.
La Forêt, consul de Nérac, 82.
Lafox (canton de Puymirol), 43, 58.
Lagarde (L. F.), 4, 50, 91, 99.
— (Alphonse), 31, 35.
Lalande (chanoine d'Agen), 55, 54.
Lalanne (président), 54.
— (autre président), 92.
— d'Uzeste, conseiller au Parlement de Bordeaux, 95.
— (Ludovic), 40, 44, 61.
Lalinde (Dordogne), 40.
Lambert, ministre protestant, 78.
Lamenevin (Kervé de), sénéchal d'Agenais et vi- de Toulouse, 25, 26.
La Moissie (Catherine de). Voy. Aspremont.
La Monnoye (Bernard de), 85.
La Mothe-la-Forest, 86.
La Mothe-Landeron (canton de la Réole, Gironde), 1, 16.
La Motte (N... de), 51,
Langon (Gironde), 50, 62.
Languedoc, 24, 26, 29, 79.
La Peyrière (famille de), 15.
— (Marguerite de Sarat de). Voy. Colin Jean).
La Plasse (Jeanne de).
La Popelinière (Henri Lancelot Voisin de), 40.

*La Porte* (N... de), 35.
*La Pujade* (Antoine de), 100.
— (Françoise de La Goutte de). Voy. *Las*.
*La Réole* (Gironde), 60, 94, 105.
*La Rivière* (N....), 39.
*La Roche* (N... de), peut-être le même que *Fontenilles*, 63.
*Lartigolles* (N...), 12.
*La Rue* (Gerault), dit Galdon, 29.
*Las* (famille de), 35.
— (Jean Bernard de), 35.
— (Martin de), sieur d'Espalais, 35.
— (Isabeau de Mansencôme, femme de J. B. de), 35.
— (Caprasi de), 35.
— (Etienne de), 92.
— (Françoise de La Goutte de La Pujade, femme d'Etienne de), 92.
— (Jean Joseph de), 92.
— (Joachim de), grand archidiacre de Lectoure, 35.
— (Gratien de), 35.
*Lascaris* (Anne de). Voy. *Savoye*.
*Lasserens* (moulin de), 9.
*La Salle* (N....), 58.
*La Sauvetat de Blanquefort* (Canton de Fumel), 89.
— de *Savères* (canton de Laroque-Timbaut), 62.
— *sur-Dropt* (canton de Duras), 86.
*La Tuque d'Hallez*, de Clairac, 104.
*Lau* (château de), Gers, 65.
— (Carbon de), 65
— (Françoise de Pardaillan, femme de Carbon de), 65.
— (Jacques de), 65.
— (Hector de), 84.
— (Jean Joseph de), 84.
— (Anne de Lusignan, femme de J. J. de), 84.
*Laugnac* (canton de Prayssas, arrondissement d'Agen), 44, 48.
— (baron de). Voy. *Montpezat*.
*Launoy* (Jean de), docteur de Sorbonne, 102
*Laurière* (Joseph de), baron de Moncaup, 84.
*Lauro* (Marie de Lusignan, femme de Joseph de), 84.
— (Jean de), 28.
*Lausen* (François de), 88.
— (Isabelle Lotin, femme de François de), 88.
— (Jean de), sieur du Lirec, 88, 90
— (Catherine de). Voy. *Malebranche*.
*Lauserte* (Tarn-et-Garonne), 50.
*Laval* (Marguerite de). Voy. *Alleguedes*.

*Lavalade* (famille), 82.
— (N... de), consul de Nérac, 82.
— (Bertrand de), 83.
*La Valette* (Jean de Nogaret, baron de), 41.
— (Bernard de Nogaret, duc de), 86.
— (Louis de Nogaret, cardinal de), 86.
— *Parisot*, sieur de Cornusson, 43, 44.
*Lavardac* (arrondissement de Nérac), 5, 9, 12.
— (Jeanne de Bordeaux, dame de), 12.
*Lavardin* (Jean de Beaumanoir, marquis de), 49.
*La Vauguyon* (François des Cars, comte de), 40.
— Isabelle de Bourbon, femme de François des Cars, comte de), 40.
— (Jean des Cars, comte de), 40, 41, 46.
*La Vie* (T. de), 92, 95, 103.
*Layrac* (canton d'Astaffort), 55.
*Le Berche* (N...), 81.
*Lecat* (Charles), chanoine d'Agen, 101.
*Lectoure* (Gers), 35, 63, 65.
*Léon de Tholose* (frère), 97.
*Lendas* (Jean de), 72, 75, 77.
— (Gérard de), 75.
— (Isaac de), 73.
*Lenet* (Pierre), 94.
*Lesergues* (Halienote de). Voy. *Fumel*.
*Lesmenuen* (Kerve de). Voy. *La Menevin*.
*Lesparre* (Senebrun, seigneur de), 12.
*Lespès de l'Ostalneau* (Jean de), sieur de Roquecor, 100.
*Lestelle*. Voy. *Brunet*.
*Le Tellier* (Charles Maurice), archevêque de Reims, 102.
*Le Vassor* (Michel), 86.
*Le Venyer* (N...) consul de Nérac, 82.
*Leydet* (l'abbé), 47.
*Lesignan, Lezinhan*. Voy. *Lusignan*.
*Libourne* (Gironde), 89.
*Liou* (Jean du), sieur de Sireuil, 84.
— (Madeleine de Lusignan, femme de Jean du), 84.
*Littré* (E), de l'Institut, 29, 34, 54.
*Livron* (François de), sieur de Bourbonne, 48.
— (Nicole de). Voy. *Montpezat*.
*Lomagne*, 9.
*Longueville* (de Bourbon, duchesse de), 92.
*Losse* (N... de), 40, 41.
*Lot*, rivière, 40, 41, 89, 91, 97, 103.
*Loubatery* (Rose de). Voy. *Lusignan*.
*Louis XIII*, 83, 85, 87, 98, 100.
— *XIV*, 92, 97, 98, 106.
— *XVIII*, 92.
*Loutchitzki* (Jean), 45.

*Lubans* (paroisse de), près de Casteljaloux, 27.
*Luce* (Siméon), 20.
*Lude* (Gaspard de Daillon de), évêque d'Agen, 87.
*Lugol* (N... de), 31.
*Luppé* (Carbon de), sieur d'Arblade, 58.
*Lusignan* (château de), canton de Port-Sainte-Marie, 78.
— (Jean de), 35.
— (Jean de), lieutenant du sénéchal d'Agenais, 35.
— (Diane de). Voy. *Galard.*
— (Henri de), 60, 66, 67, 68.
— (Isabeau d'Isalguier, première femme de Henri de), 66.
— (Madeleine de Saint-Gelais, seconde femme de Henri de), 66.
— (François I, baron, puis marquis de), 78, 84.
— (Marguerite de Nuchèze, première femme de François I de), 78.
— (Anne de Constantin, seconde femme de François I de), 78.
— (François II, marquis de), 78, 84.
— (Guy de), 84.
— (Pierre de), 84.
— (Olympe de), femme d'A. de Chaunac, et ensuite, d'A. A de [Borroilhan. Voy. *Chaunac* et *Borroilhan.*
— (Madeleine de), femme de 1° Fr. de Peyrarède ; 2° Jean du Lion ; 3° François du Pouget, baron de Nadaillac. Voy. ces trois noms.
— (Marie de), femme de 1° Odet de Verduzan ; 2° François de Laurière, baron de Moncaup. Voy. ces deux noms.
— (Jeanne d'Escodéca de Boisse, femme de François II de), 84.
— (François III, marquis de), 84.
— (Anne de Montpezat, femme de François III de), 84.
— (Armand de), 84.
— (Rose de Loubatery, femme de Pierre de), 84.
— (Anne de). Voy. *Lau.*
*Lustrac* (terre de), près de Fumel, 47.
— (Françoise de Pompadour, femme du sieur de), 47.
— (Marguerite de). Voy *Caumont.*
*Luxembourg* (Bonne de), femme de Jean II, roi de France, 24.

# M

*Macaulay* ( ), 106.
*Macault* (Jourdain), 30.
*Madaillan* (canton de Prayssas), 17, 18, 73, 89.
*Magen* (Adolphe), *Avertissement* 47, 65, 67, 75, 77, 94.
*Maillé* (comte de), 86.
*Malbet* (Jean), 97.
*Malebaysse* 72, 92.
*Malebranche* (Catherine de Lauson, mère de), 88.
*Mallaure* (Bernard), 29.
*Malvin* (famille de), 65.
— (Geoffroy de), conseiller au Parlement de Bordeaux, 52.
— (N... de), *idem*, 93.
*Malvirade* (Madeleine de). Voy. *Brassay.*
*Mansencôme* (Amanieu de), 35.
— (Isabean de). Voy. *Las.*
*Marca* (Pierre de), 21.
*Marchin* ( ), 91.
*Marguerite de Valois*, 51, 52, 61, 63, 66.
*Marrau*, consul de Castelmoron, 106.
*Marmande* (Lot-et-Garonne), 10, 35, 59, 65, 71, 86.
*Martin* (Bernard), juge ordinaire de l'Agenais, 9.
— (N...), conseiller au Parlement de Bordeaux, 93.
*Martinelli* (B.), 101.
*Martinesque*, de Castelmoron, 106.
*Mas-d'Agenais* (le), arrondissement de Marmande, 31, 83.
*Massiot* (N... de), conseiller au Parlement de Bordeaux, 93.
*Mas-Latrie* (L. de), 57, 97.
*Massoubre* (Eugène), *Avertissement.*
*Matignon* (maréchal de), 59, 60, 62, 65, 66, 68, 75.
*Maubin* (Jean), consul de Mézin, 35.
— (Jean Bertrand), *idem*, 35.
*Mauléon* (Oger de), vicomté de Soule, 22.
— (Miramonde de). Voy. *Caumont.*
*Maurou*, consul de Castelmoron, 106.
*Mauvezin* (canton de Seyches, arrondissement de Marmande), 16.
*Mayenne* (Charles de Lorraine, duc de), 44, 75.
— (Henriette de Savoye, femme du duc de), 44.
— (Henri, duc de), 85.
*Mazarin* (cardinal), 91, 92, 93, 94, 96, 98.
*Médicis* (Catherine de), 31, 35, 36, 38, 39, 40, 45, 46, 47, 48, 49, 50, 51, 53, 54, 57, 61, 63.
*Meilhan* (arrondissement de Marmande), 1, 14, 27.
*Meilleraye* (maréchal de la). Voy. *Saint-Ruth.*

Mesme (président de), 88.
Mézin (arrondissement de Nérac), 33.
Michel (Gérauld), dit Ferron, 38.
Milandes (château des), Dordogne, 47.
Millau (Aveyron), 14.
Minut (Gabriel de), 56.
Miralh (le), près de Buzet, 14.
Mirail (château du), commune de Saint-Léger, canton de Damazan, 14.
Miramont (canton de Lauzun), 10.
Miromesnil (Pierre Diel de), 85.
Missandre (famille de), 29.
— (Pantaléon de), écuyer, 29.
— (Françoise d'Alleguèdes, femme de Pantaléon de, 29.
— Anne Douzon de Bourran, mère de Pantaléon de), 29.
Moissac (Tarn-et Garonne), 45, 60, 66.
Monbahus (canton de Cancon), 39.
Monbalen (canton de Laroque-Timbault), 78.
Monclar (arrond. de Villeneuve), 3, 10, 17, 29.
Moncrabeau (canton de Francescas), 65.
Monflanquin (arrondissement de Villeneuve), 3, 32, 41, 47, 55, 79, 105.
Mongaillard (canton de Lavardac), 15.
Mongonméry (Gabriel de Lorges, comte de), 40, 41.
Monheurt (canton de Damazan), 17, 22, 65.
Monferrand (famille de), en Périgord, 67.
Monferrant (famille de), en Agenais et en Bordelais, 67.
— (Charles de), maire de Bordeaux, 44, 45, 46, 68.
— (Marie de Cardan, dame de Cancon, femme de M. de), 68.
— (Jean de), seigneur de Cancon, 68.
— (Marguerite de), veuve de Charles de Monferrant et femme de Jean de), 68.
— (François de), vicomte de Foncaude, 68.
— Claire de Casseneuil, femme de François de), 68.
Monlezan (l'abbé), 9, 21.
Monluc (Blaise de), 18, 30, 35, 37, 39, 40, 41, 43, 48, 56, 58, 67.
— (Antoinette Isalguier, 1re femme de Blaise de), 56.
— (Isabeau Paule de Beauville, 2e femme de Blaise de), 54.
— (Françoise de), Voy. Fontenilles.
— Pierre Bertrand de, 67.
— (Marguerite de Caupenne, femme de P. B. de), 57.
— (Fabien de), sieur de Montesquiou, 66.

Monluc (Anne de Montesquiou, femme de Fabien de), 66.
— (Jean de), évêque de Valence, 37.
— (Charles de), sénéchal d'Agenais, 66, 72.
— (Adrien de), 66.
— (Jeanne de Foix, femme d'Adrien de), 66.
— Voy. Mansencôme.
Monsempron (canton de Fumel), 9, 71.
Montaignac (?), 58.
Montaigne (Michel de), 31.
— (Geoffroy de), 52.
— (président), 103.
Montandon, conseiller au Parlement de Bordeaux, 93.
Montardit (paroisse de), canton de Castelmoron, 97
— (Germaine de), 97.
Montastruc (canton de Monclar), 17.
Montauban (Tarn-et-Garonne), 45, 49, 66, 67, 99
Montaut (canton de Villeréal), 55.
Montazet (château de), près d'Aiguillon, 65.
— (famille de), 65.
Montcuq (arrond. de Cahors, Lot), 5.
Mont-de-Marsan (Landes), 61.
Montélimart (Drôme), 44.
Montesquieu (Charles de Secondat, baron de), 91.
— (Prosper de Secondat, baron de), 52.
Montesquiou (Anne de). Voy. Monluc.
— Xaintrailles (Jeanne de). Voy. La Boulbène.
Monteuh (forêt de), 23.
Montfort (Simon de), 18.
Montgueyral (N... de), sieur de Cazelles, 42.
Montlezunt (N... de), baron de Tayan, 84.
— (Catherine de Montpezat, femme de (N. de), 84.
— (Anne de). Voy. Lau.
Montmor (de), 98.
Montmorency (connétable Anne de), 39.
— (connétable Henri de), d'abord comte de (Damville), 42, 48, 49.
Montpensier (Louis II de Bourbon, duc de), 39.
Montpezat (ville et château), canton de Prayssas, 44, 66, 72, 73, 76, 95, 97.
— (famille de), de l'Agenais, 44.
— (famille de), du Quercy, 44.
— (Antoine des Prez, sieur de), 47.
— (Lyette du Fou, femme d'Ant. des Prez, sieur de), 47.
— (Melchior des Prez, sieur du Fou et de), 44, 45, 62, 66.
— (Henriette de Savoye, femme de Melchior des Prez, sieur de), 44, 45, 66.
— (Henri des Prez, sieur de), 66.

*Montpezat* (Suzanne d'Aux, femme de Henri des Prez, sieur de), 66.
— (Raymond-Bernard de), sénéchal d'Agenais, 48.
— (Arnaud de), 48.
— (Alain de), 48.
— (François de), baron de Laugnac, 48.
— (Nicole de Livron, femme de Fr. de), 48.
— (Honorat de), baron de Laugnac, 48.
— (Catherine de). Voy. *Montlezun*.
— (Anne de). Voy. *Lusignan*.
*Montpouillan* (canton de Meilhan), 22.
*Montravel* ou *Montrevel* (palais de), à Agen, 92.
*Monts* (Jacques de), 9, 12.
*Montségur* (Gironde), 60.
*Moreau* (C.), 62, 95.
*Moréri*, 40, 44, 85.
*Mornay* (Philippe de), sieur du Plessis, 61.
*Mosnier*, conseiller au Parlement de Bordeaux, 94.
*Moulin* (Guillaume du), curé de Montastruc, 17.
*Moullié* (Amédée), *Avertissement*.
*Muret* (Haute-Garonne), 66.
*Myralugne*, habitant de Monclar, 29.

## N

*Navailles* (canton de Thèze, arr. de Pau), 21.
— (Garsie Arnaut de), 21
— (autre Garsie Arnaut de), 21.
— Marie Bertrand, femme de Garsie Arnaut II de), 21.
*Naudé* (Gabriel), 88.
*Nebout*, de Clairac, 104.
*Nérac* (Lot-et-Garonne), 5, 9, 12, 15, 26, 34, 45, 48, 51, 55, 56, 57, 59, 63, 66, 70, 78, 79, 80, 82, 83, 89, 90, 91.
*Nesmond* (François de), 47.
— (André de), sieur de Chezat, 47.
*Neuchèze*. Voy. *Nuchèzes*.
*Nicole* (canton de Port-Sainte-Marie), 10, 65.
*Noailles* (Antoine de), 59, 61.
— (Jeanne de Gontaut, femme d'Ant. de), 61, 63.
— (François de), évêque de Dax, 54.
— (Gilles de), évêque de Dax, 54.
— (Henri de), ambassadeur à Rome, 87.
*Nodier* (Charles), 85.
*Nogaret*. Voy. *Epernon* et *La Valette*.
*Nord* ou *Nort* (famille de), 35, 43.
— (Nicolle de). Voy. *Orty* (d').
*Noulens* (J.), *Avertissement*, 35, 58, 65, 82.
*Noyer* (du), avocat à Bordeaux, 37.

*Noyers* (François Sublet de), 86.
*Nuchèzes* (Louis de), 66, 84.
— (Madeleine de Saint-Gelais, première femme de Louis de), 66, 84.
— (Marguerite de). Voy. *Lusignan*.

## O

*O'Gilvy*, 31, 37.
*Orbessan* (Jeanne d'). Voy. *Foix*.
*Orléans* (François d'), comte de Saint-Paul, 47.
— (Anne de Caumont, femme de Fr. d'), 47.
*Ornano* (maréchal d'), 73, 89, 91.
*Orta* (Pierre d'), 15.
— (Bérart d'), 15.
*Ortis* (d'). Voy. *Boissonade*.
*Orty* (Jean d'), 74.
— (Nicolle de Nord, femme de Jean d'), 74.
— (Antoine d'). Voy. *Boissonade*.
— (Françoise d'). Voy. *Boissonade*.
— (autre Françoise d'). Voy. *Raymond*.
*Ovide*, *Avertissement*.

## P

*Pader* (commune d'Ambrus, canton de Damazan), 15.
*Padern* (Fors de), 15.
— (Odet de), 15.
— (Guillaume Arnaud de), 15.
— (Bernard de), 15.
— (Na Longue de) 15.
*Palhus* (Bertrand), notaire, 15.
*Palissy* (Bernard), *Avertissement*.
*Pareau* (Charles de), sieur de Coissel, 100.
— (Pierre de), *idem*, 100.
*Pardaillan de Gondrin* (Arnaud de), marquis de Montespan et d'Antin, 95.
— (Paule de Saint-Lary, femme d'Arnaud de), 95.
— (Marie Claire de). Voy. *Esparbez*.
*Paris* (Louis), 63.
— (Paulin), de l'Institut, 85.
*Passien* (l'abbé), grand vicaire d'Agen, 87.
*Pau* (Basses-Pyrénées), 15, 26, 63.
*Pelloné* (Marc), chanoine de Loches, 97.
*Pellot* (Claude), intendant de Guyenne, 92, 99.
*Pemeyrol* ou *Pemyrol*. Voy. *Puymirol*.
*Penne* (arron. de Villeneuve), 18, 19, 20, 21, 89
— (arron. de Gaillac, Tarn), 20.
*Pennendes* (François)?, 33.
*Pérès* (Isaac de), 47, 82.

Périgord, Avertissement, 24, 39, 41, 46, 47, 58, 79, 86, 89.
— (Roger Bernard, comte de), 24.
— (Jeanne de), fille de Roger Bernard. Voy. Armagnac.
Périgueux (Dordogne), Avertissement, 12, 60, 79, 86.
Peyrarède (Pierre de), 84.
— (Jeanne de La Plasse, femme de P. de), 84
— (François de), 84.
— (Madeleine de Lusignan, femme de François de), 84.
— (Jean de), 84.
Peyronenc (Pierre de), sieur de Saint-Chamarand, 78, 81.
Philippe VI, roi de France, 19, 21, 23.
Philippon (N... de), 74.
Philoxène, le poète, 85.
Pichon (président de), 93.
— Muscadet, conseiller au Parlement de Bordeaux, 93.
Piis ou Pins (Sansonnet de), 22.
— (Esclarmonde de). Voy. Caumont.
Pinguent (Jean), 31.
Poitiers (Vienne), 42.
Pomiers (P.) 35.
— (N...), conseiller au Parlement de Bordeaux, 93.
Pommiers (Pierre de), 52.
Pompadour (Antoine de), 48.
— (Catherine de La Tour, femme d'Antoine de), 47.
— (Françoise de). Voy. Lustrac.
— (Jacques de), abbé de Saint-Maurin, 62.
Pontac (Arnaud de) 1er président du parlement de Bordeaux, 94.
Pont-de-Bordes (commune de Lavardac), 9.
Port-de-Pascau (commune de Saint-Léger), 9, 14.
Port-Sainte-Marie (arr. d'Agen), 2, 10, 40, 45, 57, 58, 75.
Pouget (François du), baron de Nadaillac, 84.
— (Madeleine de Lusignan, femme de Fr. du ), 84.
Pourcastel (N... de), 80.
Poynel (Antoine de), 51.
— (Autre de), 51.
Prayssas (château de), canton du même nom, arrondissement d'Agen, 84.
Prez (des). Voy. Montpezat et Villars.
— (Henri, Claude et Jacques des), 66.
Provence, 44, 45.
Pujols (canton de Villeneuve-sur-Lot), 89.

Puyferré, consul de Nérac, 82.
Puyguilhem (Dordogne), 39.
Puymiclan (canton de Seyches, arrondissement de Marmande), 59.
Puymirol (arrondissement d'Agen), 3, 9, 11, 17, 18, 21, 48, 60, 62, 66, 67, 78.
Puy-Normand (Gironde), 55.

**R**

Rabastens (Hautes-Pyrénées), 35.
Ramond (de). Voy. Raymond.
Ratier (N... de), consul d'Agen, 92.
Razat (capitaine), 39.
Raymond (Pierre), juge-mage de l'Agenais, 9.
— (Jean-Florimond de), sieur de la Garde, 34.
— (Cécile de Bastard, femme de J. Fl. de), 34
— (Marthe de). Voy. Foyssac.
— (Florimond de), conseiller au Parlement de Bordeaux, 34, 74, 84.
— (François de), 34.
— (Robert de), 74.
— (Françoise d'Orty, femme de R. de), 74.
— (Jean de), 74, 77.
— (Serène de Redon, femme de Jean de), 74.
— (Jeanne de), 74.
— (comtesse Marie de), 35, 38, 77, 78, 84, 92.
Redon (Pierre), sieur du Limport, 55, 74.
— (Charles de), sieur de Tort, 77.
— Serène de). Voy. Raymond.
— (Jean de) procureur du roi au siège présidial d'Agen, 105.
— (Laurent de), idem, 105.
Refuge (Eustache de), sieur de Précy et de Courcelles, 79.
Révérend (Jean), marquis de Bongoy, 99.
— Marie de Chaussade, femme de Jean, 99.
Ribeyre (N... de), intendant d'armée, 95.
Richelieu (cardinal de), 85.
Rigal (Gerauld), consul de Monclar, 29.
— (autre Gerauld), 29.
— (Pierre), 29.
— autre Pierre, dit Belloc), 29.
— (Guillaume), 29.
Rigault (Martin), 29.
Rions (Gironde), 53.
Rochebrune (capitaine), 40.
Rochefort (Hugues de), prieur du Port-Sainte-Marie, 2.
Rochelle (La), Charente-Inf , 41, 83, 84.
Rodez (Aveyron), 28.
— (Cécile de). Voy. Armagnac.

Rohan (duc de), 83.
Romagne (Bonne de), 45.
Romas (de), magistrat à Nérac, 91.
Roque (Gaillard de La), abbé de Clairac, 8, 10.
Roquecor (château de), canton de Montaigut, arrondissement de Moissac, 100.
— (seigneur de). Voy. Aspremont.
Roquelaure (Gers), 63.
— (maréchal de), 83.
Roquepine (Jean III du Bouzet, sieur de), 65.
— Olivier de), 65.
Roques (N... de), 45.
Rose (Robert), sénéchal d'Agenais, 17.
Rozet (Etienne), 29.
Rouergue, 43.
Rymer (Thomas), 1, 4, 9, 10, 12, 17.
Ruble (Alphonse de), 31, 34, 35, 37, 39, 40, 41, 43, 44, 54.

## S

Sabourin, conseiller au Parlement de Bordeaux, 93.
Saint-Amans (J. F. Boudon de), 52, 48, 90, 94.
Saint-Chamarand Voy. Peyronenc.
Saint-Gelais (Melin de), abbé de Reclus, 47.
— (Madeleine de). Voy. Nuchèzes et Lusignan.
Saint-Genest (Pierre de), 52.
Saint-Geniès. Voy. Gontaut.
Saint-Georges de Monclar (Dordogne), 95.
Saint-Julien (paroisse de), canton de Puymirol, 100.
Saint-Lary (Paule de). Voy. Pardaillan.
Saint-Léger (canton de Damazan), 15.
Saint-Luc (de), 92.
Saint-Macaire (Gironde), 39.
Saint-Marc (C. H. Lefebvre de), 85.
Saint-Maurice (Raymond de), 28.
— (Aymar de), prêtre, 28.
Saint-Maurin (canton de Beauville), 5, 62
Saint-Orens (François de Cassagnet, sieur de), 67, 84.
Saint-Ourcins (capitaine), 67.
Saint-Pastour (canton de Monclar), 5.
Saint-Poncy (L. de), 63.
Saint-Quentin (Bonet de), 5.
Saint-Ruth (M¹⁸ de), commandant en Guyenne, 106.
— (Marie de Cossé, femme du marquis de), 106.
Saint-Simon (duc de), 96, 106.
Sainte-Bazeille (canton de Marmande), 1, 15, 28.
Sainte-Beuve (C.), 98.
Sainte-Foy (Gironde), 10, 59, 60, 61, 62, 65, 78, 85, 86, 89.
Sainte-Livrade (arrondissement de Villeneuve), 17, 29, 40, 89, 95.

Saintes (Charente-Inférieure), Avertissement.
Saintonge, Avertissement, 59.
Saintrailles (Senebrun de), 4.
— (Marquèse, femme de Senebrun de), 4.
Sales (Jean), sieur de Ginhac, 28.
Samazan (canton du Mas-d'Agenais), 22.
Samazeuilh (J. F.), 4, 6, 12, 27, 47, 69, 78.
Sancerre (Louis de), maréchal de France, 26.
Sansac (Prévost de), 41.
Sarraudasse (N... de), 104.
Saumont (le), canton de Nérac, 69.
— (N... de Béarn, sieur du), 69.
Sauvebœuf (marquis de), 94.
Sauveur (Pierre), 85.
Sauvieux (Antoine), 31.
Savignac (canton de Duras), 35.
— (canton de Monflanquin), 35.
Savoye (Philippe, duc de), 45.
— (Bonne de Romagne, maîtresse de Philippe, duc de), 45.
— (René, dit le bâtard de), 45.
— (René de), comte de Villars, de Tende, de Sommerive, 44, 45.
— (Anne de Lascaris, femme de René de), 44.
— (Claude de), comte de Tende et de Sommerive, 44, 45.
— (Marie de Chabannes, femme de Claude de), 44.
— (Honorat de). Voy. Villars.
— (autre Honorat de), comte de Tende et de Sommerive, 44, 45.
— (Henriette de). Voy Villars et Montpezat.
Scorbiac (de), conseiller au Parlement de Toulouse, 69.
Seint-Aralha (Ffors Sans de), 4.
Séguier (Pierre), 85, 87, 88, 90, 98, 102.
Sentaraille (Bertrand de), 4.
Seras (Brus de), 15.
Sescose (Johannin de), 27.
Sève (Guillaume de), intendant de Guyenne, 104.
Sevin (Herman de), 35.
— (Guillaume de), 35.
Sevigné (marquise de), 106.
Simonet, secrétaire de G. de Sevin, 35.
Sommerive. Voy. Savoye.
Sorde (ville et château de), Landes, 20.
Sos (canton de Mézin), 67, 69.
Sourdis (Henri de), archevêque de Bordeaux, 90, 92.
Spelette. Voy. Espelette.
Staffort. Voy. Astaffort.
Strasbourg, Avertissement.

trozzi (Pierre), maréchal de France, 56.
— (Philippe), 56, 57, 59.
uau, greffier du Parlement de Bordeaux (transféré à Agen), 93.
ully (Maximilien de Béthune, duc de), 49.
yrueilh (François de), 41, 44, 45.

## T

Taillebourg (canton de Marmande), 22, 89.
Tallage, de Clairac, 104.
Tallemant des Réaux, 85.
Talleyrand (cardinal de), 12.
Taranque (François), notaire de Montpezat, 97.
Tayan (sieur de). Voy. Montlezun.
Temple (le), canton de Sainte-Livrade, 89.
Tenant de La Tour, 85.
Tende. Voy. Savoye.
Termes (maréchal de), 55.
Teulet (A.), 20, 81.
Thezan (Denis de), 66.
Thibaut, conseiller au Parlement de Bordeaux, 94.
Thoiras (Balthazar de), sieur de Cauzac, 66.
Tholon (Antoine) 34, 35.
Thomassin (le P.), 54.
Thou (président J. A. de), 37, 40, 44, 49, 60, 61, 88.
— (François Auguste de), fils du précédent, 85.
Thouars (canton de Lavardac), 1, 17, 41. 91.
Tilladet. Voy. Saint-Orens.
Tirannis (Bernard de), 1.
Tombebœuf (canton de Monclar), 59.
Tonneins (arrondissement de Marmande), 7, 22, 30, 41, 47, 59, 84, 106.
Toulouse (Haute-Garonne), 12, 25, 34, 37, 45, 56.
Tournon (arrondissement de Villeneuve), 5, 34, 35, 97.
Tracy (Pierre de Pellevé, baron de), 91, 92.
Treilhard (Pierre), 30.
Trellier, conseiller de la chambre de l'Edit à Nérac, 78.
Triget, 86.
Trilles (Pierre), 97.
Truaut (J. B.), 9.
— (Emile), conseiller à la Cour d'Alger, 15.

## V

Vaillac (Jean Paul Gourdon de Genouillac, comte de), 96.
Vaissète (Dom), 9, 24, 29, 40.
Vallette (château de), canton de Villeréal, 55.
Vallot (Jean), chanoine de Dijon, 96.

Veinière (Jean de), 52.
Verac (Joachim de Saint-Georges, sieur de), 56, 57, 59.
Verdun (Jean de), 57.
— (Gabrielle de). Voy. Fumel.
Verduzan (Blaise de), 84.
— (Alix de Montlezun, femme de Blaise de), 84.
— (Odet de), 84.
— (Marie de Lusignan, femme d'Odet de), 84.
Vergt (Dordogne), 41.
Verneilh J. de), Avertissement.
Verteuil (canton de Castelmoron), 97.
Viane (canton de Lavardac), 5, 10, 12, 15.
Vicose (Marguerite de). Voy. Chaussade.
Vidal (Jean), 28.
Vigier (Jean), 83.
— ou Viguier, sieur de Peleguignon, 92.
Vigneul-Marville, 104.
Villamont (Pierre de), abbé de Saint-Maurin, 62.
Villars (Nicolas de), évêque d'Agen, 75, 81.
— (Honorat de Savoye, amiral de), 29, 43, 44, 45, 47.
— (Henriette de Montpezat, amirale de), 44, 45, 47.
— (Emmanuel Philibert des Prez, marquis de), 66, 73, 77.
— (Anne Baptiste de Brancas, sieur de), 45.
Villemade (N... de), 67.
— (N. de Bar, Garon de), 67.
Villeneuve-sur-Lot, 10, 35, 40, 41, 59, 68, 71, 88, 89, 91, 96.
— (président), 49.
Villeras (H. de), damoiseau, 15.
Villeréal (arr. de Villeneuve), 55, 70.
Villeton (canton du Mas-d'Agenais), 4, 30.
Virazeil (canton de Marmande), 89.
Vivant (Geoffroy de), 47, 65.
— (Jean de), 47.
Vivens (château de), près Clairac, 91.
— (Jean François Labat de), 91, 95.
— (François de), 91.
— (vicomte de), 91.
Voltaire, 104.
Vysmes (Jean de), 30.

## X

Xaintrailles (château de), canton de Lavardac, 35, 45, 65, 84.

## Z

Zinzerling (Just), 92.

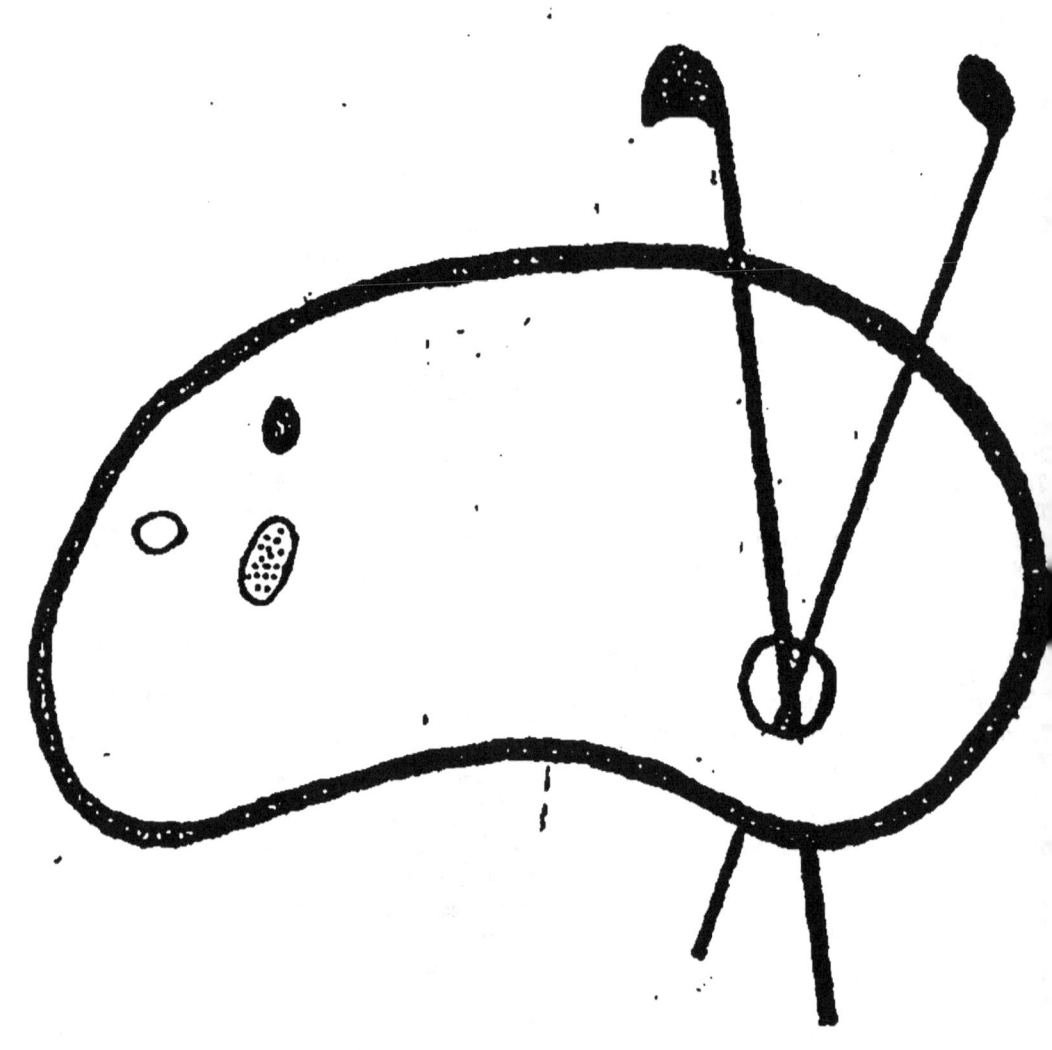

ORIGINAL EN COULEUR
NF Z 43-120-8

www.ingramcontent.com/pod-product-compliance
Lightning Source LLC
Chambersburg PA
CBHW071252160426
43196CB00009B/1260